IDIC

INGLÉS
Iniciación

Holly
678 618-3159 mobil
770 850-9022 cara

WORKERS COMP ADJUSTER
BENNY FRANKLIN

VISITING NURSE
RITA

Andrea
404 2519023

Ph: (404)251-90-23, email:
agurhan@sph.emory.edu

IDIOMAS LAROUSSE

INGLÉS
Iniciación

Michel Marcheteau
Agregado de la Universidad de París

Jean-Pierre Berman
Asistente en la Universidad de París IV, La Sorbona

Michel Savio
Jefe del Servicio de Lenguas en la Escuela Superior de Electricidad

Jo-Ann Peters

con la colaboración de
Declan McCavana
*Maestro del Trinity College de Dublín,
Jefe de Trabajos Prácticos de la Escuela Politécnica*

LAROUSSE

Av. Diagonal 407 Bis-10   *Dinamarca 81*   *21 Rue du Montparnasse*   *Valentín Gómez 3530*
08008 Barcelona   *México 06600, D. F.*   *75298 París Cedex 06*   *1191 Buenos Aires*

Usted puede adquirir esta obra en dos versiones:
- *Estuche*, con tres casetes y libro
- *Libro*, únicamente

Dirección editorial

Aarón Alboukrek

Adaptación

Julia Santibáñez

Arte y diseño

Ricardo Viesca

Ingeniero de sonido

Esteban Estrada

Lectura de pruebas

Ma. de Jesús Hilario

FOMENTA LA CREATIVIDAD
RESPETA EL DERECHO DE AUTOR
NI UNA FOTOCOPIA MÁS

© Presses Pocket

"D. R." © MCMXCIX, por Ediciones Larousse, S. A. de C. V.
Dinamarca núm. 81, México 06600, D. F.

*Esta obra no puede ser reproducida, total o
parcialmente, sin autorización escrita del editor.*

SEGUNDA EDICIÓN — 8ª reimpresión

ISBN 2-266-02296-2 (Presses Pocket)
ISBN 970-22-0004-0 (Ediciones Larousse)

**Larousse y el Logotipo Larousse son
marcas registradas de Larousse, S. A.**

Impreso en México — Printed in Mexico

Contenido

Prólogo

Hable Inglés Iniciación es una herramienta completa de auto-aprendizaje. Es un método "todo en uno" que ofrece:

- **una presentación metódica, ya probada con éxito en una versión anterior. Esta presentación permite adquirir las bases de la lengua inglesa y, gracias a los ejercicios clasificados que incluyen las respuestas correctas, también ayuda en la afirmación sólida de los conocimientos;**

- **una serie de exámenes que permiten evaluar los avances;**

- **información geográfica, histórica y cultural que permite conocer y comprender mejor los Estados Unidos de Norteamérica y, por tanto a los estadounidenses;**

- **diálogos vivos que facilitan la comprensión de la lengua;**

- **una guía práctica para la vida cotidiana.**

¿Para quién es esta obra?

- en primer lugar, es para quienes *comienzan desde cero* en el estudio del inglés pues podrán progresar a su propio ritmo, con total autonomía;

- también es para quienes no han podido dedicarle el tiempo necesario al estudio del inglés y, en consecuencia, *su aprendizaje carece de estructuración;*

- finalmente, es para quienes han estudiado inglés en buenas condiciones, *pero no han podido practicarlo* durante años y sienten la necesidad de refrescar sus conocimientos.

Por ello, los autores han elegido:

- asegurar el *conocimiento claro y preciso de las bases principales* de la lengua, teniendo cuidado de que todos los elementos sean definitivamente asimilados;

- ilustrar los mecanismos descritos por medio de *fórmulas de uso frecuente y de empleo constante;*

- despertar *el interés por la lengua y por el país* de quienes la hablan.

Estas características hacen de **Hable Inglés Iniciación** *una obra complementaria* tanto para los alumnos y estudiantes, como para los participantes en sesiones de formación continua. La descripción y los consejos que siguen a continuación le permitirán usar este método óptimamente y organizar su trabajo de manera eficaz.

Plan de las lecciones

Usted encontrará que todas las lecciones tienen una **organización idéntica**, destinada a facilitar el auto-aprendizaje. Se componen de cuatro partes: **A, B, C** y **D**, de dos páginas cada una.

De este modo, usted podrá trabajar **al ritmo que le convenga**. Incluso si usted no tiene tiempo de aprender una lección completa, puede **enfocarse en una sola parte** y estudiarla sin perderse ni sentir que su aprendizaje se dispersa.

⇨ **A** y **B** presentan los elementos básicos.

⇨ **C** propone ejercicios con sus respectivas respuestas y ofrece datos sobre la cultura estadounidense.

⇨ **D** incluye diálogos y una guía práctica para la vida cotidiana.

■ Las partes A y B se subdividen en cuatro secciones:

A 1 y **B 1**: PRESENTACIÓN

Esta primera sección le da los materiales básicos nuevos (*gramática, vocabulario, pronunciación*) que usted deberá conocer y saber utilizar para construir nuevas frases.

A 2 y **B 2**: APLICACIÓN

A partir de los elementos definidos en **A 1** y **B 1**, se proponen *una serie de frases modelo* (que después usted tratará de reconstruir por sí mismo).

A 3 y **B 3**: OBSERVACIONES

Diversas *observaciones* sobre las frases de **A 2** y **B 2** aclaran aspectos sobre gramática, vocabulario o pronunciación.

A 4 y **B 4**: TRADUCCIÓN

Esta última sección ofrece la *traducción completa* de **A 2** y **B 2**.

■ La parte C también se subdivide en cuatro secciones:

C 1: EJERCICIOS

Sirven para *controlar la adquisición* de mecanismos aprendidos en **A** y **B**.

C 2: RESPUESTAS

Usted encontrará la solución completa de los ejercicios de **C 1**, lo que le permitirá *revisarlos y corregirlos**.

C 3: EXPRESIONES

Algunas *expresiones comunes* o *explicaciones adicionales* completan lo aprendido en **A** y **B**.

C 4: CULTURA

Esta sección escrita en español le permite entrar en contacto con *información geográfica, histórica y cultural*, que le ayudará a conocer y comprender mejor a sus futuros interlocutores. Usted puede leer estas secciones sin seguir la progresión impuesta por las secciones A y B.

■ De igual forma, la parte D se subdivide en cuatro secciones:

D 1 y **D 3**: presentan un *diálogo animado* que incorpora el vocabulario aprendido en A y B.

D 2 y **D 4**: se dedican a la *vida cotidiana* y ofrecen vocabulario, expresiones e información útiles para la vida diaria.

➪ **Los diálogos comienzan en la lección 6.**

➪ **A partir de la lección 6****, cada sección **D 4** incluye *una cápsula cultural* con una pregunta interesante para que usted la responda. Usted podrá encontrar la respuesta correcta en lecciones más avanzadas, lo que le animará a continuar con su esfuerzo.

*   Es importante hacer notar que las traducciones de los ejercicios no son necesariamente literales, sino que respetan la fluidez natural tanto del inglés como del español.

** Antes de la lección 6, las cápsulas culturales aparecen en distintas secciones de cada lección.

■ **Lecciones 10 bis, 20 bis, 30 bis y 40 bis**

- Responda en menos de cinco minutos cada serie de 10 preguntas *sin consultar las lecciones.*

- Compruebe si sus respuestas fueron correctas y estudie los puntos en los que haya cometido errores.

⇨ Si usted no es principiante, responda en un tiempo de 10 a 15 minutos el conjunto de 40 preguntas *sin consultar las lecciones* y evalúe sus conocimientos.

Recomendaciones generales

- **Trabaje de manera regular:** estudiar de 20 a 30 minutos diarios una lección es más provechoso que ver superficialmente varias lecciones durante tres horas cada diez días.

- **Programe su esfuerzo:** no avance hacia **B** si no ha retenido bien **A**.

- **Regrese una y otra vez:** no dude en hacer varias veces los ejercicios:

  ⇨ sobre las secciones **A** y **B**: luego de conocer **A 1** y **B 1**, de haber leído bien **A 2** y **B 2**, remítase a las observaciones de **A 3** y **B 3**. Intente reconstruir las frases en inglés de **A 2** y **B 2** y compárelas con **A 4** y **B 4**.

- **Secciones C 4** (CULTURA), **D 2** y **D 4** (VIDA COTIDIANA): usted puede leerlas a medida que avanza o al azar, si eso estimula su interés.

- **Sección C** (EJERCICIOS): haga los ejercicios por escrito antes de mirar las respuestas correctas (10 minutos por lección).

- **Sección D** (DIÁLOGOS): ver la **Versión sonora.**

Pronunciación y fonética

Para representar la pronunciación de las palabras se han usado ciertos símbolos puestos entre corchetes [ ]. Estos símbolos están basados en los de la *Asociación Fonética Internacional* (A.F.I.) aunque fueron adaptados para que resultaran más comprensibles.

Para poder obtener todo el provecho de estos símbolos, es necesario tener siempre en mente los siguientes puntos:

■ 1) <u>Toda letra o símbolo debe pronunciarse</u> y tiene un valor constante. Por ejemplo, **contract** se pronuncia [**ka:n**trækt] y tanto la [k] como la [t] finales deben pronunciarse.

■ 2) <u>Las vocales del inglés pueden tener una duración corta o larga.</u> Las largas se representan seguidas de dos puntos [:]. Por ejemplo, la [i:] de **seat** [si:t] es más larga que la [i] de **sit** [sit].

■ 3) <u>Los diptongos (vocales dobles) típicos del inglés se representan con los símbolos [ai], [au], [ei], [əu], [oi] y cada una de las letras debe pronunciarse.</u> Por ej.:

my	[mai]	(se pronuncia como la *ai* de *fraile*)
house	[haus]	(se pronuncia como la *au* de *cautela*)
pay	[pei]	(se pronuncia como la *ei* de *aceite*)
show	[sheu]	(se pronuncia como una *o* breve seguida de una *u*)
boy	[boi]	(se pronuncia como la *oi* de *hoy*)

■ 4) <u>Algunas consonantes se pronuncian distinto aunque se escriban igual:</u>
[ð] corresponde al sonido th de **this, the, that**. Se pronuncia como la *d* de *hada*.
[θ] corresponde al sonido th de **think**. Se pronuncia como una *s* del español, pero colocando la lengua entre los dientes.

■ 5) <u>El símbolo [ŋ] indica la pronunciación del grupo de consonantes **ng**, similar al de la *n* de *lengua*.</u>

■ 6) <u>En inglés estadounidense siempre debe pronunciarse la **r** que aparece después de una vocal larga o al final de una palabra.</u> En cambio, en el inglés promedio de Inglaterra ésta **r** es casi imperceptible.

■ 7) <u>Las letras en negritas indican que el acento tónico de la palabra recae sobre esa sílaba.</u>

■ *Observación*: en inglés, el acento tónico es parte integral del significado de una palabra:

a) cambiar de lugar el acento conlleva un cambio de sentido. Por ej.: **to record** [ri**ko:rd**], *grabar*; **a record** [**re**kərd], *un disco; un registro*.
b) por consiguiente, al hablar es necesario hacer una clara distinción entre las sílabas acentuadas y aquéllas que no lo están.

Tabla de equivalencias entre los símbolos usados en este libro *Hable Inglés Iniciación* (H.I.) y los de la Asociación Fonética Internacional (A.F.I.)

		Vocales breves o cortas	
A.F.I.	H.I.	Ej. español	Ej. inglés
ɪ	i	mil	sit
æ	æ	entre *a* y *e*	flat
ɔɔ	o	no	corn
ʊ	u	bufón	book
e	e	mete	let
ʌ	ɐ	entre *e* y *a*	but
ə	ə	similar a la *e* de cafecito	a

		Vocales largas	
A.F.I.	H.I.	Ej. español	Ej. inglés
i:	i:	mito	seat
a:	a:	canto	car
ɔ:	o:	pone	more
u:	u:	rumba	cool
ə:	e:	similar a la *é* de féretro	work

		Vocales dobles o diptongos	
A.F.I.	H.I.	Ej. español	Ej. inglés
ai	ai	baile	my
ɔi	oi	estoy	boy
eɪ	ei	similar a la *ei* de reino	May
aʊ	au	laurel	how
əʊ	əu	similar a una *ou*	go

		Consonantes	
A.F.I.	H.I.	Ej. español	Ej. inglés
θ	θ	similar a una *s* con la lengua entre los dientes	think
ð	ð	similar a la *d* de nada	this
ŋ	ŋ	similar a la *n* de lengua	bring
dz	dʒ	como una *d* junto a una *y*	job
ʃ	sh	como para indicar silencio: ¡Sh!	shall
tʃ	ch	chongo	check
w	w	similar a la *u* de huevo	we
h	h	más suave que la *j* de *jamás*	what

Los demás sonidos se pronuncian de manera similar al español.

VERSIÓN SONORA

El paquete de **40 lecciones** incluye una grabación idéntica en dos formatos (casetes y disco compacto).

En cada uno usted encontrará:

– las secciones **A 2** y **B 2** que llevan el símbolo [◀◀ CD].
– una selección de las explicaciones dadas en **A 1, A 3, B 1** y **B 3** indicadas por los corchetes ⌐ ⌐ y precedidas del símbolo [◀◀ CD].
– una selección de los ejercicios de **C 1** precedidos del símbolo [◀◀ CD] y, si es el caso, de los corchetes ⌐ ⌐ .
– los diálogos de **D 1.**

■ **La versión en casete** le permitirá trabajar en casa y también mientras viaja (en auto, en tren, en avión, etc.). Los espacios en blanco se reservan para que usted pueda repetir las frases y los diálogos se repiten dos veces para facilitar su práctica de la expresión oral.

■ **La versión en disco compacto** ofrece una gran comodidad al escucharla y facilita la búsqueda de las lecciones y el acceso rápido a aquella sección que usted desea escuchar. Por ello, le permite practicar la comprensión oral con facilidad. Esta versión no incluye espacios en blanco para que usted repita, pero si usa la tecla de pausa, también podrá practicar la repetición.

Consejos:

• En las primeras lecciones, escuche la grabación y lea su libro simultáneamente.

• Después, poco a poco ¡esfuércese por repetir y comprender sin consultar el libro!

A 1 PRESENTACIÓN [◀ CD]

- **I** [ai], *yo* se escribe siempre con mayúscula.
- **am**, *soy (o estoy)* primera persona singular, tiempo presente, del verbo ser o estar.

I am	[**ai** am]	*yo soy (o estoy)*
glad	[glæd]	*contento/ contenta*
sad	[sæd]	*triste*
Pam	[Pæm]	*Pam(ela)*
Dan	[Dæn]	*Dan(iel)*

A 2 APLICACIÓN [◀ CD]

1. I am glad.
2. I am sad.
3. I am Pam.
4. I am Dan.

A 3   OBSERVACIONES [◀ CD]

■ Pronunciación

• **I,** *yo* se pronuncia como la *ai* de *baile* en español. Se representa con el símbolo [ai] entre corchetes.

• ⌈ Las consonantes que están al final de una palabra se deben pronunciar. En **glad** y **sad,** la **d** se pronuncia como si se pronunciara en español al inicio de palabra, o sea, similar a la *d* de *diente*. En **Dan,** la **n** se pronuncia como en *estudian*.

• Las consonantes siempre se pronuncian con énfasis, sobre todo al principio de palabra: **g**lad, **D**an. ⌋

• La **a** de **glad, sad, Pam, Dan** es muy breve y se pronuncia poniendo los labios como para decir una *e* pero, en cambio, se dice una *a*. Se representa con el símbolo [æ] entre corchetes.

■ Gramática

• En inglés, los adjetivos son invariables (**sad, glad,** etc.), es decir, son idénticos tanto para el femenino como para el masculino.

A 4   TRADUCCIÓN

1. Estoy contento (*o* contenta).
2. Estoy triste.
3. Soy Pam (*o* me llamo Pam).
4. Soy Dan (*o* me llamo Dan).

B 1 PRESENTACIÓN [◀ CD]

- I am — I'm

  [ai am] [aim]

- En la lengua hablada, **I am,** *yo soy (o estoy)* puede contraerse **I'm** [aim].

a	[ə]	*un, uno, una*
man	[mæn]	*hombre*
woman	[**wu**mən]	*mujer*
Vic(tor)	[vik]	*Víc(tor)*
Linda	[**lin**də]	*Linda*
Liz	[liz]	*Liz*

B 2 APLICACIÓN [◀ CD]

1. I'm a man.
2. I'm a woman.
3. I'm Vic.
4. I'm Linda.
5. I'm Liz.
6. I'm glad.
7. I'm sad.

B 3 OBSERVACIONES

■ Pronunciación

Las diferentes partes de una palabra se pronuncian de manera distinta. La parte acentuada, indicada aquí con **negritas** dentro de los corchetes, se pronuncia con mayor énfasis que el resto.

- El sonido de **a**, *un, una* es similar al de *a* de *año*, pero más cercano a una *e* del español. Se representa con el símbolo [ə] entre corchetes. Este sonido también aparece al final del nombre **Linda** [lində].

- La **o** de **woman** se pronuncia como una *u* del español. Se representa con el símbolo [u] entre corchetes.

- La **i** de **Vic, Linda, Liz** es similar a la *i* del español, como en *mil*. Se representa con el símbolo [i].

- Recuerde:
  1. Las consonantes que están al final de las palabras deben pronunciarse con fuerza, como la **n** de **man** y de **woman.**
  2. La **a** de **man** se pronuncia como la **a** de **Dan** y **Pam** *(ver A 3).*

■ Gramática

La **a** [ə] es invariable: *un, uno, una.*

B 4 TRADUCCIÓN

1. Soy un hombre.
2. Soy una mujer.
3. Soy Vic (*o* me llamo Vic).
4. Soy Linda (*o* me llamo Linda).
5. Soy Liz (*o* me llamo Liz).
6. Estoy contento(a), alegre.
7. Estoy triste.

C 1 EJERCICIOS

A. Traduzca al inglés. [◀ CD]
1. Soy un hombre.
2. Soy Linda.
3. Soy una mujer.
4. Soy Vic.
5. Estoy contento. *glad*
6. Estoy contenta.

B. Haga la contracción. [◀ CD]
1. I am Pam.
2. I am a man.
3. I am sad.
4. I am a woman.
5. I am glad.
6. I am Vic.

C 2 RESPUESTAS [◀ CD]

A.
1. I am a man.
2. I am Linda.
3. I am a woman.
4. I am Vic.
5. I am glad.
6. I am glad.

B.
1. I'm Pam.
2. I'm a man.
3. I'm sad.
4. I'm a woman.
5. I'm glad.
6. I'm Vic.

C 3 EJERCICIOS DE PRONUNCIACIÓN [◀ CD]

■ Pronuncie

1.

I	[ai]
am	[am]
I am	[ai am]
I am a man	[ai am ə mæn]

2.

I'm	[aim]
I'm a woman	[aimə wumən]

Observación: tenga cuidado de ligar la **m** de **am** al sonido [ə] de **a,** de manera que los pronuncie como uno solo [aimə].

C 4 ¿DE DÓNDE VIENEN LOS ESTADOUNIDENSES? (1)

■ PREHISTORIA BRITÁNICA

Aproximadamente unos 5 000 años a. C. Gran Bretaña se separó del continente europeo por un brazo de mar. De aquella época restan algunos vestigios, como *calzadas o caminos* (**trackways**), *túmulos* (**barrows**) y, sobre todo, el famoso conjunto megalítico **Stonehenge** (3 000 a.C.).

■ LOS CELTAS

Alrededor del año 600 a.C., los **galos** (tribus guerreras venidas de Alemania) invadieron la isla británica y se instalaron en Irlanda y Escocia. Tras ellos llegaron los **bretones** (400 a.C.), de quienes Gran Bretaña tomó el nombre. Por su lado, la casta de los "druidas" aportó la ley y la religión. Los celtas, de origen germánico, tuvieron relación con los galos y les ayudaron a combatir a los conquistadores romanos, lo que obligó a éstos a desembarcar finalmente en Gran Bretaña.

■ GRAN BRETAÑA BAJO EL DOMINIO ROMANO

Los romanos llegaron a la isla en el 55 a.C., bajo el gobierno de Julio César. Luego, en el año 43 d.C. el emperador Claudio inició la conquista sistemática del país, hasta el norte del mismo. En 127 d.C. los romanos construyeron una muralla llamada *Muro de Adriano* para defenderse de los avances de las tribus escocesas **picts** y **scots**. Esa muralla marca el límite de la ocupación romana, que finalizó en 410 d.C. De ella quedó una red de comunicaciones y de ciudades británicas fácilmente reconocibles por su terminación en **-chester** (del latín **caster**, que significa *campo fortificado*). Entre ellas están **Dorchester, Leicester, Lancaster, Manchester** y **Winchester**. Además, los romanos dejaron **Londres**, entonces llamada *Londinium,* y la elegante villa de **Bath** *(sigue en la página 29).*

D 1 MAPA DE LOS ESTADOS UNIDOS DE NORTEAMÉRICA

D 2 LOS ESTADOS UNIDOS DE NORTEAMÉRICA (1)

■ DATOS GENERALES

- Territorio: 9 385 000 *kilómetros cuadrados*, **square kilometers**.

- Se compone de 50 estados (incluyendo Alaska y Hawai), más el **District of Columbia**, donde está **Washington**, la capital del país.

- Al sur de los Grandes Lagos (ubicados al noreste) se extienden las Grandes Llanuras, irrigadas por el **Mississippi** hacia el *Golfo de México* (**Gulf of Mexico**). Al este, las planicies están rodeadas por el antiguo macizo montañoso de los *Apalaches* (**Appalachian Mountains**), y al oeste, por la cadena montañosa de las *Rocallosas* o *Rocosas* (**Rocky Mountains**). Estas montañas ciñen las mesetas de **Oregon** y **Colorado** y más allá de ellas se ubica **California.**

- El estado más grande es **Alaska**: tiene poco más de 1.5 millones de km². El más pequeño es **Rhode Island**, con poco más de 3 000 km².

- El clima, continental en su mayoría, se torna subtropical al sur del país y sobre la costa del Pacífico. En el norte el clima es oceánico y al sur, mediterráneo.

- Forma de gobierno: República Federal con dos cámaras legislativas: el Senado y la Cámara de Representantes.

- Población: alrededor de 260 millones de habitantes. Aproximadamente se compone de un 84% de blancos, 12% de negros y 3% de habitantes de otras razas y orígenes (hispanos, asiáticos, indígenas, etc.).

- Los porcentajes estimados de afiliación religiosa son de un 40% de protestantes, 30% de católicos, 3% de judíos, 2% de ortodoxos orientales, 0.8% de musulmanes, 7% de ateos o sin afiliación religiosa y 17% de otras opciones.

- País de inmigración originalmente británica, después escandinava y alemana, a fines del siglo XIX recibió pobladores de países mediterráneos y eslavos. Las más recientes oleadas de inmigración provienen de América Latina (**Hispanics**) y de Asia (**Asians**).

- Las ciudades más grandes son *Nueva York* (**New York**) —más de siete millones de habitantes—, **Los Angeles** —más de tres millones— y **Chicago** —tres millones—.

- Moneda: el dólar, que se compone de 100 centavos. A una moneda de *5 centavos* se le llama **nickel**; a una de *10 centavos*, **dime**, y a una de *25*, **quarter.** Todos los billetes llevan al reverso la declaración "**In God we trust**" (*Confiamos en Dios*).

A 1   PRESENTACIÓN [🔊 CD]

- **not**   [naːt]   *no*
- **I am not**   *yo no soy (o no estoy)*
- **an** [ən]: ésta es la forma del artículo **a** cuando va antes de una vocal.

a, an	[ə, ən]	*un, uno, una*
animal	[ænəməl]	*animal*
child	[chaild]	*niño/ niña; chiquillo/ chiquilla*
big	[big]	*grande, gordo/ gorda*
American	[əmerəkən]	*estadounidense*

Recuerde:

man	[mæn]	*hombre*
woman	[wumən]	*mujer*

A 2   APLICACIÓN [🔊 CD]

1. I am not a child.
2. I am not big.
3. I am not American.
4. I am not an animal.
5. I am not a man, I'm Linda.
6. I am not a woman, I'm Dan.

A 3 OBSERVACIONES [◀ CD]

■ Pronunciación: [a:] [ch]
- La **o** de **not** se parece a una *a* larga y de sonido cerrado, similar a la primera *a* de *cántaro*. Se representa con el símbolo [a:] entre corchetes.
- La **r** de **American** es muy suave y se pronuncia con la punta de la lengua sin llegar al paladar y sin vibrar.
- Recuerde: [◀ CD]

  1. En las palabras de más de una sílaba, la parte que aparece dentro de los corchetes en **negritas** se pronuncia con mayor énfasis. Por ej.: A**mer**ican, **an**imal, **wo**man.
  2. Las consonantes que están al final de una palabra casi siempre se pronuncian y deben ligarse a la vocal inicial de la siguiente palabra. Por ej.: **an animal** suena como [ənænəməl].

■ Gramática
- Recuerde: los adjetivos son invariables en género y número.

American: *el estadounidense, la estadounidense, los estadounidenses, las estadounidenses.*

big: *grande (masculino y femenino), grandes (masculino y femenino),* y también *gordo, gorda, gordos, gordas.*

- el grupo sonoro **ch** de **child,** se pronuncia como la *ch* del español, como en *chaleco.*

A 4 TRADUCCIÓN

1. Yo no soy un niño.
2. Yo no soy grande.
3. Yo no soy estadounidense.
4. Yo no soy un animal.
5. Yo no soy un hombre, yo soy Linda.
6. Yo no soy una mujer, soy Dan.

CÁPSULA CULTURAL

¿Cuáles son algunos de los aparatos eléctricos más comunes en los hogares estadounidenses? *(respuesta en la pág. 33).*

---

2 I'm not

B 1 PRESENTACIÓN [◀ CD]

I'm not   [aim na:t]   *yo no soy (o no estoy)*

Recuerde:
1. La contracción de la frase **I am** es **I'm**.
2. El artículo **a, an** se usa después del verbo **to be**, *ser o estar*, cuando la siguiente palabra es un sustantivo.

Por ej.: **I'm not a child.**

Bob	[ba:b]	diminutivo de **Robert**, *Roberto*
Tom	[ta:m]	diminutivo de **Thomas**, *Tomás*
a baby	[ə beibi]	*un bebé*
a cook	[ə kuk]	*un cocinero/ una cocinera*
a pilot	[ə pailet]	*un piloto*
bad	[bad]	*mal, malo/ mala*

B 2 APLICACIÓN [◀ CD]

1. I'm not Bob.
2. I'm not Tom.
3. I'm not a baby.
4. I'm not a cook.
5. I'm not a pilot.
6. I'm not bad.
7. I'm not a bad cook.
8. I'm not a child.
9. I'm not American.
10. I'm not a man.

B 3 OBSERVACIONES

■ Pronunciación: [ei] [u] [ai]

- La **a** de **baby** es, en realidad, un sonido doble resultado de la unión de *e* + *i*. Se pronuncia como la *ei* de *reino*. Se representa con el símbolo [ei].

- Recuerde:

El grupo sonoro **oo** de **cook** se pronuncia como la *u* del español. Se representa con el símbolo [u].

La **i** de **pilot** se pronuncia [ai].

En las palabras de dos o más sílabas, siempre hay una de ellas que se pronuncia con mayor énfasis. Esa sílaba acentuada está representada con **negritas** entre corchetes.

■ Gramática

- **a**, *un, uno, una* se coloca después de la contracción **I'm (not)** para introducir un sustantivo de oficio o profesión.

I'm not a cook.	*No soy cocinero(a).*
I'm a pilot.	*Soy piloto.*

B 4 TRADUCCIÓN

1. Yo no soy Bob.
2. Yo no soy Tom.
3. Yo no soy un bebé.
4. Yo no soy un cocinero(a).
5. Yo no soy un piloto.
6. Yo no soy malo(a).
7. Yo no soy un(a) mal(a) cocinero(a).
8. Yo no soy un niño.
9. Yo no soy estadounidense.
10. Yo no soy un hombre.

C 1 EJERCICIOS

A. Traduzca al inglés. [◀ CD]
1. Yo no soy un niño.
2. Yo no soy un piloto.
3. Yo no soy un animal.
4. Yo no soy malo.
5. Yo no soy Vic.
6. Yo no soy un bebé.

B. Ponga en forma negativa. [◀ CD]
1. I am a woman.
2. I am a man.
3. I am an American pilot.
4. I am a bad cook.

C. Utilice una contracción. [◀ CD]
1. I am not Linda.
2. I am not a baby.
3. I am not an animal.
4. I am not Liz.

C 2 RESPUESTAS [◀ CD]

A.
1. I am not a child.
2. I am not a pilot.
3. I am not an animal.
4. I am not bad.
5. I am not Vic.
6. I am not a baby.

B.
1. I am not a woman.
2. I am not a man.
3. I am not an American pilot.
4. I am not a bad cook.

C.
1. I'm not Linda.
2. I'm not a baby.
3. I'm not an animal.
4. I'm not Liz.

C 3 EJERCICIOS DE PRONUNCIACIÓN [◀ CD]

■ Pronuncie
1.
I am   [ai am]
I am an animal [ai am ənænəməl]
2.
I'm not   [aim na:t]
I'm not American [aim na:t əmerəkən]
I'm not a pilot [aim na:t ə pailet]
Observación: tenga cuidado de ligar la **t** de **not** con el inicio de la siguiente palabra: **American, a,** etc.

28

C 4 ¿DE DÓNDE VIENEN LOS ESTADOUNIDENSES? (2)

■ LOS ANGLO-SAJONES EN GRAN BRETAÑA

El retiro de las legiones de soldados romanos en el año 410 dejó el campo libre para tres grupos de *invasores* (**invaders** [inveiderz]). Éstos conformaban tribus germanas del norte de Europa:

- los sajones, provenientes del norte de Alemania.
- los anglos, originarios de Frisia (en Holanda y Alemania).
- los jutos, que venían de Jutlandia (en Dinamarca).

El *Rey Arturo* (**King Arthur**) y sus caballeros fueron capaces de contener a los invasores durante un tiempo. Sin embargo, finalmente, éstos hicieron retroceder a los celtas hacia las regiones lejanas de Cornualles (SO de Inglaterra), luego al País de Gales, a Irlanda y por fin, al continente, hasta llegar a lo que después sería Bretaña, en Francia.

Los grupos recién llegados a la isla formaron reinos diversos, que se enfrentaron en luchas sangrientas que habrían de durar hasta el siglo IX. La ascensión al trono del rey sajón *Alfredo* (**Alfred**) unificó al sur del país en la defensa contra los ataques de los vikingos. En esta época nació la base histórica de la lengua inglesa (*ver pág. 37*).

■ LOS NORMANDOS

Los últimos invasores de Gran Bretaña fueron los normandos.

El 14 de octubre de 1066, *Guillermo el Conquistador* (**William the Conqueror**) derrotó a Haroldo el Sajón en la Batalla de Hastings y se convirtió en el primer rey de la Inglaterra normanda. Guillermo hizo construir una serie de fuertes a lo largo del río Támesis, dos de los cuales subsisten hasta hoy: la *Torre de Londres* (**Tower of London**) y el *Castillo de Windsor* (**Windsor Castle**). Además, despojó a muchos señores sajones de sus tierras y las entregó a señores normandos. Las hazañas, tal vez legendarias, de Robin Hood contra la ocupación normanda dan testimonio de esos tiempos turbulentos.

De esta época data el doble origen del vocabulario inglés moderno y, en consecuencia, su riqueza. A través del normando recibió palabras de origen latino y a través del inglés de la época (inglés antiguo), vocablos germánicos (*ver pág. 37*).

D 1 LOS ESTADOS UNIDOS DE NORTEAMÉRICA (2)

■ DATOS HISTÓRICOS

- En el siglo XVII, los primeros colonizadores ingleses llegan a America. Muchos de ellos eran *peregrinos* o *puritanos* (**pilgrims**), auténticos disidentes religiosos.

- 1776: *Declaración de Independencia* (**Declaration of Independence**) de 13 colonias británicas que adoptan el nombre de **United States of America.**

- 1776-1783: *Guerra de Independencia*. Vence **George Washington**, Comandante en jefe auxiliado por Francia (La Fayette y Rochambeau).

- 1787: redacción de la Constitución, aplicada hasta 1789, fecha en que George Washington se convierte en el primer presidente de los Estados Unidos de Norteamérica.

- 1803: compra de **Louisiana** a Francia.

- 1848: tras la victoria en la guerra con México, anexión de **Texas**, *Nuevo México* (**New Mexico**) y **California**.

- En la primera mitad del siglo XIX se da la conquista del Oeste (tierras más allá del Mississippi), lo que segrega y diezma a los indios, pobladores originales del lugar.

- 1860-1865: *Guerra de Secesión* (**Civil War**). Los estados del sur son derrotados por los estados industrializados del norte y deben renunciar a la esclavitud. El presidente Abraham Lincoln, vencedor de la guerra, es asesinado por un fanático en 1865.

- 1898: guerra contra España, que al ser vencida pierde Puerto Rico, las Filipinas y Guam.

- 1903: se establece el control estadounidense sobre la zona del Canal de Panamá.

- 1917: rompiendo su aislamiento, Estados Unidos participa en la *Primera Guerra Mundial* (**World War I**) y queda del lado de los vencedores.

- 1929: crisis económica, iniciada el famoso *Jueves negro* (**Black Thursday**) con la caída de la Bolsa de Valores.

- 7 de diciembre de 1941: ataque japonés a **Pearl Harbor**, lo que obliga a EU a entrar a la *Segunda Guerra Mundial* (**World War II**). **Dwight David Eisenhower,** Comandante en jefe de los ejércitos aliados europeos, es elegido presidente de EU en 1953.

- El periodo presidencial de **Harry Truman** (1945-1953) se caracteriza por el lanzamiento sobre Japón de la primera bomba atómica.

D 2 LOS ESTADOS UNIDOS DE NORTEAMÉRICA (3)

■ DATOS HISTÓRICOS DESDE 1960

- 1961-1963: periodo presidencial de **John Fitzgerald Kennedy**, demócrata asesinado en 1963. Su gobierno se había caracterizado por la enérgica política de antisegregación racial (iniciada por Eisenhower) y por su visión de hacer de EU una superpotencia económica y política.

- 1962: crisis de Cuba, causada por el arribo de misiles soviéticos a la isla. Luego las hostilidades disminuyen en el conflicto con los rusos.

- 1963: manifestaciones públicas a favor de la lucha pacífica por los derechos de los negros. Las demostraciones culminan en la *Marcha por los Derechos Civiles* (**Civil Rights March**) en Washington, organizada por el pastor negro **Martin Luther King.** La concentración busca obtener, en la práctica, la igualdad de *derechos civiles* (**civil rights**) para la población negra. Luther King es asesinado en 1968.

- Bajo el gobierno del sucesor de Kennedy, el demócrata **Lyndon Baines Johnson**, los estadounidenses entran en guerra con Vietnam del Norte. La "guerra no oficial" (nunca fue declarada) dura de 1964 a 1973. El costo social y político para Estados Unidos de Norteamérica fue muy alto.

- **Richard Nixon,** presidente republicano elegido en 1969, renuncia en 1974 al gobierno, obligado por el escándalo político de **Watergate**, en el que se le implica en labores de espionaje contra el partido demócrata.

- El presidente republicano **Ronald Reagan** (1980-1988), creador del programa de defensa anti-misiles *Guerra de las Galaxias* (**Star Wars**), pone énfasis en la moral estadounidense.

- Caída del bloque soviético (1990) y consiguiente fin de la *Guerra Fría* (**Cold War**).

- El presidente republicano **George Bush** (1989-1993) enfrenta fuertes problemas económicos y sociales y su gobierno dirige la coalición internacional que lucha contra Irak en la *Guerra del Golfo* (**Gulf War**).

- **William Clinton**, presidente demócrata, es elegido en 1992 y reelecto en 1996. Uno de sus objetivos más importantes está en la lucha antidrogas. En 1998 se ve envuelto en un escándalo sexual y es acusado de mentir bajo juramento. Por ello, se convierte en el segundo presidente estadounidense en ser impugnado, aunque resulta exonerado.

A 1   PRESENTACIÓN [◀ CD]

- **it is...**   [it iz]   *él es (o está), ella es (o está),*
  esto es (o está)

- Al hablar, frecuentemente se emplean contracciones. Por ejemplo, **it is** se convierte en **it's**. El apóstrofo sustituye la vocal suprimida.

black	[blæk]	*negro/ negra*
good	[gud]	*bien , bueno/ buena*
nice	[nais]	*bonito/ bonita, bueno/ buena, bello/ bella, amable, agradable*
a bag	[ə bag]	*una bolsa, un bolso*
a taxi	[ə tæksi]	*un taxi*
Betty	[bedi]	*Betty*

- Nota: recuerde que **bad** es *malo/ mala*.

A 2   APLICACIÓN   [◀ CD]

1. It is nice.
2. It is good.
3. It is black.
4. It is a taxi.
5. It is a bag.
6. It is Betty.
7. It's a black taxi.
8. It's a nice bag.
9. It's a bad animal.
10. It's a baby.

A 3 OBSERVACIONES [◀ CD]

■ Pronunciación: [e]
- La **e** de **Betty** se pronuncia de manera similar a la *e* del español y se representa con el símbolo [e].
- La **t** de **Betty** se pronuncia como una *d* suave.

⌈Recuerde: las consonantes siempre se pronuncian con énfasis, sobre todo las que van al inicio de palabra como en **good, black, taxi, Betty**, etc. ⌋
■ Gramática:
- **It**

Es un pronombre neutro de 3a. persona. Designa animales y cosas y puede corresponder a:

1. *Pronombre demostrativo: esto/ esta, eso/ ésa/ ése, aquello, lo...*

It is good.	*Esto es bueno, está bien.*
It is black.	*Ése es negro.*

2. *Pronombre personal: él, ella,* usado para cosas y animales:

My bag is nice. It is black.   *Mi bolso es bonito. Es negro.*

- Recuerde:
1. El adjetivo es invariable en cuanto a género y número.
2. En inglés, el adjetivo siempre se coloca antes del sustantivo:

a black taxi   *un taxi negro*

A 4 TRADUCCIÓN

1. Es bonito.
2. Es bueno.
3. Es negro.
4. Es un taxi.
5. Es un bolso.
6. Es Betty.
7. Es un taxi negro.
8. Es una bolsa bonita.
9. Es un animal malo.
10. Es un bebé.

CÁPSULA CULTURAL

En casi cualquier casa de clase media se encontrarán los siguientes aparatos eléctricos: una *estufa eléctrica* (**electric stove**), un *horno de microondas* (**microwave oven**), una *lavaplatos* (**dishwasher**) y una *televisión a color* (**color TV**).

B 1 PRESENTACIÓN [◀ CD]

- **it is not**   *no es* (o *no está*)
- La frase **it is not** se contrae en **it's not** o en **it isn't** [izent].

my	[mai]	*mi, mis*
my job	[mai dʒa:b]	*mi trabajo*
my book	[mai buk]	*mi libro*
my bike	[mai baik]	*mi bicicleta*
a cat	[ə kæt]	*un gato*

- Recuerde:

big	*grande, gordo/ gorda*
bad	*mal, malo/ mala*
nice	*bonito/ bonita, bueno/ buena, bello/ bella, amable, agradable*

B 2   APLICACIÓN [◀ CD]

1. It is not my job.
2. It is not my book.
3. It is not my bike.
4. It is not a dog.
5. It is not a cat.
6. It isn't a good job.
7. It isn't a good book.
8. It's not a bad job.
9. It's not a nice bike.

B 3   OBSERVACIONES [◀ CD]

■ Pronunciación [dʒ]

• ⌐ La **j** de **job** se pronuncia como si en español, a *llama* se le pusiera antes una *d:* "*dllama*". Se representa con el símbolo [dʒ]. ⌐

Recuerde:

1. El grupo sonoro **oo** de **book, good** se pronuncia como una *u* [u].
2. La contracción **isn't** se pronuncia [**i**zent]. La **e** de la segunda sílaba se pronuncia muy suavemente.

■ Gramática

• **my** *mi/ mis*. Es un adjetivo posesivo y es invariable tanto en género como en número.

Por ej.:   **my job** *mi trabajo*   **my bike** *mi bicicleta*   **my bikes** *mis bicicletas*
• **a dog** *un perro/ una perra*   **a cat** *un gato/ una gata*

Note que estos sustantivos neutros no tienen masculino ni femenino.

• Recuerde: en inglés, el adjetivo siempre se escribe antes que el sustantivo:

a black cat   *un gato negro*   **a good book**   *un buen libro*

B 4   TRADUCCIÓN

1. No es mi trabajo.
2. No es mi libro.
3. No es mi bicicleta.
4. No es un perro.
5. No es un gato.
6. No es un buen trabajo.
7. No es un buen libro.
8. No es un mal trabajo.
9. No es una bicicleta bonita.

C 1 EJERCICIOS

A. Traduzca al inglés. [◀ CD]

1. Es una buena bicicleta.
2. Betty es amable.
3. Es un buen libro.
4. No es una bolsa.
5. No es bueno.

B. Escriba usando la contracción correcta. [◀ CD]

1. It is a man.
2. It is not a woman.
3. It is not a taxi.
4. It is not a black cat.

C. Traduzca al inglés.

1. Es mi bicicleta.
2. Es mi trabajo.
3. No es buena.
4. Es mi perro.
5. Es mi libro.
6. No es Betty.

C 2 RESPUESTAS [◀ CD]

A.

1. It is a good bike.
2. Betty is nice.
3. It is a good book.
4. It is not a bag.
5. It is not good.

B.

1. It's a man.
2. It isn't a woman
   (*o* It's not a woman).
3. It isn't a taxi (*o* It's not a taxi).
4. It isn't a black cat
   (*o* It's not a black cat).

C.

1. It's my bike.
2. It's my job.
3. It is not good
   (*o* It isn't good).
4. It's my dog.
5. It's my book.
6. It isn't Betty
   (*o* It's not Betty).

C 3 EJERCICIOS DE PRONUNCIACIÓN [◀ CD]

Pronuncie

A. It's a good bike.   [itsə gud baik]
   It's a nice book.   [itsə nais buk]
B. It isn't Betty.   [itizent beti]
   It isn't a child.   [itizent ə chaild]

C 4 LOS ORÍGENES DEL IDIOMA INGLÉS (1)

El inglés actual es resultado de numerosas influencias lingüísticas a lo largo del tiempo. En su conformación influyeron tanto las oleadas de invasiones como su propia evolución histórica.

■ Al principio de nuestra era, Gran Bretaña fue habitada por los *celtas*, cuyas distintas *tribus* (**tribes**) [traibz] hablaban dialectos diferentes.

■ La ocupación romana sobre el centro del país, ocurrida entre los siglos I y IV, aportó algunos nombres de lugares (*ver pág. 17*) y algunas palabras como **street**, *calle* (del latín *strata*= calle); aparte de esto, tuvo escasa repercusión lingüística. No fue sino hasta después de la evangelización del siglo VII cuando el latín usado por la Iglesia y por sus ministros enriqueció la lengua.

■ El "Inglés Antiguo" comenzó a formarse a partir del año 449, con las invasiones de anglo-sajones venidos de Alemania y norte de Europa (*anglos, jutos y sajones*). Este idioma primitivo constituye la base histórica del inglés de hoy; se calcula que un tercio de las palabras modernas proviene de aquella lengua. Entre los siglos VIII al XI los vikingos incursionaron en Inglaterra y en el siglo IX controlaron el este del país. Ellos aportaron cerca de 1800 palabras de origen danés, además de muchos nombres de lugares.

■ En 1066, *Guillermo el Conquistador* venció en la batalla de Hastings: esto marcó el inicio de la influencia del francés sobre el inglés. A lo largo de un siglo coexistieron prácticamente sin contaminarse el *normando* (lengua de los invasores) y el *sajón* (lengua de los sometidos). De esta época datan diferencias de vocabulario como la que existe entre *puerco*, que puede traducirse **pork** (palabra de origen normando o francés) y **pig** (de origen sajón): la primera nombra la comida que consumían los normandos; la segunda, el animal vivo que criaban los siervos sajones.

■ En el llamado "Inglés Medio", hablado entre los siglos XII y mediados del XV, se combinaron las dos lenguas: palabras de origen francés entraron a la lengua de origen sajón, que fue cada vez más usada por la clase dirigente. Alrededor de 10 mil palabras de origen francés o normando se incorporaron al inglés.

■ El escritor inglés más destacado de la época fue Geoffrey Chaucer (1340-1400), autor de los *Cuentos de Canterbury (**The Canterbury Tales**, 1350)*. Chaucer contribuyó a dar una estructura más estable a la lengua.

D 1   EL REINO UNIDO · MAPA DE GRAN BRETAÑA

INGLATERRA, ESCOCIA, PAÍS DE GALES

D 2 *EL REINO UNIDO*, **THE UNITED KINGDOM**

Con el fin de entender mejor a los británicos, he aquí algunos datos básicos sobre sus diferentes países.

En realidad, la región del mundo que para simplificar muchas veces llamamos Inglaterra, es tan sólo uno de los países que conforman el *Reino Unido*, **the United Kingdom (UK)**. Éste tiene una población de 58 millones de habitantes y está integrado por *Gran Bretaña*, **Great Britain**, e *Irlanda del Norte*, **Northern Ireland.**

■ Gran Bretaña es la isla más importante dentro del conjunto de *Islas Británicas*, **the British Isles.** Tiene una longitud aproximada de 1 000 km de norte a sur y una superficie de 245 000 km².

Comprende tres entidades principales:

* *Inglaterra*, **England**, con una población de 48 millones de habitantes llamados *ingleses*, **the English**. Su capital es *Londres*, **London.**

* *El País de Gales*, **Wales**, con una población de 3 millones de habitantes llamados *galeses*, **the Welsh**. Su capital es **Cardiff.**

* *Escocia*, **Scotland**, con una población de 5 millones de habitantes llamados *escoceses*, **the Scottish people** o **the Scots**. Su capital es *Edimburgo*, **Edinburgh.**

Además, el Reino Unido está integrado por otros países:

* 200 islas pequeñas que forman archipiélagos al norte de Escocia: **the Shetland Islands, the Hebrides** y **the Orcades.**

* la *Isla de Man*, **Isle of Man** y la de **Anglesey**, en el mar de Irlanda.

* la *Isla de Wight*, **the Isle of Wight** y las islas anglonormandas del Canal de la Mancha, **Channel Islands:** entre otras **Jersey** y **Guernesey.**

■ Irlanda del Norte, **Northern Ireland**. Tiene una población de 1.6 millones de habitantes, de los cuales el 60% es protestante y el 40%, católico. Éstos ocupan el noreste de la gran isla de *Irlanda*, **Ireland**, cuya capital es **Belfast.**

■ Por otro lado, la *Comunidad Británica de Naciones*, **the Commonwealth of Nations** designa la asociación voluntaria de 37 estados soberanos e independientes provenientes del imperio colonial británico, los cuales siguen reconociendo a la *reina de Inglaterra*, **the Queen of England,** como soberana de la Comunidad, independientemente de su régimen interno de gobierno. La mayor parte de los países miembros poseen un gobierno de democracia parlamentaria y, aunque algunos tienen su propio monarca, la reina Isabel ii es jefa de gobierno de 12 países de la Comunidad.

A 1 PRESENTACIÓN [◀ CD]

you are	[iu: a:r]	*tú eres (o estás), usted es (o está); vos sos (o estás); ustedes son (o están)*
you're	[iu:r]	
we are	[wi: a:r]	*nosotros/ nosotras somos (o estamos)*
we're	[wi:r]	
they are	[ðei a:r]	*ellos/ellas son (o están)*
they're	[ðei:r]	
invited	[invaitd]	*invitado(a)*
pleased	[pli:zd]	*satisfecho(a), contento(a)*
sick	[sik]	*enfermo(a)*
and	[ænd]	*y*
kids	[kidz]	(uso familiar) *niños(as), chiquillos(as)*

- Por lo general, el plural de los sustantivos se forma añadiéndoles una **s**. Ésta suele pronunciarse [z]: **a kid** [ə kid], **kids** [e kidz].

- El artículo indefinido **a, an** se elimina en el plural.

- Observación: con frecuencia se contrae el verbo que está precedido por pronombre. Por ej.: **you are—you're** [iu:r].

- En algunas regiones de Latinoamérica se usa el pronombre *vos* para la segunda persona del singular. Por ej.: *vos sos, vos estás*. En todos los casos, este pronombre se traduce por el de la segunda persona del singular en inglés: **you**.

A 2 APLICACIÓN [◀ CD]

1. You are invited (*o* you're invited).
2. We are sick (*o* we're sick).
3. They are kids (*o* they're kids).
4. We are pleased (*o* we're pleased).
5. Pam and Betty are invited.
6. The kids are sick.
7. Bill is pleased.
8. He is a child. (*o* he's a child).

A 3   OBSERVACIONES

■ Pronunciación: [a:] [i:] [i] [u:] [ð]

- El grupo **ar** de **are** se pronuncia como la *ar* en *mar*. Se representa con el símbolo [a:r].

- La **y** de **you** se pronuncia como una *i* del español y se pronuncia junto con el sonido *u* que le sigue: *i* + *u*. Se representa con el símbolo [iu:].

- El sonido de la contracción **you're** es un sonido largo. Se representa con el símbolo [iu:r].

- El sonido del grupo **ea** de **pleased** es similar al de la *i* de *lío*, aunque un poco más largo. Se parece al de la contracción **we're** [wi:r].

- La **th** de **they** se pronuncia como la *d* de *hada*, colocando la punta de la lengua entre los dientes. Se representa con el símbolo [ð].

■ Gramática: **are**

En inglés, una misma forma corresponde a la conjugación del verbo *ser* o *estar*, **to be**, en las tres personas del plural, en el tiempo presente. Esa forma es **are**.

we are	*nosotros/ nosotras somos* (o *estamos*)
you are	*tú eres* (o *estás*), *usted es* (o *está*), *ustedes son* (o *están*)
they are	*ellos/ ellas son* (o *están*)

A 4   TRADUCCIÓN

1. Tú estás invitado(a).
2. Nosotros(as) estamos enfermos(as).
3. Ellos son niños(as).
4. Nosotros(as) estamos contentos(as).
5. Pam y Betty están invitadas.
6. Los(as) chiquillos(as) están enfermos(as).
7. Bill está contento.
8. Él es un niño.

- Recuerde que el pronombre de segunda persona **you** corresponde tanto al singular como al plural en español, por lo que, dependiendo del contexto, puede traducirse *tú/ usted/ vos; ustedes*. Además, los pronombres son invariables en género: **we** se puede traducir *nosotros* o *nosotras*. Para simplificar, en este libro se indica preferentemente el género masculino, número singular, es decir, *tú*, *él*.

B 1 PRESENTACIÓN [◀ CD]

you are not	[iu: a:r na:t]	*tú no eres (o no estás), usted no es (o no está), ustedes no son (o no están)*
you're not	[iu:r na:t]	
you aren't	[iu: a:rnt]	
we are not	[wi: a:r na:t]	*nosotros/nosotras no somos (o no estamos)*
we're not	[wi:r na:t]	
we aren't	[wi: a:rnt]	
they are not	[ðei a:r na:t]	*ellos/ ellas no son (o no están)*
they're not	[ðei:r na:t]	
they aren't	[ðei a:rnt]	
English	[iŋglish]	*inglés, inglesa*
Chilean	[chiliən]	*chileno(a)*
different	[difrənt]	*diferente*
noisy	[noizi]	*ruidoso(a)*

- **English, Chilean**: en inglés, los adjetivos de nacionalidad (gentilicios) siempre se escriben con mayúscula.

- En la forma negativa existen dos contracciones:

  1. **You're not**   2. **You aren't**

B 2 APLICACIÓN [◀ CD]

1. You are not English.
2. We are not Chilean.
3. They are not different.
4. They are not noisy.
5. He is not sick.
6. Pam and John are not invited.
7. You aren't noisy.

B 3   OBSERVACIONES

■ Pronunciación: [r] [aː]

- [r]: la **r** de **different** es diferente a la *r* normal del español. En todo caso, sería similar a una *r* pronunciada con la punta de la lengua cerca del paladar pero sin que llegue a tocarlo. La **r** suele pronunciarse suavemente.

- **aren't** [aːrnt] es la contracción de **are not**. La *a* es larga y sorda; la *r* suena muy suavemente.

- Recuerde: **you're not**   [iuːr naːt] ╱
            we're not   [wiːr naːt] ╱
            they're not [ðeiːr naːt]

En una contracción, el apóstrofo sustituye la (o las) letras que fueron suprimidas.

■ Gramática

We are not   *Nosotros/ nosotras no somos* (o *no estamos*)

La negación que se emplea con los verbos auxiliares es **not**.

Recuerde:

1. Pronombres personales del plural:

   we   *nosotros/ nosotras*
   you   *ustedes* (pero también *tú*)
   they *ellos/ ellas*

2. **Are** es una forma única que corresponde a varias formas verbales en español: *(tú) eres* o *estás, (usted) es* o *está, (nosotros) somos* o *estamos, (ustedes) son* o *están, (ellos/ ellas) son* o *están.*

B 4   TRADUCCIÓN

1. Tú no eres/ usted no es inglés.
2. Nosotros(as) no somos chilenos(as).
3. Ellos(as) no son diferentes.
4. Ellos(as) no son ruidosos(as).
5. Él no está enfermo.
6. Pam y John no están invitados.
7. Tú no eres/ usted no es ruidoso.

C 1 EJERCICIOS

A. Traduzca al inglés. [◀ CD]

1. Linda, eres simpática.
2. Betty, tú no estás triste.
3. Tú eres un niño (*o* tú eres una niña).
4. Nosotros estamos contentos (*o* nosotras estamos contentas).
5. Ellos son niños ruidosos (*o* ellas son niñas ruidosas).
6. Ellos son ingleses (*o* ellas son inglesas).

B. Ponga en forma negativa. [◀ CD]

1. They are noisy kids.
2. You are Chilean.
3. We are invited.
4. They are sick.

C. Ponga en forma negativa utilizando la contracción adecuada.

1. We are sad.
2. They are not different.
3. You are not pleased.
4. They are invited

C 2 RESPUESTAS [◀ CD]

A.

1. Linda, you are nice.
2. Betty, you are not sad.
3. You are a child.
4. We are glad.
5. They are noisy kids.
6. They are English.

B.

1. They are not noisy kids.
2. You are not Chilean.
3. We are not invited.
4. They are not sick.

C.

1. We aren't sad.
2. They aren't different.
3. You aren't pleased.
4. They're not invited.

C 3 EJERCICIOS DE PRONUNCIACIÓN [◀ CD]

■ Pronuncie

you're English	[iu:r **iŋ**glish]
you're Chilean	[iu:r **chi**liən]
we're sick	[wi:r sik]
you aren't noisy	[iu: a:rnt **noi**zi]
they aren't kids	[ðei a:rnt kidz]

C 4 LOS ORÍGENES DEL IDIOMA INGLÉS (2)

■ Durante el Renacimiento (siglos xv y xvi) la intensa actividad desplegada por traductores y escritores enriqueció el inglés con múltiples palabras de origen latino, griego, francés, italiano, español y portugués. Varias fueron las influencias que contribuyeron a la estabilización de la lengua, entre ellos:

• las obras de **William Shakespeare** (1564-1616).

• la versión autorizada de la Biblia en inglés (1601).

• el diccionario publicado en 1755 por **Samuel Johnson** (1705-1784).

■ El inglés siguió evolucionando pero en realidad ya no sufrió alteraciones importantes. Al leer obras de autores del siglo xviii, el estudiante de hoy no se enfrenta a grandes problemas. Para simplificar, se puede establecer la configuración del inglés moderno en esa época.

■ Sin detenernos a considerar la enorme penetración (e invasión) del inglés estadounidense contemporáneo, es necesario reconocer su influencia sobre las nuevas generaciones, así como en el medio económico y comercial. Más allá de este hecho relativamente reciente, el inglés moderno tiene algunos rasgos fundamentales. Entre ellos se pueden mencionar:

• se trata de un idioma muy rico a nivel literario: posee una gran variedad de términos descriptivos y concretos, y un vocabulario sumamente extenso. Esto se puede explicar por el variado y fecundo grupo de lenguas que a lo largo del tiempo influyó en la conformación del inglés de hoy. Sin embargo, la lengua cotidiana solamente utiliza un reducido número de palabras y acepciones.

• en tanto más se aprecia el carácter idiomático, concreto y descriptivo del inglés, más se percibe su trasfondo anglosajón. Por otro lado, cuanto más se analizan sus rasgos de intelectualidad y abstracción, más se percibe la fuerte influencia latina y francesa que tiene.

• aunque en la lengua hablada de EU existen diferencias regionales y acentos distintivos determinados por el lugar de procedencia de sus pobladores, en la lengua escrita sí existe un inglés estándar. Éste es suficientemente similar al inglés británico (también estándar) como para que la comunicación entre hablantes de ambas lenguas se pueda dar sin mayor dificultad.

• el inglés estadounidense da la impresión de ser más familiar que el británico. Esto se hace evidente en la escritura del inglés estadounidense, que puede incorporar formas propias de la lengua hablada. Por ejemplo: **yeah** por **yes**, *sí*; **I wanna** por **I want to**, *quiero*; **tonite** por **tonight**, *esta noche*, etc.

D 1 MAPA DE CANADÁ

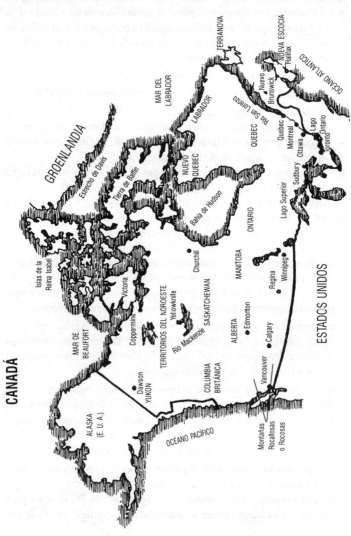

D 2 CANADA, *CANADÁ.*

■ Con una superficie de 9 992 330 km², Canadá es el segundo país más grande del mundo, después de Rusia. Es un país fundamentalmente agrícola y minero. Las superficies cubiertas por agua dulce, es decir, por *lagos* (**lakes** [**leiks**]) o por *ríos* (**rivers** [**riverz**]) representan un total de 755 165 km². Además, alrededor del 25% del país es *bosque* (**forest** [**fo:rest**]).

■ Su población es de cerca de 27 millones de *habitantes* (**inhabitants** [**inhæbətəntz**]), de los cuales alrededor de 20 millones son anglófonos y siete son francófonos. La densidad de población es de apenas tres habitantes por km².

■ Miembro del **Commonwealth** (*Comunidad Británica de Naciones*) (*ver pág. 39*), el país está dividido en dos territorios (del Noroeste y de Yukon) y en diez provincias: Alberta, Columbia Británica, Isla del Príncipe Eduardo, Manitoba, Nueva Escocia, Nuevo Brunswick, Ontario, Quebec, Saskatchewan y Terranova. La capital federal es Ottawa.

Las ciudades principales son Edmonton, Hamilton, Montreal, Ottawa, Quebec, Vancouver y Winnipeg.

El clima, especialmente rigoroso en el norte, obliga a cerca del 90% de la población a habitar la zona fronteriza con EU.

■ DATOS HISTÓRICOS

Inicialmente poblada por indígenas, Canadá fue anexada a Francia en 1534 por Jacques Cartier. En 1608, el francés Champlain funda Quebec y después, en 1663, Luis XIV funda la "Compañía de las Indias Occidentales". En 1690, por un conflicto con Inglaterra, Francia pierde Acadia y Terranova; después tiene que renunciar a la Bahía de Hudson. Luego de la caída de Quebec y de Montreal, en 1763 Francia cede a Gran Bretaña todo el territorio canadiense.

Los canadienses francófonos pudieron recuperar algunos derechos, pero no fue sino hasta 1848 que el francés fue reconocido como lengua oficial, con igual nivel de importancia que el inglés.

Tras la Primera Guerra Mundial, Canadá se convirtió en potencia internacional, con una fuerte industria de guerra; en 1926 obtuvo su independencia.

A pesar de los fallidos intentos de autonomía de la provincia francófona de Quebec durante los años 80 y luego en 1995, actualmente Canadá se mantiene como una Confederación.

A 1 PRESENTACIÓN [◀ CD]

- **are you...?** *¿eres o estás?, ¿es o está usted?, ¿son o están ustedes?*

busy	[bizi]	*ocupado(a)*
free	[fri:]	*libre, desocupado(a), gratuito(a)*
Mexican	[**mek**sikən]	*mexicano/ mexicana*
Argentinian	[a:rdʒəntiniən]	*argentino/ argentina*
lucky	[lɐki]	*afortunado(a), suertudo(a)*
a doctor	[ə **da:**ktər]	*un médico, un doctor/ una doctora*
please	[pli:z]	*por favor*

- Para el verbo *ser* (o *estar*), **to be**, la interrogación se forma con la simple inversión de los términos: verbo + sujeto.

are you?	*¿eres o estás?, ¿es o está usted?, ¿son o están ustedes?*
are we?	*¿somos o estamos?*
are they?	*¿son o están ellos? ¿son o están ellas?*

Observación: recuerde que el pronombre *vos*, usado en algunos países de América Latina, se traduce **you**.

A 2 APLICACIÓN [◀ CD]

1. Please, are you free?
2. Are you busy?
3. Are you lucky?
4. Please, are you a doctor?
5. Are you Mexican?
6. Are we Argentinian?

A 3   OBSERVACIONES

■ Pronunciación: [ɐ]   [i]   [iː]   [aː]   [r]
- La **u** de **lucky** se pronuncia poniendo los labios como para decir una *a*, pero en cambio decir una *e*. Se representa con el símbolo [ɐ].
- La **u** de **busy** se pronuncia [i].

Recuerde:
- los grupos sonoros **ee** de **free** y **ea** de **please** contienen la [iː] alargada del español, como en *mi*.
- en **doctor,** solamente la primera **o** [aː] se pronuncia con énfasis (es como una *a* sorda y larga), por eso es común la abreviatura familiar **Doc** [daːk].
- la **r** de **free** es un poco similar a la *r* suave del español, como en *mira*.

■ Gramática

Nota:
- **Are you a doctor?** *¿es usted médico?*

En inglés siempre se debe poner el artículo **a** antes de un sustantivo singular.
- Los adjetivos son invariables y se colocan antes del sustantivo:

a busy doctor   *un médico ocupado*
busy doctors   *médicos ocupados*

A 4   TRADUCCIÓN

1. Por favor (dime), ¿estás desocupado(a)?/ (Dígame), ¿está usted desocupado(a)?
2. ¿Estás ocupado(a)?/ ¿Está usted ocupado(a)?
3. ¿Eres afortunado(a)? (*o* ¿Tienes suerte?)/ ¿Es usted afortunado(a)?
4. Por favor (dime), ¿eres médico?/ (Dígame) ¿es usted médico?
5. ¿Eres mexicano(a)?/ ¿Es usted mexicano(a)?
6. ¿Somos argentinos(as)?

B 1 PRESENTACIÓN [◀ CD]

• is it...?		*¿es o está?*
		¿es (o está) él? ¿es (o está) ella?
blue	[blu:]	*azul*
new	[nu:]	*nuevo(a)*
Linda's job	[lindəz dʒa:b]	*el trabajo de Linda*
Pam's bike	[pæmz baik]	*la bicicleta de Pam*
Bill's doctor	[bilz **da:k**tər]	*el doctor de Bill*

Notas:
1. Recuerde que **to be** se traduce *ser* (o *estar*).
2. **It** se traduce *él, ella, ello, eso.*
3. Como sucede con las demás personas del verbo **to be**, la interrogación de **it is** se forma a partir de la simple inversión de los términos. Es decir, la interrogación sigue esta fórmula: verbo + sujeto, **is it?** *¿es?* (o *¿está?*). Normalmente, **it** no se traduce.

B 2 APLICACIÓN [◀ CD]

1. Is it blue?
2. Is it new?
3. Is it free?
4. Is it Linda's job?
5. Is it Pam's bike?
6. Is it Bill's doctor?

B 3 OBSERVACIONES

■ Pronunciación [u:]
- Los sonidos **ue** de **blue** y **ew** de **new** son los de una *u* alargada. Se representan con el símbolo [u:].
- El grupo **ll** de **Bill** se pronuncia muy enfáticamente, levantando la punta de la lengua hacia el paladar.

■ Gramática

Posesión: para indicar que un sujeto posee algo se emplea la construcción:

> poseedor + apóstrofo + **s** + el objeto poseído

Por ej.:

Linda's bike   *la bicicleta de Linda*
Pam's job   *el trabajo de Pam*

Observaciones:

1. En la forma posesiva no se pone artículo.
2. La **s** se pronuncia [z].

B 4 TRADUCCIÓN

1. ¿Es azul?
2. ¿Es nuevo(a)?
3. ¿Es gratuito(a)?
4. ¿Es el trabajo de Linda?
5. ¿Es la bicicleta de Pam?
6. ¿Es el médico de Bill?

C 1 EJERCICIOS

A. Ponga en forma interrogativa. [◀ CD]
   1. You are free.
   2. Linda is lucky.
   3. Bill is a doctor.
   4. You are Argentinian.

B. Traduzca utilizando la forma posesiva. [◀ CD]
   1. El médico de Bill está ocupado.
   2. La bicicleta de Linda es chilena.
   3. El trabajo de Pam es nuevo.

C. Traduzca usando el plural. [◀ CD]
   1. Una bicicleta.
   2. Un buen trabajo.
   3. Un médico mexicano.
   4. Un niño afortunado.

C 2 RESPUESTAS [◀ CD]

A.
   1. Are you free?
   2. Is Linda lucky?
   3. Is Bill a doctor?
   4. Are you Argentinian?

B.
   1. Bill's doctor is busy.
   2. Linda's bike is Chilean.
   3. Pam's job is new.

C.
   1. Bikes.
   2. Good jobs.
   3. Mexican doctors.
   4. Lucky kids.

C 3 EJERCICIOS DE PRONUNCIACIÓN [◀ CD]

■ Pronuncie la **s** del plural. Recuerde que suena [z].
doctors	[**da:k**tərz]
bikes	[baikz]
jobs	[dʒa:bz]

■ Pronuncie la **s** de la forma posesiva.
Linda's doctor	[**lin**dəz **da:k**tər]
Bill's bike	[bilz baik]
Pam's job	[pæmz dʒa:b]

C 4 LA LENGUA DE LOS ESTADOS UNIDOS DE NORTEAMÉRICA (1)

■ Los giros particulares y los acentos del inglés estadounidense varían entre las regiones del país, por lo que un hablante del noreste no habla igual que uno del sur. Además, existen dialectos regionales, determinados por el origen de los inmigrantes de cada zona (negros africanos, alemanes, hispanos, etc.)

• Sin embargo, el inglés de los periódicos estadounidenses demuestra que sí existe una lengua más o menos estándar. Aunque en cierta medida el inglés norteamericano es diferente del británico, resulta artificial decir que no hay posibilidad de comunicación entre ellos. Si bien en la lengua popular existen diferencias, tanto que un inglés de Manchester y un estadounidense de Houston pueden tener dificultades de comprensión, esto es cada vez menos común entre las generaciones jóvenes, dada la influencia uniformadora de la televisión, la música y los viajes.

Con todo, las diferencias entre ambas "lenguas" son reales. El inglés norteamericano resulta más informal que el británico y también más tolerante con la forma en que se expresan los extranjeros.

■ El inglés estadounidense se distingue principalmente por los siguientes rasgos:

• el acento: la *r* normalmente se pronuncia con énfasis en cualquier posición de palabra, sobre todo en los finales. La *t* que está entre dos vocales normalmente suena como una *d* suave o, incluso, llega a desaparecer.

• la ortografía del inglés estadounidense tiende a la simplificación y a un acercamiento a la manera de pronunciar: *(EU)* **center** en vez de *(GB)* **centre**, *(EU)* **theater** en vez de *(GB)* **theatre**, etc.

• existen algunas expresiones idiomáticas propias de EU. Sin embargo, con el tiempo muchas de ellas terminan incorporándose al inglés británico.

• en inglés estadounidense existen términos específicos de instituciones, política, el sistema judicial, social y educativo.

• diferencias de vocabulario entre el inglés de EU y el británico: son menos de cien palabras, sin contar los regionalismos. (*ver pág. 54*).

• las diferencias gramaticales son mínimas, sobre todo si se comparan las gramáticas "oficiales" de ambas naciones.

D 1 LA LENGUA DE LOS ESTADOS UNIDOS DE NORTEAMÉRICA (2)

Las diferencias entre el vocabulario del inglés estadounidense y del inglés británico pueden causar confusión a quien se acerca a esta lengua por primera vez. A continuación se encuentra una lista de las palabras más comunes que tienen diferente ortografía, junto con su traducción al español.

EU	GB	Español
apartment	flat	*departamento*
bill	banknote	*billete (moneda)*
cab	taxi	*taxi*
center	centre	*centro*
checkbook	cheque book	*chequera (de banco)*
color	colour	*color*
dial tone	dialling tone	*tono (del teléfono)*
downtow	in the centre	*centro (de la ciudad)*
elevator	lift	*ascensor*
fall	autumn	*otoño*
faucet	tap	*grifo, llave del agua*
fill out (to)	fill in (to)	*llenar (un cuestionario)*
first floor	ground floor	*planta baja*
French fries	chips	*papas fritas*
gas o gasoline	petrol	*gasolina*
hi!	hello!	*¡hola!*
highway	motorway	*autopista*
hood	bonnet	*capó o cofre (del automóvil)*
mailman	postman	*cartero*
Main street	High street	*calle principal*
men's room	gents	*baños públicos de caballeros*
one way ticket	single (ticket)	*viaje sencillo*
phone booth	phone box	*cabina telefónica*
round trip	return (ticket)	*viaje de ida y vuelta*
sidewalk	pavement	*acera*
subway	underground	*tren subterráneo o metro*
traveler	traveller	*viajero*
truck	lorry	*camión*
trunk	boot	*cajuela o baúl (del automóvil)*
wait in line (to)	queue up (to)	*esperar en fila, formarse*
zip code	postal code, postcode	*código postal*

D 2 CONVERSAR EN LOS ESTADOS UNIDOS DE NORTEAMÉRICA

En general, durante los viajes o en casa de algún amigo estadounidense se suele *conversar*, **to chat** sobre temas variados e informales. De este modo se mantiene abierta la comunicación, si bien los hablantes no se comprometen al abordar temas personales. En la cultura estadounidense hay una clara tendencia a *ser extrovertidos*, **to be outgoing**. No se considera atrevido o de mal gusto iniciar una conversación informal con cualquier persona, incluso si es un total desconocido. De hecho, si uno permanece en absoluto silencio en presencia de otros (en el avión, el tren, el autobús, etc.), puede ser considerado poco cortés. La conversación o el intercambio de *unas cuantas palabras*, **a few words**, puede darse a partir de preguntas directas como: *¿De dónde es usted?*, **Where are you from?**, *¿Es ésta su primera visita a Nueva York?*, **Is this your first visit to New York?**, *¿A qué se dedica?*, **What do you do?**, o simplemente presentándose uno mismo: *Mi nombre es Juan. ¿Cómo se llama usted?*, **My name is John. What is your name?** (o **What is yours?**).

Una vez que se ha establecido una conversación espontánea, los hablantes pueden echar mano de temas tan generales como *el tiempo*, **the weather**, *la familia*, **the family** o *los deportes*, **sports.** Otros temas de conversación son los de interés común, como aficiones, ocupación o viajes. Además, todo lo relacionado con la *buena comida*, **good food**, *el vino*, **wine**, y *la moda*, **fashion** ofrece buenas opciones para entablar una conversación agradable con un desconocido. En general, en estos casos, no se proponen como temas de conversación cuestiones de análisis profundo. Los estadounidenses suelen buscar temas que permitan charlas cordiales.

A 1 PRESENTACIÓN [◀ CD]

- **he is**   [hi: iz] *él es (o está)*   **he's**   [hi:z] (forma en contracción)
  she is   [shi: iz] *ella es (o está)*   **she's**   [shi:z] (forma en contracción)
- **he is not**   *él no es (o no está)*   **he's not**   [izənt]
                                            o **he isn't**
  she is not   *ella no es (o no está)*   **she's not**   [izənt]
                                              o **she isn't**

careful   [**ker**fəl]   *cuidadoso(a)*
happy   [**hæ**pi]   *feliz, contento(a)*
pretty   [**pri**ti]   *bonito(a)*
ten   [ten]   *diez*

- Observe que para indicar la edad de una persona, en inglés se emplea el verbo **ser, to be** y no el verbo *tener,* **to have**, como en español.

Por ej.:
She is ten.   *Ella tiene diez años.*
I am ten.   *Yo tengo diez años.*

A 2 APLICACIÓN [◀ CD]

1. She is careful.
2. He isn't careful.
3. She is pretty.
4. He isn't happy.
5. He is ten.
6. She isn't ten.

A 3 OBSERVACIONES

■ Pronunciación [h] [e]

· La **h** de **he** o de **happy** se pronuncia con fuerza, como la *j* de *jabón*. Es un sonido expirado, es decir, el aire se saca de la boca al pronunciarlo. Se representa con el símbolo [h].

· La **a** de **careful** se pronuncia como una *e* del español y se representa así [e].

· La **e** de **pretty** se pronuncia como una *i* del español [i]. La palabra completa se pronuncia [**pri**ti].

■ Gramática: pronombres personales con función de sujeto.

· **he**   [hi:]   *él* (masculino)
· **she**   [shi:]   *ella* (femenino)

Nota: **he** y **she** se emplean para referirse a personas.

· **it**   [it]   *ello, eso*

Nota: **it** se emplea únicamente para referirse a cosas y animales; es un pronombre neutro.

· **we**   [wi:]   *nosotros(as)*
· **you**   [iu:]   *tú, usted, ustedes*
· **they** [ðei:] *ellos(as)*

Recuerde que **is** corresponde a la tercera persona del singular del verbo **to be** [tu: bi:] en tiempo presente: *es (o está)*.

A 4 TRADUCCIÓN

1. Ella es cuidadosa.
2. Él no es cuidadoso.
3. Ella es bonita.
4. Él no es (*o* está) feliz.
5. Él tiene diez años.
6. Ella no tiene diez años.

B 1   PRESENTACIÓN [◀ CD]

- **is she...?**   *¿es (o está) ella? ¿ella es (o está)...?*
- **is he...?**   *¿es (o está) él? ¿él es (o está)...?*

cool	[ku:l]	*tranquilo(a), calmado(a)* y también *fresco(a)*
old	[əuld]	*viejo(a), antiguo(a)*
sorry	[sa:ri]	*arrepentido(a), desgraciado(a), triste.* Pero también se usa en la frase **I'm sorry,** *lo lamento, lo siento.*
Venezuelan	[venəzweilən]	*venezolano(a)*
late	[leit]	*tarde, con retraso*

Recuerde: los adjetivos de nacionalidad (gentilicios) siempre se escriben con mayúscula inicial: **American, Mexican, Venezuelan, Chilean,** etc.

B 2   APLICACIÓN [◀ CD]

1. Is she sorry?
2. Is he cool?
3. Is she old?
4. Is he old?
5. Is she Venezuelan?
6. Is he Venezuelan?
7. Is she Mexican?
8. Is he Mexican?
9. Is he late?
10. Is she happy?

B 3 OBSERVACIONES

■ Pronunciación [əu]

• La **o** de **old** es un sonido doble, una especie de *e* breve y tensa que se pronuncia junto con una *u* del español. Se representa con el símbolo [əu].

■ Gramática   ℮ ∪

• Con el verbo **to be** (ser *o* estar), la interrogación se forma así:

Is she...? Is he...?   *¿Es* (o *está*) *ella...? ¿Es* (o *está*) *él...?*

Note que al usar el auxiliar **is**, la interrogación se forma invirtiendo el orden natural de los términos:

> **Is he old?** (en vez de **He is old**)   *¿Él es viejo?* o *¿Es él viejo?*
> **Is she Venezuelan?** (en vez de   *¿Ella es venezolana?* o *¿Es (ella)*
> **She is Venezuelan**)   *venezolana?*

• Recuerde: en inglés, a diferencia del español, los adjetivos son invariables: tienen la misma forma en masculino y femenino, singular y plural:

Por ej.: **Is he old? Is she old? Are they old?**

¿Él es viejo? ¿Ella es vieja? ¿Ellos son viejos? ¿Ellas son viejas?

B 4 TRADUCCIÓN

1. ¿Está (ella) arrepentida?
2. ¿Está (él) calmado?
3. ¿Es (ella) vieja?
4. ¿Es (él) viejo?
5. ¿Es (ella) venezolana?
6. ¿Es (él) venezolano?
7. ¿Es (ella) mexicana?
8. ¿Es (él) mexicano?
9. ¿Está (él) retrasado?
10. ¿Está (ella) contenta?

C 1 EJERCICIOS [◀ CD]

A. Traduzca al inglés.

1. Él está feliz.
2. Ella está feliz.
3. Él está retrasado.
4. Él está arrepentido.
5. Ella está arrepentida.

B. Ponga esas mismas frases en forma interrogativa.

C 2 RESPUESTAS

A.

1. He is happy.
2. She is happy.
3. He is late.
4. He is sorry.
5. She is sorry.

B.

1. Is he happy?
2. Is she happy?
3. Is he late?
4. Is he sorry?
5. Is she sorry?

C 3 EJERCICIOS DE PRONUNCIACIÓN [◀ CD]

· Sonidos dobles (diptongos)

| [ei] | **late** | [leit] |
| [əu] | **cold** | [kəuld] |

· Contracciones

He's ten.	[hiːz ten]
He isn't ten.	[hiː izent ten]
She's sorry.	[shiːz **sa**ːri]
She isn't sorry.	[shiː izent **sa**ːri]

· la **h** es "expirada" (al pronunciarla, saque el aire).

he's happy   [hiːz **hæ**pi]

C 4 LA CONSTITUCIÓN DE LOS ESTADOS UNIDOS DE NORTEAMÉRICA (1)

■ La Constitución estadounidense tiene más de doscientos años (1787) y es uno de los grandes orgullos de ese pueblo. Aun en su momento fue novedosa y ha subsistido hasta hoy sin sufrir drásticas enmiendas, dando al país un marco político y jurídico lo bastante flexible para afrontar crisis diversas. La Constitución es muy breve y también lo son las enmiendas que se le han hecho a lo largo del tiempo.

Los tres primeros artículos ilustran el principio de la separación de los poderes: legislativo, ejecutivo y judicial. La Suprema Corte de los Estados Unidos de Norteamérica es el árbitro supremo y el guardián de la Constitución. El artículo segundo trata sobre las funciones del Presidente de la nación: establece que debe ser mayor de 35 años y tener más de 14 años de residencia en el país. También determina que durará en su cargo un periodo de cuatro años, con la posibilidad de ser reelegido.

■ Las diez primeras enmiendas a la Constitución (propuestas en 1791) conforman lo que se conoce como **the Bill of Rights** [bil a:v raitz], *Carta de Derechos (del Ciudadano)*. Es importante señalar el contenido de algunas de estas enmiendas, pues los estadounidenses las tienen muy presentes y se refieren a ellas con frecuencia. La primera establece la libertad religiosa y la separación entre el Estado y la Iglesia. También asegura la libertad de expresión y la libertad de prensa.

La segunda otorga a todo ciudadano el derecho de poseer armas para cuidar la seguridad nacional.

La cuarta enmienda prohíbe que las autoridades arresten a un ciudadano, registren su casa o embarguen sus bienes sin la presentación de una orden judicial. La quinta asegura que en un caso penal, ninguna persona será obligada a testificar en contra de sí misma, por lo que puede negarse a hablar en ausencia de su abogado. La séptima enmienda garantiza el derecho de los estadounidenses a ser juzgados por un jurado constituido por ciudadanos y no por el Estado. La décima otorga a los estados (o al pueblo) todos los poderes que la Constitución no delega ni prohíbe específicamente a la Federación.

D 1 INVITATIONS[1] [◄ CD]

John: **Are you invited?**
Peter: **No. I am not.**
John: **I'm sorry.**
Peter: **Is Linda invited?**
John: **Yes, she is.**
Peter: **I'm glad she is invited. She is nice. Is she American?**
John: **No. She is English. She is an English doctor.**
Peter: **Are Linda's children[2] invited?**
John: **Yes, they are.**
Peter: **I'm pleased I'm not invited. They are bad and noisy.**

[1] **Invitations**, *invitaciones* se pronuncia [invəteishənz], pero uno dice que ha sido *invitado*, **invited** [invaitd].

[2] **children** [childrən] es la forma plural de *niño* o *niña*, **child** [chaild].

D 2 VIDA COTIDIANA

PRESENTACIONES PERSONALES

· *Presentarse* se dice **to introduce oneself** [tu: intrədu:s wɛnself].

· En un primer encuentro, se saluda a la otra persona diciendo **How do you do?** [hau du: iu: du:], que literalmente es *¿cómo le va?*, pero en realidad es igual que decir *encantado(a) (de conocerle)*. La persona saludada también dice **How do you do?**, que corresponde a decir *igualmente (encantado(a))*.

· En presentaciones informales también se puede decir **Nice to meet you** [nais tu: mi:t iu:] *Un placer/ Encantado de conocerle* y con amigos o conocidos se usa **How are you?** [hau ar: iu:] *¿Cómo estás?*

· Para saludar de manera mucho más informal y familiar se puede decir **Hello!** [hələu] o **Hi!** [hai] que corresponden a *¡Hola!*

D 3 INVITACIONES

John: ¿Estás invitado?
Peter: No, no lo estoy.
John: Lo lamento.
Peter: ¿Linda está invitada?
John: Sí (lo está).
Peter: Me da gusto que esté invitada. Ella es agradable. ¿Es estadounidense?
John: No, es inglesa. Es una doctora inglesa.
Peter: ¿Los niños de Linda están invitados?
John: Sí (lo están).
Peter: Me alegro de no estar invitado. Ellos son malos y ruidosos.

D 4 VIDA COTIDIANA

· A veces, los estadounidenses se despiden con un *apretón de manos*, **handshake** [hændsheik], aunque frecuentemente suelen hacerlo con una mirada o *agitando la mano*, **waving** [weiviŋ].

· Según la hora, para saludar deseando un buen día se puede decir:

— **good morning** [gud moːrniŋ], *buenos días*
— **good afternoon** [gud æftərnuːn], *buenas tardes* (al atardecer)
— **good evening** [gud iːvniŋ], *buenas tardes* (al anochecer y para saludar en las primeras horas de la noche)
— **good night** [gud nait], *buenas noches* (especialmente para despedirse en la noche, hasta el día siguiente).

CÁPSULA CULTURAL

¿Conoce usted el origen de la palabra **dólar**? (*respuesta en la pág. 145*)

A 1 PRESENTACIÓN

I want	[ai wo:nt]	(yo) quiero
a bicycle	[ə **bai**sikəl]	una bicicleta
a boat	[ə bəut]	un barco
a cake	[ə keik]	una torta o pastel
a car	[ə ka:r]	un auto
a drink	[ə driŋk]	una bebida, una copa de alcohol
a key	[ə ki:]	una llave
1, one	[wɛn]	un, uno, una
2, two	[tu:]	dos
green	[gri:n]	verde
red	[red]	rojo
white	[hwait]	blanco
too	[tu:]	igualmente, también, demasiado
dog	[do:g]	perro

Recuerde:

· el adjetivo siempre se escribe antes del sustantivo *(ver Lección 5, A 3)*.

· **black** es *negro (ver Lección 3, A 1)*.

Nota: Recuerde que, buscando hacer más sencilla la lectura de los ejemplos, en este libro se usa preferentemente el género masculino y el número singular. Por eso se traduce **red**–*rojo* aunque también es *roja*, y se dice **You want**–*Tú quieres*, si bien puede significar *Usted quiere, Ustedes quieren (ver nota en la pág. 41)*

A 2 APLICACIÓN [◀ CD]

1. I want a boat.
2. I want a dog.
3. I want a black dog.
4. I want a red car.
5. I want a bicycle.
6. I want a white bicycle.
7. I want a drink.
8. I want a key.
9. I want a book.
10. I want two dogs.

A 3 OBSERVACIONES

■ Pronunciación [hw] [ɐ] [a:]

- el sonido **wh** de **white** es similar al de una *j* como la de *jarra*, en contacto con el sonido abierto de una *ua*. Se pronuncia como *juan*. Se representa con el símbolo [hw].

- [ɐ] Este es el sonido de la vocal del adjetivo numeral **one** [wɐn], *uno*. Se pronuncia colocando los labios como para decir una *a* pero en cambio decir una *e*.

- [a:] Es el sonido del grupo **ar** de **car** [ka:r]. Es una *a* larga y se parece al de la **a** de **are** [a:r]. La **r** final se pronuncia suavemente.

Note que la **a** de **want** se pronuncia como una *o* larga [o:]. Además, las consonantes **n** y **t** deben pronunciarse [wo:nt].

- el grupo **ey** de **key** se pronuncia como una *i* larga. Así [ki:].

■ Gramática

- **I want** es la primera persona del singular en tiempo presente del verbo **to want**, *querer: (yo) quiero.*

- **One car, two cars** [tu: ka:rz], *un automóvil, dos automóviles:* para poner una palabra en plural, la manera más común es añadir una **s** final.

- Recuerde: el artículo indeterminado **a, an** no debe ponerse en las oraciones en plural:

a car *un automóvil*   **cars** *automóviles*

A 4 TRADUCCIÓN

1. Quiero un barco.
2. Quiero un perro.
3. Quiero un perro negro.
4. Quiero un automóvil rojo.
5. Quiero una bicicleta.
6. Quiero una bicicleta blanca.
7. Quiero una bebida.
8. Quiero una llave.
9. Quiero un libro.
10. Quiero dos perros.

B 1 PRESENTACIÓN

· **I want to be...** [ai wo:nt tu: bi:] *Yo quiero ser* (o *estar*)

to be	[tu: bi:]	*ser* (o *estar*)
to eat	[tu: i:t]	*comer*
to leave	[tu: li:v]	*dejar, irse, partir*
to sleep	[tu: sli:p]	*dormir*
to find	[tu: faind]	*encontrar*
to drive	[tu: draiv]	*conducir, manejar*
to travel	[tu: trævəl]	*viajar*
abroad	[əbro:d]	*(al* o *en el) extranjero*
early	[e:rli]	*temprano, a tiempo*

· Los adverbios **abroad** y **early** se colocan después del verbo.

B 2 APLICACIÓN [◀ CD]

1. I want to be happy.
2. I want to be a pilot.
3. I want to leave.
4. I want to eat.
5. I want to sleep.
6. I want to drive.
7. I want to find a good job.
8. I want to travel.
9. I want to leave early.
10. I want to travel abroad.

B 3 OBSERVACIONES

■ Pronunciación: [i:] [ai] [e:] [o:]

- [i:] el grupo **ee,** como en **sleep,** siempre tiene el sonido de una *i* larga, como la *i* de *mil.*

Frecuentemente, el grupo **ea** de **eat** también se pronuncia como una *i* larga [i:].

- [ai] Es el sonido doble de *a + i,* como en **pilot** [pailet], **to drive** [draiv], **to find** [faind]. En el caso de este último verbo, todas las consonantes se deben pronunciar.

- [e:] Este es el sonido de la **e** muda y larga de **early** [e:rli].

- [o:] Este es el sonido largo del grupo **oa** de **abroad,** que se acentúa en la segunda sílaba. Es un sonido largo y abierto.

■ Gramática: el infinitivo

- **To be,** *ser* (o *estar*). Los verbos en infinitivo normalmente van precedidos de la partícula **to** [tu:]. Por ej.: **to be** *ser* (o *estar*)   **to want** *querer*

- **I want to eat,** *quiero comer.* Casi siempre, los verbos que van después de otro verbo se escriben en infinitivo y con la partícula **to.**

B 4 TRADUCCIÓN

1. Quiero ser feliz.
2. Quiero ser piloto.
3. Quiero partir (*o* irme).
4. Quiero comer.
5. Quiero dormir.
6. Quiero conducir.
7. Quiero encontrar un buen trabajo.
8. Quiero viajar.
9. Quiero irme temprano (*o* partir).
10. Quiero viajar al extranjero.

7 Ejercicios

C 1 EJERCICIOS

A. Traduzca al inglés. [◀ CD]
1. Quiero tortas o pasteles.
2. Quiero dos tortas o pasteles.
3. Quiero comer una torta o pastel.
4. Queremos irnos de Chicago.
5. Ellas quieren ser invitadas.
6. Quiero una bicicleta nueva.

B. Ponga en plural. [◀ CD]
1. I want to find a good job.
2. I want a new book.
3. You want an Argentinian cake.
4. I want a cool drink.

C 2 RESPUESTAS

A.
1. I want cakes.
2. I want two cakes.
3. I want to eat a cake.
4. We want to leave Chicago.
5. They want to be invited.
6. I want a new bike.

B.
1. We want to find good jobs.
2. We want new books.
3. You want Argentinian cakes.
4. We want cool drinks.

C 3 EJERCICIOS DE PRONUNCIACIÓN

Practique la pronunciación de los siguientes sonidos:

[dʒ]	I want a job	[ai w:ont ə dʒa:b]
[a:]	I want a car	[ai w:ont ə ka:r]
[ei]	I want a cake	[ai w:ont ə keik]
[i:]	I eat, I sleep, I leave	[ai i:t, ai sli:p, ai li:v]

C 4 LISTA DE LOS 50 ESTADOS QUE INTEGRAN LOS ESTADOS UNIDOS DE NORTEAMÉRICA

Edos.	Abrev.	Pronunciación	Capitales	Pronunciación
Alabama	Al.	[æləbæmə]	Montgomery	[məntgɐməri]
Alaska	Ak.	[əlæskə]	Juneau	[dʒu:neo:]
Arizona	Az.	[ærizɐunə]	Phoenix	[fi:niks]
Arkansas	Ar.	[a:rkenso:]	Little Rock	[lidel rok]
California	Ca.	[kælifo:rniə]	Sacramento	[sækrəmentəu:]
Colorado	Co.	[kolɔra:dɔu:]	Denver	[denvər]
Connecticut	Ct.	[kənektikət]	Hartford	[ha:rtfərd]
Delaware	De.	[deləwər]	Dover	[dɐuver]
Florida	Fl.	[floridə]	Tallahassee	[tələha:si]
Georgia	Ga.	[dʒo:rdʒiə]	Atlanta	[ətlæntə]
Hawaii	Hi.	[ha:wai]	Honolulu	[honəlou:lou:]
Idaho	Id.	[aidəhɐu]	Boise	[boizi]
Illinois	Il.	[ilinoi]	Springfield	[spriŋfi:ld]
Indiana	In.	[indiænə]	Indianapolis	[indiənæpəlis]
Iowa	Ia.	[aiəwə]	Des Moines	[dimoin]
Kansas	Ks.	[kænzəs]	Topeka	[təupi:kə]
Kentucky	Ky.	[kentɐki]	Frankfort	[frænkfərt]
Louisiana	La.	[louiziænə]	Baton Rouge	[bætənru:dʒ]
Maine	Me.	[mein]	Augusta	[o:gɐstə]
Maryland	Md.	[merilænd]	Annapolis	[ənæpolis]
Massachusetts	Ma.	[mæsəchou:sits]	Boston	[bostən]
Michigan	Mi.	[michigən]	Lansing	[lænsiŋ]
Minnesota	Mn.	[minisɐutə]	Saint Paul	[səntpo:l]
Mississippi	Ms.	[misisipi]	Jackson	[dʒaksən]
Missouri	Mo.	[mizouəri]	Jefferson City	[dʒefərsən sidi]
Montana	Mt.	[mo:ntænə]	Helena	[helenə]
Nebraska	Ne.	[nibraskə]	Lincoln	[linkən]
Nevada	Nv.	[nəvædə]	Carson City	[ka:rsən sidi]
New Hampshire	NH	[nu: hæmpshər]	Concord	[konko:rd]
New Jersey	NJ	[nu: dʒe:rzi]	Trenton	[trentən]
New Mexico	NM	[nu: meksikəu]	Santa Fe	[sæntə fei]
New York	NY	[nu: yo:rk]	Albany	[o:lbəni]
North Carolina	NC	[no:rθ kærəlainə]	Raleigh	[ra:li]
North Dakota	ND	[no:rθ dəkəutə]	Bismarck	[bizma:rk]
Ohio	Oh.	[ɐuhaiɐu]	Columbus	[kəlɐmbəs]
Oklahoma	Ok.	[ɐukləhɐumə]	Oklahoma City	[ɐukləhɐumə sidi]
Oregon	Or.	[orəgən]	Salem	[seiləm]
Pennsylvania	Pa.	[pensilveiniə]	Harrisburg	[hærisbe:rg]
Rhode Island	RI	[rɐudailənd]	Providence	[providəns]
South Carolina	SC	[sauθ kærəlainə]	Columbia	[kəlɐmbiə]
South Dakota	SD	[sauθ dəkəutə]	Pierre	[piər]
Tennessee	Tn.	[tenəsi:]	Nashville	[næshvil]
Texas	Tx.	[teksəs]	Austin	[ostin]
Utah	Ut.	[iu:ta:]	Salt Lake City	[so:lt leik sidi]
Vermont	Vt.	[ve:rmo:nt]	Montpelier	[mæntpi:liə]
Virginia	Va.	[vərdʒiniə]	Richmond	[richmənd]
Washington	Wa.	[wo:shiŋtən]	Olympia	[ɐulimpiə]
West Virginia	WV	[west vərdʒiniə]	Charleston	[cha:rlstən]
Wisconsin	Wi.	[wiskonsin]	Madison	[mædisən]
Wyoming	Wy.	[waiɐumiŋ]	Cheyenne	[shaien]

D 1 I WANT TO BE ... [◀ CD]

John: I want to be a pilot and to travel, and you?
Jane: I want to be a doctor and to drive a car.
John: An English car?
Jane: No, an American car. Bob's car is American.
John: Yes, and Linda's bike too. My bike is Mexican.
Jane: Is it a black bike?
John: No, it's a big red one.
Peter: Well, I want to be a cook and to eat and to travel abroad.
John: You are different. You are lucky.
Peter: Now I want a cool drink.

D 2 VIDA COTIDIANA · TRABAJOS Y PROFESIONES

JOBS, PROFESSIONS (*sigue en la pág. 218*)

accountant	[əkauntnt]	*contador*
baker	[beikər]	*panadero*
bookseller	[bukselər]	*librero, vendedor de libros*
butcher	[butshər]	*carnicero*
chemist	[keməst]	*químico*
civil servant	[sivəl se:rvənt]	*funcionario del Estado*
clerk	[kle:rk]	*empleado, oficinista, vendedor, dependiente*
craftsman	[kræftsmən]	*artesano*
electrician	[ilektrishən]	*electricista*
engineer	[endʒənir]	*ingeniero*
executive	[igzekiətiv]	*ejecutivo*
farmer	[fa:rmər]	*granjero*
fisherman	[fishərmən]	*pescador*
grocer	[grəusər]	*tendero, almacenero, abarrotero*
milkman	[milkmən]	*lechero*

D 3 YO QUIERO SER...

John: Quiero ser piloto y viajar, ¿y tú?
Jane: Yo quiero ser médico y manejar un automóvil.
John: ¿Un automóvil inglés?
Jane: No, un automóvil estadounidense. El automóvil de Bob es estadounidense.
John: Sí, también la bicicleta de Linda. Mi bicicleta es mexicana.
Jane: ¿Es una bicicleta negra?
John: No, es una bicicleta grande y roja.
Peter: Bueno, pues yo quiero ser cocinero y viajar al extranjero.
John: Tú eres diferente. Tienes suerte.
Peter: Ahora quiero una bebida fría.

D 4 VIDA COTIDIANA

LOS COLORES

black	[blæk]	*negro*
blue	[blu:]	*azul*
brown	[braun]	*marrón o café*
green	[gri:n]	*verde*
grey	[grei]	*gris*
purple	[**pe:r**pəl]	*morado, violeta*
red	[red]	*rojo*
white	[hwait]	*blanco*
yellow	[**ie**ləu]	*amarillo*

CÁPSULA CULTURAL
¿Qué significan las siglas **PhD**? *(respuesta en la pág. 111)*

A 1   PRESENTACIÓN [◀ CD]

⌐ **She/ he wants:** los verbos regulares llevan una **s** en la tercera persona
singular en presente. ⌐

cigarette	[sigəret]	*cigarrillo*
camera	[**kæ**mərə]	*cámara fotográfica*
beer	[bir]	*cerveza*
a room	[ə ru:m]	*una habitación, un cuarto*
shirt	[she:rt]	*camisa*
candy	[**kæn**di]	*caramelo*
1 **one**	[wɛn]	*uno*
2 **two**	[tu:]	*dos*
3 **three**	[θri:]	*tres*
4 **four**	[fo:r]	*cuatro*
5 **five**	[faiv]	*cinco*
6 **six**	[siks]	*seis*
7 **seven**	[**se**vɔn]	*siete*
8 **eight**	[eit]	*ocho*
9 **nine**	[nain]	*nueve*
10 **ten**	[ten]	*diez*
20 **twenty**	[**twen**ti]	*veinte*

A 2   APLICACIÓN [◀ CD]

1. She wants a camera.
2. He wants three beers.
3. She wants four rooms.
4. He wants five shirts.
5. She wants ten cigarettes.
6. He wants one beer and twenty cigarettes.

A 3   OBSERVACIONES

■ Pronunciación: [e:] [θ] [ə]

· El grupo **ir** de **shirt** se pronuncia como una *e* cerrada y larga. Se representa con el símbolo [e:].

· La **th** de **three** parece una *s* pronunciada con la lengua entre los dientes, como si fuera una *z* pronunciada por un español en la palabra *zapato*. Se representa con el símbolo [θ].

· La **e** muda suena como habitualmente se pronuncia la **a** que está al final de palabra: **camera** [kæmərə], **cinema** [sinəmə].

· El acento tónico cae sobre la tercera sílaba en el caso de **cigarette** [sigeret] y sobre la primera en el caso de **camera** [kæmərə].

■ Gramática

· conjugación del verbo **to want** en presente de indicativo:

I want	*yo quiero*
you want	*tú quieres*
he, she, it wants	*él/ ella/ ello quiere*
we want	*nosotros/ nosotras queremos*
you want	*ustedes quieren*
they want	*ellos/ ellas quieren*

A 4   TRADUCCIÓN

1. Ella quiere una cámara (fotográfica).
2. Él quiere tres cervezas.
3. Ella quiere cuatro habitaciones.
4. Él quiere cinco camisas.
5. Ella quiere diez cigarrillos.
6. Él quiere una cerveza y veinte cigarrillos.

B 1   PRESENTACIÓN

· **She wants.** *Ella quiere.*   **He wants.** *Él quiere.*

to buy	[tu: bai]	*comprar*
to drink	[tu: driŋk]	*beber*
to learn	[tu: le:rn]	*aprender*
to meet	[tu: mi:t]	*conocer a, encontrarse con*
to park	[tu: pa:rk]	*estacionar, parquear*
to see	[tu: si:]	*ver*
to smoke	[tu: sməuk]	*fumar*
to visit	[tu: vizət]	*visitar*
United States	[iunaitəd steitz	*Estados Unidos*
of America	a:v əmerəkə]	*de Norteamérica*
Canada	[kænədə]	*Canadá*
often	[o:fən]	*a menudo, frecuentemente*

· Los nombres de los países no llevan artículo:

Venezuela	**Chile**	**Mexico**	**England**
Venezuela	*Chile*	*México*	*Inglaterra*

B 2   APLICACIÓN [◀ CD]

1. She wants to buy a car.
2. He wants to drink a beer.
3. She wants to learn English.
4. He wants to meet Linda.
5. She wants to see Dan.
6. He wants to smoke a cigarette.
7. She wants to visit the United States.
8. He smokes American cigarettes.
9. She often sees Dan.
10. He often visits Canada.

B 3 OBSERVACIONES

■ Pronunciación [ai] [e:] [a:] [əu]
- **to buy** [bai]: la **u** no se pronuncia.
- el grupo sonoro **ear** de **learn** se pronuncia como una *e* larga [e:].
- el grupo sonoro **ar** de **park** se pronuncia como una *a* larga [a:].
- la **o** de **smoke** tiene un sonido doble, como si se pronunciaran juntas una *e* breve y una *u:* [əu].

■ Gramática
Recuerde:
- La conjugación de la tercera persona del singular en tiempo presente siempre debe llevar una **s**.

He wants to drink. *Él quiere beber.*
- **To want** siempre va seguido de un verbo infinitivo:

He wants to see Dan. *Él quiere ver a Dan.*
- Los nombres de los países no suelen llevar artículo en inglés, pero hay excepciones como **the United States, the Dominican Republic, the Netherlands**, etc.

- Observe que el adverbio **often** generalmente se coloca antes del verbo, aunque a veces puede ir al final de la frase:

She often sees Dan. *Ella ve a Dan a menudo.*

B 4 TRADUCCIÓN

1. Ella quiere comprar un auto.
2. Él quiere beber una cerveza.
3. Ella quiere aprender inglés.
4. Él quiere conocer a Linda.
5. Ella quiere ver a Dan.
6. Él quiere fumar un cigarrillo.
7. Ella quiere visitar los Estados Unidos (de Norteamérica).
8. Él fuma cigarrillos estadounidenses.
9. Ella ve a Dan a menudo.
10. Él visita Canadá a menudo.

C 1 EJERCICIOS

A. Traduzca al inglés. [◀ CD]
1. Ella quiere comprar cigarrillos.
2. Él quiere aprender inglés.
3. Él quiere beber.
4. Él quiere conocer a Dan.

B. Traduzca al español.
1. He learns English, not Spanish.
2. He drinks beer.
3. She wants to smoke.
4. She visits the United States.

C 2 RESPUESTAS

A.
1. She wants to buy cigarettes.
2. He wants to learn English.
3. He wants to drink.
4. He wants to meet Dan.

B.
1. Él aprende inglés, no español.
2. Él bebe cerveza.
3. Ella quiere fumar.
4. Ella visita los Estados Unidos (de Norteamérica).

C 3 EJERCICIOS DE PRONUNCIACIÓN

■ Coloque el acento tónico donde corresponda. [◀ CD]
cigarette [sigarət]
camera [kæmərə]
bicycle [baisikəl]
pilot [pailet]

C 4 ALGUNOS PAÍSES Y SUS HABITANTES

PAÍSES	COUNTRIES	HABITANTES	INHABITANTS
Argentina f	**Argentina**	argentinos	**Argentinians, Argentines** (n/adj)
Belice m	**Belize**	beliceños	**Belizeans** (n/adj)
Bolivia f	**Bolivia**	bolivianos	**Bolivians** (n/adj)
Brasil m	**Brazil**	brasileños	**Brazilians** (n/adj)
Colombia f	**Colombia**	colombianos	**Colombians** (n/adj)
Costa Rica f	**Costa Rica**	costarricenses	**Costa Ricans** (n/adj)
Chile m	**Chile**	chilenos	**Chileans** (n/adj)
Cuba f	**Cuba**	cubanos	**Cubans** (n/adj)
Ecuador m	**Ecuador**	ecuatorianos	**Ecuadoreans** (n/adj)
El Salvador m	**El Salvador**	salvadoreños	**Salvadorans, Salvadoreans** (n/adj)
Guatemala f	**Guatemala**	guatemaltecos	**Guatemalans** (n/adj)
Haití m	**Haiti**	haitianos	**Haitians** (n/adj)
Honduras f	**Honduras**	hondureños	**Hondurans** (n/adj)
Jamaica f	**Jamaica**	jamaiquinos o jamaicanos	**Jamaicans** (n/adj)
México m	**Mexico**	mexicanos	**Mexicans** (n/adj)
Nicaragua f	**Nicaragua**	nicaragüenses	**Nicaraguans** (n/adj)
Panamá m	**Panama**	panameños	**Panamanians** (n/adj)
Paraguay m	**Paraguay**	paraguayos	**Paraguayans** (n/adj)
Perú m	**Peru**	peruanos	**Peruvians** (n/adj)
Puerto Rico m	**Puerto Rico**	puertorriqueños	**Puerto Ricans** (n/adj)
República Dominicana f	**Dominican Republic**	dominicanos	**Dominicans** (n/adj)
Uruguay m	**Uruguay**	uruguayos	**Uruguayans** (n/adj)
Venezuela f	**Venezuela**	venezolanos	**Venezuelans** (n/adj)

m = masculino; f = femenino; n = nombre o sustantivo; adj = adjetivo.

D 1 THEY WANT TO... [◀ CD]

HE WANTS TO VISIT SOUTHAMERICA

Patricia: Alan wants to travel. He wants to leave and to travel abroad.

John: Good, he wants to visit Chile, Argentina and Uruguay.

Patricia: Yes, he wants to see Santiago and Buenos Aires, and to meet Chileans, Argentinians and Uruguayans.

John: Good. I want to travel too.

PETER AND JANE WANT TO BUY...

Jane: Peter, I want to smoke. I want to buy cigarettes. I want to smoke Chilean cigarettes.

Peter: Good, Jane. I want to drink. I want to buy a beer. I want to drink an Argentinian beer.

Children: You want to smoke and drink, well, we want to eat. We want to eat a candy, a good candy.

D 2 VIDA COTIDIANA [◀ CD]

LOS NÚMEROS (1- 20)

1. one (*para su pronunciación ver pág. 72*)	11. eleven [ilevən]
2. two	12. twelve [twelv]
3. three	13. thirteen [θe:**rti:n**]
4. four	14. fourteen [fo:**rti:n**]
5. five	15. fifteen [fif**ti:n**]
6. six	16. sixteen [siks**ti:n**]
7. seven	17. seventeen [sevən**ti:n**]
8. eight	18. eighteen [ei**ti:n**]
9. nine	19. nineteen [nain**ti:n**]
10. ten	20. twenty [**twen**ti]

D 3 ELLOS QUIEREN...

ÉL QUIERE VISITAR SUDAMÉRICA

Patricia: Alan quiere viajar. Quiere irse y viajar al extranjero.

John: Qué bien, quiere visitar Chile, Argentina y Uruguay.

Patricia: Sí, quiere ver Santiago y Buenos Aires y conocer chilenos, argentinos y uruguayos.

John: Bien, yo también quiero viajar.

PETER Y JANE QUIEREN COMPRAR...

Jane: Peter, quiero fumar. Quiero comprar cigarrillos. Quiero fumar cigarrillos chilenos.

Peter: Bien, Jane. Yo quiero beber. Quiero comprar una cerveza. Quiero beber una cerveza argentina.

Niños: Ustedes quieren fumar y beber. Bueno, pues nosotros queremos comer, queremos comer un caramelo, un rico caramelo.

D 4 VIDA COTIDIANA

PALABRAS Y EXPRESIONES QUE SE DEBEN CONOCER AL ABORDAR UN TAXI

meter u **odometer**   [mi:tər, əuda:mətər]   *medidor o contador de revoluciones*
                                         (para medir la distancia recorrida)

receipt   [risi:t]   *recibo o cuenta*

tip   [tip]   *propina*

Can I have a receipt?
¿Puedo tener un recibo? o ¿Puede darme un recibo?

Keep the change [cheindʒ].
Quédese con el cambio.

CÁPSULA CULTURAL

¿Qué significan las siglas G.O.P.? *(respuesta en la pág. 217)*

A 1 PRESENTACIÓN [◄ CD]

do you want...?   ¿quieres...?/ ¿quiere usted...?
does he/she want...?   ¿quiere él/ ella...?
do they want...?   ¿quieren ellos/ ellas...?

• La forma interrogativa de los verbos regulares se construye con el auxiliar
  to do [tu: du:].

an orange	[ən **a:**rindʒ]	*una naranja*
a banana	[ə bə**næ**nə]	*un plátano o una banana*
an apple	[ən **æ**pəl]	*una manzana*
an aspirin	[ən **æ**sprən]	*una aspirina*
a watch	[ə **wa:**ch]	*un reloj de pulsera*
a taxi	[ə **tæ**ksi]	*un taxi*
a beer	[ə **bir**]	*una cerveza*
an explanation	[ən eksplə**nei**shən]	*una explicación*
a cup of coffee	[ə kʌp a:v **ko:**fi]	*una taza de café*
to like	[tu: laik]	*gustar*

A 2 APLICACIÓN [◄ CD]

1. Do you want an orange?
2. Do you want a banana?
3. Do you like apples?
4. Does she want an aspirin?
5. Does he want a taxi?
6. Do you want a cup of coffee?
7. Does she want a new watch?
8. Does he like beer?
9. Do they want an explanation?
10. Do they want explanations?

A 3 OBSERVACIONES

■ Pronunciación [ɐ]

· **does** [dɐz]: el sonido **oe** de **does** se pronuncia poniendo los labios como para pronunciar una *a* pero en cambio se pronuncia una *e*. Lo mismo sucede con la **u** de **cup** [kɐp].

· **explanation** [eksplǝneishǝn]: muchas palabras que terminan en **–tion** llevan el acento tónico sobre la penúltima sílaba.

· Note que la terminación **-tion** se pronuncia [shǝn], por ej.: **creation** [krieishǝn].

■ Gramática

Para los verbos compuestos no auxiliares, la interrogación se forma con el verbo **to do** según el siguiente cuadro:

> **Do** + sujeto + verbo (en infinitivo y sin **to**)

Do you like oranges?   *¿Te gustan las naranjas?*

· En la tercera persona del singular en presente, **do** se convierte en **does**:

Does he want a taxi?   *¿Quiere él un taxi?*
Does Pam like oranges?   *¿A Pam le gustan las naranjas?*

A 4 TRADUCCIÓN

1. ¿Quieres una naranja?
2. ¿Quiere usted un plátano (*o* una banana)?
3. ¿Te gustan las manzanas?
4. ¿Quiere ella una aspirina?
5. ¿Quiere él un taxi?
6. ¿Quieres una taza de café?
7. ¿Quiere ella un nuevo reloj de pulsera?
8. ¿A él le gusta la cerveza?
9. ¿Quieren ellos una explicación?
10. ¿Quieren ellos explicaciones?

B 1   PRESENTACIÓN

• do you want...?	*¿quieres...?/ ¿quiere usted...?*	
does she (he) want...?	*¿quiere ella (él)...?*	
do they want...?	*¿quieren ellos/ ellas...?*	
to go [tu: gɔu]	*ir, irse, partir*	

to read	[tu: ri:d]	*leer*
to come	[tu: kɛm]	*venir*
to ask	[tu: æsk]	*preguntar*
to help	[tu: help]	*ayudar*
to drive	[tu: draiv]	*manejar, conducir*
to take	[tu: teik]	*tomar*

with	[wið]	*con*
me	[mi:]	*me/ mi*
a question	[ə kweschən]	*una pregunta*
to Chicago	[tu: chikəgou]	*a (hacia) Chicago*
now	[nau]	*ahora, ya*

Por ej. :
Do they want comments?
¿Quieren algunos comentarios?

B 2 APLICACIÓN [◀ CD]

1. Do you want to go?
2. Do you want to come?
3. Do you want to ask a question?
4. Do you want to help me?
5. Does he want to drive for me?
6. Do you want to take an aspirin?
7. Does she want to help Bob?
8. Do you want to read Peter's book?
9. Do they want to go to Chicago?
10. Do they want to ask Ted a question?

B 3 OBSERVACIONES

■ Pronunciación [əu] [h]

- en la expresión **to go** [tu: gəu], la **o** tiene un sonido doble: *e* breve + *u*. Esto se representa con el símbolo [əu].

- **to help** [h]: al pronunciar la **h** es necesario sacar el aire.

■ Gramática

- **Do you want to come?** *¿Quieres venir?*

Al igual que sucede en español, un verbo en inglés puede ser complemento de otro. Para ello, el verbo que actúa como complemento debe ponerse <u>en infinitivo y con la partícula **to.**</u>

- **Do you want to help me?** *¿Quiere usted ayudarme?*

En inglés, el pronombre **me** siempre se coloca después del verbo.

- **Do they want to ask Ted a question?** *¿Quieren ellos hacerle una pregunta a Ted?*

Algunos verbos en inglés se construyen con dos objetos: uno directo y uno indirecto. El indirecto se coloca inmediatamente después del verbo y el directo, a continuación.

- **one watch, two watches** [**wa**:chiz] *un reloj de pulsera, dos relojes de pulsera*

Para formar el plural de palabras que terminan en **-ch** o **-sh**, se les agrega la terminación **-es.**

- **me,** *me/ mí* es un pronombre personal con función de objeto y término de complemento que corresponde al pronombre personal con función de sujeto **I**, *yo. (ver pág. 141).*

B 4 TRADUCCIÓN

1. ¿Quieres ir?
2. ¿Quieres venir?
3. ¿Quieres hacer una pregunta?
4. ¿Quieres ayudarme?
5. ¿Quiere él manejar para mí?
6. ¿Quieres tomar una aspirina?
7. ¿Quiere ella ayudar a Bob?
8. ¿Quieres leer el libro de Peter?
9. ¿Quieren ellos ir a Chicago?
10. ¿Quieren ellos hacerle una pregunta a Ted?

C 1 EJERCICIOS

A. Ponga en forma interrogativa. [◀ CD]
1. You want an apple.
2. She wants an aspirin.
3. They want an explanation.
4. He wants to come.

B. Traduzca al inglés. [◀ CD]
1. ¿Quiere usted manejar hasta Chicago?
2. ¿Quieres una explicación?
3. ¿Quiere ella venir conmigo?
4. ¿Te gustan las naranjas?
5. ¿Quieren ellas irse ahora?

C 2 RESPUESTAS

A.
1. Do you want an apple?
2. Does she want an aspirin?
3. Do they want an explanation?
4. Does he want to come?

B.
1. Do you want to drive to Chicago?
2. Do you want an explanation?
3. Does she want to come with me?
4. Do you like oranges?
5. Do they want to go now?

C 3 EJERCICIOS DE PRONUNCIACIÓN

■ Pronuncie

an orange	[ən **a:**rindʒ]
two oranges	[tu: **a:**rindʒiz]
a watch	[ə**wa:**ch]
two watches	[tu: **wa:**chiz]
a glass of beer	[ə glæs a:v **bir**]
an explanation	[ən eksplə**neish**ən]
explanations	[eksplə**neish**ənz]
a question	[ə **kwest**shən]
questions	[**kwest**shənz]
a banana	[ə bə**næn**ə]
bananas	[bə**næn**əz]
an apple	[ən **æp**əl]
apples	[**æp**əlz]

C 4 LLAMAR POR TELÉFONO

■ El teléfono es una de las herramientas favoritas de los estadounidenses. De hecho, forma parte de su estilo de vida. La familia, los amigos y los compañeros *se mantienen en contacto*, **keep in touch** [ki:p in tɐch] y los ciudadanos realizan cientos de actividades cotidianas valiéndose de él. Por ejemplo, las *líneas de emergencia*, **hot lines** [ha:t lainz] han proliferado mucho en los últimas tiempos. A través del teléfono se pueden solicitar servicios especiales como:

· los niños escuchan un cuento antes de irse a dormir

· los jóvenes deprimidos reciben consuelo

· los adultos desesperados encuentran a alguien con quien conversar

· los antojadizos ordenan una comida a domicilio

· los aburridos piden películas para ver en video o solicitan un chiste

· los apurados solicitan que un despertador los levante por la mañana

· los religiosos escuchan una oración.

Además, también por teléfono, los partidos políticos u organizaciones sociales llevan a cabo intensas campañas de proselitismo previas a las elecciones, con el fin de ganar votos para un candidato o grupo. Para ello, incontables voluntarios pasan horas haciendo *llamadas locales*, **local calls** [ləukəl ko:lz], en lo que constituye un enorme esfuerzo de propaganda.

■ Para los estadounidenses, la utilidad práctica de *levantar el auricular*, **pick up the receiver** [pik ɐp ði ri:si:vər], *hacer una llamada,* **make a call** [meik ə ko:l], y luego *colgar,* **hang up** [hæŋ ɐp], todo desde la comodida del hogar, compensa en gran medida la frialdad de un encuentro no personal.

· *Números telefónicos gratuitos,* **toll free numbers** [təul fri: nɐmbərz]

■ La relevancia del teléfono en EU ha tenido una consecuencia positiva para los consumidores: reciben múltiples beneficios a través de los *números gratuitos,* **toll free** [təul fri:]. Muchas empresas y agencias (líneas aéreas, compañías de alquiler de autos, hoteles, agencias de autos, entre otras) los ponen a disposición del público para que, sin costo alguno, éste pida información o exprese su opinión sobre un producto o servicio. Estos números gratuitos son fácilmente identificables porque comienzan con el prefijo 1 800.

· En casi todo el país, el número de emergencia es el 911.

D 1 DO YOU LIKE COFFEE? [◀ CD]

Jane: Do you like coffee?
Henry: Yes, coffee is good.
Jane: Do you want a cup of coffee, a nice cup of coffee?
Henry: Yes. I want to drink a cup of coffee and to eat an orange. And you?
Jane: Yes. I want to eat an orange and an apple.
Henry: Does John want an apple or a banana?
Jane: No, he's sick. He wants an aspirin. He wants to go and see a doctor.
  Henry: Hello, doctor. Are you busy?
  Patricia: No. I'm free now.
  Henry: Good. John wants to see you.

D 2 VIDA COTIDIANA

HEALTH, *LA SALUD*

■ PALABRAS ÚTILES PARA IR AL DOCTOR

appointment	[əpointmənt]	*cita o turno*
medicine	[medəsən]	*medicamento, medicina*
headache	[hedeik]	*dolor de cabeza*
heart attack	[ha:rt ətæk]	*ataque cardíaco, infarto*
pill	[pil]	*pastilla, píldora*
prescription	[priskripshən]	*receta*
sore throat	[so:r θrəut]	*dolor de garganta*

■ PALABRAS ÚTILES PARA IR AL DENTISTA

to hurt	[tu: he:rt]	*doler*
painkiller	[peinkilər]	*analgésico, calmante*
toothache	[tu:θeik]	*dolor de dientes o muelas*

D 3 ¿TE GUSTA EL CAFÉ?

Jane: ¿Te gusta el café?
Henry: Sí, el café es rico.
Jane: ¿Quieres una taza de café, una rica taza de café?
Henry: Sí. Quiero tomar una taza de café y comer una naranja. ¿Y tú?
Jane: Sí. Quiero comer una naranja y una manzana.
Henry: ¿Quiere John una manzana o una banana?
Jane: No, está enfermo. Quiere una aspirina. Quiere ir a ver al doctor.
🕿 *Henry:* ¿Bueno? Hola, doctora. ¿Está ocupada?
🕿 *Patricia:* No, ahora estoy libre.
🕿 *Henry:* Qué bien. John quiere verla.

D 4 VIDA COTIDIANA

LOS MESES DEL AÑO

January	[**dʒæ**nueri]	*enero*
February	[**f**ebrueri]	*febrero*
March	[ma:rch]	*marzo*
April	[**ei**prəl]	*abril*
May	[mei]	*mayo*
June	[dʒu:n]	*junio*
July	[dʒu**lai**]	*julio*
August	[**o:**gəst]	*agosto*
September	[sep**tem**bər]	*septiembre*
October	[a:k**təu**bər]	*octubre*
November	[nəu**vem**bər]	*noviembre*
December	[di**sem**bər]	*diciembre*

CÁPSULA CULTURAL

¿Qué significan las siglas NASA? *(respuesta en la pág.128)*

A 1 PRESENTACIÓN

I do not want.	*No quiero.*
You do not want.	*Tú no quieres/ Usted no quiere.*
We do not want.	*Nosotros/ nosotras no queremos.*

They do not want.   *Ellos/ ellas no quieren.*

[◀ CD] La contracción de **do not** en **don't** [dəunt] se da frecuentemente y, sobre todo, en la lengua hablada:

They do not want. ⇨ **They don't want.** *No quieren.*

to give	[tu: giv]	*dar*
to live	[tu: liv]	*vivir, habitar*
to show	[tu: sheu]	*mostrar*
to work	[tu: we:rk]	*trabajar*
me	[mi:]	*mí, me, yo*
my	[mai]	*mi, mis*
in	[in]	*en, dentro de*
Chile	[**chi**li]	*Chile*
Mexico	[**mek**sikəu]	*México*

A 2 APLICACIÓN [◀ CD]

1. I do not want to go.
2. You do not want to go to work.
3. I don't want to show my car.
4. They don't want to live in Buenos Aires.
5. I don't want to give my book.
6. They don't want to work in the United States.
7. They don't want to give me a book.
8. I do not live in Mexico.
9. They do not work in Chile.
10. You do not want to leave early.

A 3 OBSERVACIONES

■ Pronunciación

Recuerde:

[tu: gɔu, tu: sheu] **to go, to show**

[tu: we:rk] **to work**

[tu: giv, tu: liv, in] **to give, to live, in**

■ Gramática: la forma negativa

· **I do not want** *no quiero*

Como sucede con la interrogación (*ver Lección 9, A 3*), la negación de los verbos regulares se forma con **to do** según el siguiente cuadro:

> sujeto + **do not** + verbo en infinitivo sin **to**

Nosotros/ nosotras no trabajamos.   **We do not work.**

Ellos/ ellas no viven en París.   **They do not live in Paris.**

· Recuerde: el complemento indirecto se coloca siempre después del verbo, incluso si se trata de un pronombre:

They don't want to give me a book.

Ellos no quieren darme un libro.

A 4 TRADUCCIÓN

1. No quiero ir.
2. No quieres ir a trabajar (*o* Usted no quiere ir a trabajar)
3. No quiero mostrar mi automóvil.
4. Ellos (ellas) no quieren vivir en Buenos Aires.
5. No quiero dar mi libro.
6. Ellos (ellas) no quieren trabajar en los Estados Unidos de Norteamérica.
7. Ellos (ellas) no quieren darme un libro.
8. No vivo en México.
9. Ellos (ellas) no trabajan en Chile.
10. No quieres irte temprano.

B 1   PRESENTACIÓN

- **she/ he does not want**   *ella/ él no quiere*
- [◀ CD] ⌈ En la tercera persona del singular, **do** se convierte en **does** [dɐz].

Does not se puede contraer **doesn't** [dɐznt].
Por ej.:

She does not come. She doesn't come. *Ella no viene.* ⌟

to answer	[tu: ænsər]	*contestar, responder*
to call	[tu: ko:l]	*llamar*
to play	[tu: plei]	*jugar*
to tell	[tu: tel]	*decir*
age	[eidʒ]	*edad*
surname	[se:rneim]	*apellido*
last name	[læst neim]	*apellido*

Observación: en inglés, el verbo **to answer**, *contestar, responder* se construye con un complemento directo. Por ej.: **He answers my questions.** *Él contesta mis preguntas.*

B 2   APLICACIÓN [◀ CD]

1. He doesn't want to tell me Susan's age.
2. She doesn't want to tell me John's surname.
3. He doesn't want to call a doctor.
4. She doesn't want to play with Betty.
5. He doesn't want to answer Jeff's questions.

B 3 OBSERVACIONES

■ Pronunciación

Recuerde:

- [ɐ] debe colocar los labios como para decir una *a* pero en cambio debe pronunciar una *e*. Es el sonido de **doesn't** [**dɐ**znt], **lucky** [**lɐ**ki], **funny** [**fɐ**ni].

- [o:] es el sonido de una *o* larga y abierta. Suena como si al mismo tiempo se pronunciaran una *a* y una *o*. Por ej.: **call** [ko:l].

- **-tion**: este grupo sonoro que muchas veces aparece al final de palabra se pronuncia [shǝn]. El acento tónico siempre se coloca sobre la sílaba anterior a la terminación **–tion**. Por ej.: **question** [**kwest**shǝn].

■ Gramática

El caso posesivo (revisión)

- Para indicar la posesión, la pertenencia o un grado de parentesco se emplea la construcción siguiente:

> poseedor + **'s** + lo que se posee (o pariente)

Por ej.: **John's last name** *el apellido de John*
Betty's book *el libro de Betty*
(*ver Lección 5, B 3*)

- Recuerde que no se debe poner artículo antes del objeto que es poseído.

B 4 TRADUCCIÓN

1. Él no quiere decirme la edad de Susan.
2. Ella no quiere decirme el apellido de John.
3. Él no quiere llamar a un médico.
4. Ella no quiere jugar con Betty.
5. Él no quiere responder a las preguntas de Jeff.

C 1 EJERCICIOS

A. Ponga en forma negativa. [◀ CD]
1. I want to work.
2. She wants to go.
3. They want to play.
4. We want a car.

B. Ponga en forma de contracción.
1. I do not live in Paris.
2. He does not come.
3. They do not answer.
4. She does not work.

C. Traduzca usando la forma posesiva.
1. Dime el apellido de Jeff.
2. Él no quiere decirme la edad de Susan.
3. John no quiere darme la bicicleta de Bill.
4. Ellos no quieren contestar la pregunta de Víctor.

C 2 RESPUESTAS

A.
1. I do not want to work.
2. She does not want to go.
3. They do not want to play.
4. We do not want a car.

B.
1. I don't live in Paris.
2. He doesn't come.
3. They don't answer.
4. She doesn't work.

C.
1. Tell me Jeff's surname.
2. He doesn't want to tell me Susan's age.
3. John doesn't want to give me Bill's bike.
4. They don't want to answer Vic's question.

C 3 EJERCICIOS DE PRONUNCIACIÓN

■ Pronuncie

I go   [**ai** gəu]
I don't want to go [ai **dəunt** wo:nt tu: gəu]
He wants to work [hi: **wo:nts** to: we:rk]
Answer me [**æns**ər mi:]
Answer my question [**æns**ər mai **kwest**shən]

C 4 Nueva York

■ Normalmente se da el nombre de **New York City** [nu: io:rk **si**di] a la ciudad que sus propios habitantes llaman familiarmente *"la gran manzana"* (**the Big Apple**), para evitar toda confusión con el *Estado de Nueva York* (**New York State**). Nueva York es una de las ciudades más pobladas del mundo: con sus casi ocho millones de habitantes es más grande que las poblaciones de Nicaragua y Panamá juntas. Así, resulta una de las ciudades más importantes de los EU. La capital del país es **Washington D.C. (District of Columbia)**, que no debe confundirse con el *Estado de Washington* (**the State of Washington**). En los Estados Unidos de Norteamérica es muy frecuente que la capital de un estado no sea la ciudad más grande del mismo.

■ El primer plano que ocupa Nueva York en el escenario internacional se explica en gran parte por su tamaño y el número de sus habitantes (sobre todo si se toma en cuenta a quienes viven en la zona metropolitana), sus *rascacielos* (**skyscrapers**) y la actividad constante que le han dado el sobrenombre de "la ciudad que nunca duerme", *"the city that never sleeps"*. Su lugar preponderante también lo debe a la presencia de instituciones internacionales como la O.N.U. (**U.N.O.**) cuya sede está ahí, así como sus museos, teatros y lugares de conciertos conocidos en el mundo entero. El destacado papel internacional de Nueva York comprende el terreno de las artes, la economía y las finanzas (es la primera plaza bursátil del mundo). Más de cincuenta nacionalidades se encuentran representadas de manera importante en la urbe y, por ejemplo, ahí viven más irlandeses que en el propio Dublín. Nueva York ha sido el destino del mayor número de inmigrantes que haya pasado por un mismo lugar. Si bien no se puede decir que Nueva York sea la ciudad más representativa del país, sin duda es una de las más atractivas.

■ También es una de las ciudades más antiguas de EU. La región fue descubierta por el italiano Verrazano, en cuyo honor se dio nombre a un puente. En un principio, la ciudad fue holandesa y se llamó **New Amsterdam.** Debido a la rivalidad entre holandeses e ingleses, la historia de la ciudad fue turbulenta hasta que los ingleses se adueñaron de ella en 1764.

D 1 HE DOES NOT LIVE IN WASHINGTON [◀ CD]

Linda: I called John but he doesn't answer. Is he busy? I want to ask him a question.
Peter: Sorry, John is in New York. He is in New York with Susan.
Linda: Do they live in New York?
Peter: She does. She works in New York and John often goes to visit her. He likes Susan. She is a nice woman.
Linda: Does he drive to New York?
Peter: Yes, he takes Bob's car, Bob's new car.
Linda: Do you go to New York too?
Peter: No, I don't. I don't like to drive to New York in my car.

D 2 VIDA COTIDIANA · EL MONTE RUSHMORE

Este peculiar monumento estadounidense se encuentra al suroeste del estado de **South Dakota**. Consiste en la majestuosa escultura de las cabezas de cuatro presidentes de importancia especial para la historia de la nación: **George Washington, Abraham Lincoln, Thomas Jefferson** y **Theodore Roosevelt**. Las cabezas están talladas sobre el costado de granito del Monte Rushmore, a una altura de 150 m sobre el nivel medio del valle; cada una de las cabezas mide aproximadamente 20 m de alto. Su construcción fue autorizada en 1925 y dio inicio en 1927. Durante el proceso de elaboración, el colosal proyecto fue supervisado por su creador, el artista estadounidense Gutzon Borglum, quien murió en 1941. Tras él, su hijo continuó con el trabajo, que fue concluido ese mismo año.

D 3 ÉL NO VIVE EN NUEVA YORK

Linda: Llamé a John pero no contesta. ¿Está ocupado? Quiero hacerle una pregunta.
Patrick: Lo lamento, John está en Nueva York. Está en Nueva York con Susan.
Linda: ¿Ellos viven en Nueva York?
Patrick: Ella sí. Ella trabaja en Nueva York y John va a menudo a visitarla. A él le gusta Susan. Es una mujer agradable.
Linda: ¿Él va a Nueva York en automóvil?
Patrick: Sí, se va en el auto de Bob, en el auto nuevo de Bob.
Linda: ¿Usted también viaja a Nueva York?
Patrick: No, yo no. A mí no me gusta ir a Nueva York en mi auto.

D 4 VIDA COTIDIANA

EL HIMNO NACIONAL DE LOS ESTADOS UNIDOS DE NORTEAMÉRICA

La letra del himno, cuyo título es **The Star-Spangled Banner** (*La bandera salpicada de estrellas*), fue escrita por Francis Scott Key en septiembre de 1841, durante el bombardeo inglés al Fuerte McHenry, en Baltimore. El cuñado de Key propuso que el poema se cantara con la música de la canción **Anacreon in Heaven** (*Anacreón en los cielos*). En 1904, el himno ya era cantado frecuentemente por la marina de EU y en 1916 el presidente Wilson lo declaró himno de las fuerzas armadas estadounidenses. Por fin, en 1931 el himno se convirtió en el *himno nacional*, **national anthem** [næshnəl ænθəm] estadounidense.

CÁPSULA CULTURAL

¿Qué significa la palabra **greenback** en inglés estadounidense informal? (*respuesta en la pág. 143*)

Conteste con a, b, c, o d (solamente hay una respuesta correcta para cada pregunta).

1. I___ glad.
a. am
b. a
c. am a
d. 'm a

2. I'm ___ cook.
a. bad not
b. a bad
c. not bad
d. bad a

3. It's ___ a good job.
a. not is
b. isn't
c. not
d. is my

4. You are___ .
a. invite
b. invited
c. not invite
d. invited not

5. Please, ___ doctor?
a. are you a
b. you are
c. are you
d. you are not

(ver respuestas correctas en la pág. 344)

6. Is ___ ?
a. Chilean he
b. he Chilean
c. she chilean
d. not Chilean

7. I want ___ early.
a. leave
b. to leave
c. I leave
d. she

8. He ___ Italy.
a. often visit
b. visit often
c. often visits
d. visits often

9. Do you ___ book?
a. want to read Peter
b. want I read Peter's
c. me read Peter's
d. want to read Peter's

10. Do you want ___ my question?
a. answer
b. to answer
c. answer to
d. answer me

(*ver respuestas correctas en la pág. 344*)

A 1 PRESENTACIÓN

· I have.	Tengo.
You have.	Tienes/ Usted tiene.
We have.	Tenemos.
They have.	Ellos tienen.

Estas formas se pueden contraer así:

I've	[aiv]	
you've	[iu:v]	
we've	[wi:v]	
they've	[ðeiv]	
no	[nəu]	*ningún, ninguno* (adjetivo indeterminado)
a lot of	[ə la:t a:v]	*mucho* (locución adverbial); *muchos* (adjetivo)
but	[bɐt]	*pero*
computer	[kəm**piu:**tər]	*computadora*
time	[taim]	*tiempo*
friend	[frend]	*amigo*
money	[**mɐ**ni]	*dinero*
idea	[ai**di:**ə]	*idea*
intelligent	[inte**lə**dʒənt]	*inteligente*
interesting	[**in**trəstiŋ]	*interesante*

A 2 APLICACIÓN [◀ CD]

1. I have a new computer.
2. I have an intelligent friend.
3. I have two intelligent friends.
4. I have money.
5. I have no money.
6. I have no time.
7. You have friends.
8. We have no money.
9. They have an idea.
10. They have an interesting idea.
11. You have a lot of ideas.
12. We have a lot of ideas but no money.

A 3 OBSERVACIONES

■ Pronunciación

- El grupo **ing** que aparece al final de **interesting** suena como el *ring ring!* de un timbre o como la *ng* de la palabra *bingo*. El sonido del grupo **ng** se representa con el símbolo [ŋ].

- La **h** de **have** es un sonido expirado.

- La **o** de **money** y la **u** de **but** se pronuncian igual: coloque los labios como para decir una *a* pero en cambio diga una *e*.

- La **o** de **no** es un sonido doble o diptongo: [əu].

- Tenga cuidado:
  1. en la palabra **idea** hay dos sonidos dobles [ai**di**:ə].
  2. en **intelligent,** ponga el acento en la segunda sílaba [inteləd3ənt].
  3. en **interesting,** coloque el acento en la primera sílaba [intrəstiŋ].

■ Gramática

- **To have** es un verbo auxiliar. También puede indicar la posesión de un objeto:

Tengo un automóvil.   **I have a car.**

Asimismo, **to have** puede expresar la idea de *tomar algo:* **to have a drink** (*ver Lección 11, B 1, B 2, B 3*).

- Ponga atención: cuando **to have** expresa la posesión de un objeto, frecuentemente va seguido del participio pasado **got**, que sirve para reforzar la idea de posesión. A menudo, **to have** se usa en contracción:

They have got (They've got) a lot of friends.
Ellos tienen muchos amigos.

A 4 TRADUCCIÓN

1. Tengo una computadora nueva (*o* una nueva computadora).
2. Tengo un amigo inteligente.
3. Tengo dos amigos inteligentes.
4. Tengo dinero.
5. No tengo dinero.
6. No tengo tiempo.
7. Tienes amigos.
8. No tenemos dinero.
9. Ellos tienen una idea.
10. Ellos tienen una idea interesante.
11. Usted tiene muchas ideas.
12. Tenemos muchas ideas pero no tenemos dinero.

B 1   PRESENTACIÓN

· **he/she has**   *él/ ella tiene*

it has *él/ ella tiene* (neutro)

· Contracciones: **he has** = **he's** [hiz]

    she has = **she's** [shi:z]

at	[at]	*en,*
before	[bi**fo:r**]	*antes de, delante*
problem	[**pra:**bləm]	*problema*
hair	[her]	*pelo, cabello*
brother	[**brɐ**ðər]	*hermano*
sister	[**sis**tər]	*hermana*
dinner	[**di**nər]	*cena, comida*
breakfast	[**brek**fəst]	*desayuno*
lunch	[lɐnch]	*almuerzo, comida*
bath	[bæθ]	*baño, bañera o bañadera*
Mary	[**me**ri]	*María*
eye	[ai]	*ojo*

8 a.m.	[eit ei em]	*8 de la mañana*
1 p.m.	[wɐn pi: em]	*13 horas (una de la tarde)*

to take *o* **have a bath**	*tomar* o *darse un baño*
to take *o* **have a walk**	*dar un paseo, pasear*
him [him]	*él, lo* (como objeto directo)

B 2   APLICACIÓN [◀ CD]

1. She has blue eyes.
2. He has black hair.
3. He has two sisters.
4. She has three brothers.
5. He has got a problem (*o* He's got a problem).
6. She has breakfast at 8 (a. m.).
7. She has lunch with him at 1 (p.m.).
8. She takes a bath before dinner.
9. Mary has a walk before breakfast.
10. They take a walk before dinner.

B 3   OBSERVACIONES

■ Pronunciación
- La **ai** de **hair** se pronuncia de manera similar a la *e* del español.
- La **o** de **brother** es como la **o** de **money** [ɐ] (*ver Lección 9, A 3*).
- En **bath**, la **a** se pronuncia colocando los labios para decir una *e* pero en cambio decir una *a* [æ]. La **th** se parece a una *s* con la lengua entre los dientes. Se representa con este símbolo [θ].
- Observación:

he has y **he is** se contraen de la misma manera: **he's** [hi:z].
she has y **she is** también se contraen de igual forma: **she's** [shi:z].

■ Gramática
- **Has** es la tercera persona del singular del presente del verbo **to have**.
- Además de su función como auxiliar y de que expresa la idea de posesión de un objeto, **to have** también puede conllevar la idea de *consumir, tomar, comer, beber,* etc.
- Recuerde: en plural no se debe usar artículo indeterminado o indefinido:

I have a friend. I have friends.
Tengo un amigo. Tengo amigos.
- **Hair** significa *pelo, cabello.* Es un sustantivo singular y, por tanto, siempre va seguido de un verbo singular.
- **him** *él, lo* es un pronombre personal que funciona como objeto y término de complemento, y que corresponde al pronombre sujeto **he** (*ver Lección 16, B 3*).

B 4   TRADUCCIÓN

1. Ella tiene los ojos azules.
2. Él tiene el cabello negro.
3. Él tiene dos hermanas.
4. Ella tiene tres hermanos.
5. Él tiene un problema.
6. Ella toma el desayuno a las 8 (de la mañana).
7. Ella toma el almuerzo con él a la 1 (de la tarde o p.m.).
8. Ella toma (o se da) un baño antes de la cena.
9. María da un paseo antes del desayuno.
10. Ellos dan un paseo antes de la cena.

C 1 EJERCICIOS

A. Traduzca al inglés. [◀ CD]
1. Tienes un amigo.
2. Tienes dos amigos.
3. Usted tiene muchos amigos.
4. Ella no tiene dinero.
5. Ellos tienen muchos problemas.
6. Él tiene dos computadoras.

B. Traduzca al español.
1. They have breakfast at 8 a.m.
2. She has one brother and two sisters.
3. I have a bath before dinner.
4. He has a walk before lunch.

C 2 RESPUESTAS

A.
1. You have a friend.
2. You have two friends.
3. You have a lot of friends.
4. She has no money.
5. They have a lot of problems.
6. He has two computers.

B.
1. Ellos toman el desayuno a las 8 de la mañana.
2. Ella tiene un hermano y dos hermanas.
3. Me doy un baño antes de la cena.
4. Él da un paseo antes del almuerzo.

C 3 EXPRESIONES CON **TO HAVE**

to have fun	*divertirse*
to have a good time	*pasar un buen rato*
to take o **have a look**	*echar una ojeada*
to have coffee, tea	*tomar café, té*
to have a drink	*tomar una copa*
to have a cold	*tener un resfriado* o *un resfrío*

C 4 LA EDUCACIÓN EN ESTADOS UNIDOS DE NORTEAMÉRICA (1)

■ LA ENSEÑANZA PÚBLICA ELEMENTAL Y SECUNDARIA

La enseñanza básica (laica y gratuita) es obligatoria de los 6 a los 16 años y es responsabilidad de las comunidades locales, por lo que su calidad depende de los ingresos de éstas. Esto explica el éxito de las *escuelas privadas* (**private schools** [**praivət sku:lz**]) en algunas zonas. Los consejos locales de enseñanza, donde se reúnen los representantes de los padres de familia, tienen un importante grado de autonomía en la formulación de programas y la calificación de los estudiantes. El objetivo primordial de la enseñanza primaria y secundaria es dar información práctica, antes que ofrecer conocimientos teóricos.

Las calificaciones o notas siguen el sistema **A B C D F**, donde **A** corresponde a excelente y **F** a no aprobado (reprobado).

· *Las guarderías o secciones maternales* (**nursery schools** [**ne:r**sri sku:lz]) –para niños de 2 a 4 años– en general son privadas y frecuentemente las administran las iglesias.

· *La escuela primaria* (**elementary school** [eləmentəri sku:l]) comprende: el *jardín de niños* (**kindergarten**) –para niños de 5 años– y las clases de primero hasta sexto grado –para niños de 6 a 11 años– .

· *La escuela secundaria* comprende la **Junior High School** [dʒu:niər hai sku:l] –grados séptimo y octavo, o sea, 12 y 13 años– y la **High School** [hai sku:l] –grados noveno a décimosegundo, es decir, de 14 a 17 ó 18 años–. Sin embargo, en algunas zonas la **Junior High School** va del séptimo al noveno grados y la **High School**, del décimo al decimosegundo grados.

La enseñanza básica tiene por objeto ofrecer la instrucción que se resume en las llamadas "tres erres": **Reading, wRiting, aRithmetic**, *(lectura, escritura, aritmética)*.

La educación secundaria suele estar especialmente centrada en la cultura estadounidense, con lo que no siempre es obligatorio el estudio de una lengua extranjera. Las escuelas secundarias ofrecen también materias prácticas como cocina, jardinería, carpintería, electricidad, costura y expresión oral. Por las tardes, los jóvenes de **Junior High School** y de **High School** practican actividades deportivas, culturales y artísticas. Muchas escuelas tienen bandas de música de un notable nivel interpretativo.

En el centro de las grandes ciudades, las drogas y la delincuencia juvenil son problemas cotidianos que deben enfrentar padres de familia y autoridades.

D 1 FRIENDS [◀ CD]

Patricia: Do you know my friend John?
Peter: Yes. John is my friend, too.
Patricia: John has a good job now.
Peter: He does not work a lot but he has a lot of money.
Patricia: He is not very busy but he is very happy.
Peter: John has a lot of fun.
Patricia: He has no problems and he a has a lot of friends.
Peter: I often have lunch with him, and I like him a lot.
Patricia: John's sister lives abroad but she often comes to New York.
Peter: She's nice too. I like to be with John's sister.

D 2 VIDA COTIDIANA

WASHINGTON D.C.

La ciudad y el distrito de **Washington D.C.** [wo:shiŋgtən di: si:] se ubican en la costa Este de los Estados Unidos de Norteamérica, en el punto donde se juntan las regiones tradicionales del Norte y del Sur. Sus calles están trazadas en forma de cuadrícula, lo que la divide en cuatro zonas principales: noroeste, noreste, sudeste, sudoeste. Al centro de la ciudad hay un enorme paseo lleno de árboles y pasto llamado el **Mall** [mo:l]. Alrededor de él hay museos y monumentos, y también están las principales oficinas federales. Por el este, el Mall está flanqueado por el *Capitolio* (**Capitol** [kæpətl]). Cerca de ahí se encuentra la *Casa Blanca* (**White House** [hwait haus]). Es importante hacer notar que **D.C.** significa **District of Columbia** en honor a *Cristóbal Colón* (**Christopher Columbus**).

D 3 AMIGOS

Patricia: ¿Conoces a mi amigo John?
Peter: Sí. John también es mi amigo.
Patricia: Ahora John tiene un buen trabajo.
Peter: Él no trabaja mucho pero tiene mucho dinero.
Patricia: No está muy ocupado, pero es muy feliz.
Peter: John se divierte mucho.
Patricia: No tiene problemas y tiene muchos amigos.
Peter: A menudo almuerzo con él; lo aprecio mucho.
Patricia: La hermana de John vive en el extranjero, pero a menudo viene a Nueva York.
Peter: Ella también es agradable. Me gusta estar con ella.

D 4 VIDA COTIDIANA

LOS ÁNGELES

Esta famosa ciudad está al sudoeste del estado de California, sobre la costa del Océano Pacífico. Por su intensa actividad industrial, comercial, financiera y recreativa, Los Ángeles se ha convertido en un importante centro de negocios y entretenimiento. Ahí está **Hollywood** [ha:liwud], la meca del cine, en torno a la cual se ha levantado una fuerte industria televisiva y musical.

Famosa por sus autopistas, Los Ángeles enfrenta graves problemas de contaminación ambiental. Fue fundada por españoles en 1781, con el nombre de "El Pueblo de Nuestra Señora la Reina de los Ángeles de Porciúncula".

CÁPSULA CULTURAL

¿Cuál es el origen de la expresión **blue jeans**? (*respuesta en la página 144*).

A 1   PRESENTACIÓN

Do you have?	*¿Tienes? ¿Tienen ustedes?*	
Do we have?	*¿Tenemos?*	
Do they have?	*¿Tienen ellos?*	
Have you got?	*¿Tienes? ¿Tienen ustedes?*	
Have we got?	*¿Tenemos?*	
Have they got?	*¿Tienen ellos?*	
house	[haus]	*casa*
apartment	[əpa:rtmənt]	*departamento*
armchair	[a:rmcher]	*sillón*
garden	[ga:rdn]	*jardín*
bathroom	[bæθru:m]	*cuarto de baño*
bedroom	[bedru:m]	*dormitorio, habitación, recámara*
dining room	[dainiŋru:m]	*comedor*
radio (set)	[reidiəu set]	*radio (aparato de)*
television (set)	[teləviʒən set]	*televisión o televisor (aparato de)*
TV (set)	[ti: vi: set]	*televisión o televisor*
walkman®	[wo:kmən]	*walkman®*
record	[rekərd]	*disco; registro*
tape recorder	[teip riko:rdər]	*grabador, grabadora*
C. D. (compact disc)	[si: di:, ka:mpækt disk]	*disco compacto, C.D.*

A 2 APLICACIÓN [◀ CD]

1. Do you have a house?
2. Have you got an apartment?
3. Have you got an armchair?
4. Do they have a garden?
5. Do they have a lot of bedrooms?
6. Do they have a dining room?
7. Do you have a radio (set)?
8. Have they got a television (set)?
9. Do you have a walkman®?
10. Have you got a new CD?
11. Do you have a tape recorder?
12. Do you still have your father's old records?

A 3   OBSERVACIONES

■ Pronunciación
· Tenga cuidado con los sonidos vocálicos dobles (diptongos):

[au]   **house** [haus]

[ei] [iəu]   **radio** [reidiəu]   **tape** [teip]

· Ponga atención en colocar el acento en el lugar correcto. Éste puede variar dependiendo de si la palabra es un sustantivo o un verbo.

a record   [ə rekərd]   *un disco*
to record   [tu: riko:rd]   *grabar*
a recorder   [ə riko:rdər]   *grabador, grabadora*

■ Gramática
· La interrogación con el verbo **to have** puede obtenerse con la simple inversión de los términos de la oración afirmativa:

have + sujeto + complemento

· Sobre todo en el inglés estadounidense, al formar interrogaciones con frecuencia se emplea el auxiliar **do** (*ver Lección 9*). Esta regla se aplica a los casos en que **to have** significa *tener, poseer*.

Do you have a house?   *¿Tienes/ tiene usted una casa?*

· A veces, particularmente en la forma interrogativa, **have** es reforzado por el participio pasado **got**, que se coloca después del sujeto (*ver Lección 11, A 3*).

Have you got a house?   *¿Tienes/ tiene usted una casa?*
Have they got a garden?   *¿Tienen ellos/ ellas un jardín?*

A 4   TRADUCCIÓN

1. ¿Tienes una casa?
2. ¿Tienes un departamento?
3. ¿Tienes un sillón?
4. ¿Tienen ellos un jardín?
5. ¿Tienen ellos muchos dormitorios?
6. ¿Tienen un comedor?
7. ¿Tienes un radio?
8. ¿Tienen ellos una televisión?
9. ¿Tienes un walkman®?
10. ¿Tienes un CD nuevo?
11. ¿Tienes una grabadora?
12. ¿Todavía tienes los discos viejos de tu padre?

B 1   PRESENTACIÓN

does she/ he have?		*¿tiene ella/ él?*
has she/ he got?		*¿tiene ella/ él?*
he/ she does not have		*él/ ella no tiene*
he/ she hasn't got		*él/ ella no tiene*

guest	[gest]	*invitado*
stamp	[stæmp]	*sello, estampilla, timbre de correos*
son	[sʊn]	*hijo*
daughter	[do:tər]	*hija*
umbrella	[ʊmbrelə]	*paraguas*
tape	[teip]	*cinta magnética*
cassette	[kəset]	*casete*
phone number	[fəun nʊmbər]	*número telefónico*
phone book	[fəun buk]	*guía telefónica*
directory	[dərektəri]	*directorio*
coffe	[ko:fi]	*café*
foreign	[fo:rən]	*extranjero*

· **to have**, *tener*, también significa *tomar* (té, café, el desayuno, etc.)
· **often** significa *a menudo, frecuentemente* (ver *Lección 8, B 1*).

B 2   APLICACIÓN [◀ CD]

1. Does she often have guests for dinner?
2. Has she got foreign stamps?
3. Does he have a daughter?
4. Has she got a son?
5. Does he have an umbrella?
6. Has she got new tapes?
7. Has he got my cassettes?
8. She does not have a directory.
9. He hasn't got Pat's phone number.
10. Peter doesn't have beer.
11. Betty hasn't got a car.
12. He hasn't got time to see you.

B 3 OBSERVACIONES

■ Pronunciación
- [ɐ]: el sonido [ɐ] de **does** es similar al de la **u** de **but**. Se pronuncia colocando los labios para decir una *a* pero, en cambio, se pronuncia una *e*.
- [o:]: el grupo **augh** de **daughter** se pronuncia como una *o* larga. Se representa así [o:].
- Ponga atención al colocar el acento: **cassette** [kəset]

  umbrella [ɐmbrelə]

■ Gramática

Recuerde:
- Para marcar la interrogación en la tercera persona singular del presente se usa **does:**

Does he have a phone number? *¿Tiene él un número telefónico?*
- Como ya se dijo en A 3, el verbo **have** frecuentemente se ve reforzado por el participio pasado **got**, sobre todo para construir la forma interrogativa:

Has he got an umbrella? *¿Tiene él un paraguas?*
- La construcción de la forma negativa sigue el esquema estudiado en la Lección 10, B 1:

She does not have a car. *Ella no tiene un automóvil.*

He hasn't got television. *Él no tiene televisión.*
- Observe el lugar donde se debe colocar el adverbio **often**, *a menudo, frecuentemente*:

  Does she often have guests for dinner?

B 4 TRADUCCIÓN

1. ¿Tiene ella a menudo invitados a cenar?
2. ¿Tiene ella estampillas extranjeras?
3. ¿Tiene él una hija?
4. ¿Tiene ella un hijo?
5. ¿Tiene él un paraguas?
6. ¿Tiene ella cintas nuevas?
7. ¿Tiene él mis casetes?
8. Ella no tiene un directorio.
9. Él no tiene el número telefónico de Pat.
10. Peter no toma cerveza (*o* no tiene cerveza).
11. Betty no tiene automóvil.
12. Él no tiene tiempo de verte.

C 1 EJERCICIOS

A. Traduzca al inglés usando la forma posesiva. [◀ CD]
   1. ¿Tienes el número telefónico de Pat?
   2. ¿Tiene usted los discos de Bud?
   3. ¿Tiene ella el paraguas de Betty?
   4. ¿Tienen ellos el reloj de pulsera de Pam?

B. Ponga en forma negativa.
   1. Dan has got a new bicycle.
   2. Susan has Jeff's umbrella.
   3. They have a big car.
   4. We have a foreign camera.

C 2 RESPUESTAS

A.
   1. Do you have Pat's telephone number?
   2. Do you have Bud's records?
   3. Has she got Betty's umbrella?
   4. Have they got Pam's watch?

B.
   1. Dan hasn't got a new bicycle.
   2. Susan doesn't have Jeff's umbrella.
   3. They don't have a big car.
   4. We don't have a foreign camera.

C 3 EJERCICIOS DE PRONUNCIACIÓN

■ Pronuncie

[au]	**a big house**	[ə big haus]
[reidiəu]	**an old radio**	[æn əuld **rei**diəu]
	Tony's phone number	[**tə**uniz fəun **nɛm**bər]

· Tenga cuidado al colocar el acento:

my records	[mai **rek**ərdz]
Bob's recorder	[ba:bz ri**ko:rd**ər]
Pat's cassettes	[patz kə**setz**]

C 4 LA EDUCACIÓN EN ESTADOS UNIDOS DE NORTEAMÉRICA (2)

■ ENSEÑANZA SUPERIOR. LAS UNIVERSIDADES

Dado que los **High School Diplomas** [hai sku:lz dəpləuməz] son muy desiguales entre sí, las universidades evalúan a sus candidatos por medio de exámenes nacionales, en especial a través del llamado **SAT (Scholastic Aptitude Test)**. Para ingresar a las universidades de mayor prestigio (Harvard y MIT, entre otras), el aspirante debe presentar su expediente académico, incluyendo los resultados de sus estudios de secundaria y de bachillerato, así como distinciones o premios obtenidos; también debe asistir a una entrevista.

■ Dentro de la *enseñanza superior* (**university education** [iu:nəve:rsəti edʒəkeishən]), los cuatro primeros años constituyen los **undergraduate studies,** [ɐndərgrædʒuət stɐdiz] correspondientes en América Latina al nivel licenciatura. El egresado obtiene el grado de **bachelor** [bæchələr] en el área general de artes o en ciencias. En la enseñanza superior, el estudiante suele concentrarse en lo que constituye una *especialidad dominante* (**major** [meidʒər]) y a veces, en una *especialidad secundaria* (**minor** [mainər]). Después, puede continuar con el estudio del **master's degree** [mæstərz digri:], que normalmente dura dos años y corresponde a una maestría.

■ Finalmente, los estudios posteriores a la maestría llevan a la obtención del **PhD.** [pi: eich di:] (del latín Philosophiae Doctor, *doctor en filosofía*), es decir, el grado correspondiente al de doctor. Tanto el **master's degree** como el **PhD.** constituyen los llamados **graduate studies** [grædʒuət stɐdiz].

■ Por lo general, los estudiantes viven en las residencias ubicadas dentro de la *zona universitaria* o **campus** [kæmpəs]. En ellas conviven estudiantes de todas las disciplinas (medicina, letras, economía, leyes, etc.) y cuentan con servicios como cafeterías, comedores, campos deportivos, servicios médicos y hasta policía. La mayor parte de los estudiantes se involucran en actividades extraescolares entre las que destacan la música, el teatro, el fútbol y la participación en asociaciones estudiantiles que publican periódicos o revistas, organizan eventos especiales para los estudiantes o realizan obras de ayuda social.

■ Hay universidades públicas y privadas: cada estado tiene uno o hasta dos sistemas de universidades públicas o estatales. A menudo las ciudades o distritos escolares sostienen instituciones llamadas **City Colleges** donde se pueden cursar los primeros dos años de universidad.

D 1 TELEPHONE NUMBERS [◀ CD]

Henry: Have you got Patrick's phone number?
Betty: Is it not in the phone book?
Henry: No, I want his new number in Chicago.
Betty: Oh, yes, it's (071) 281-21-76.
Henry: Thank you. I also want to call Peter. Do you have Peter and Jane's number too?
Betty: Sorry, I don't, but Patrick has it.
Henry: Oh, yes. Good idea.

Henry: Patrick, it's Henry. Have you got Peter's phone number?
Patrick: Yes, Henry. Peter and Jane's number is (081) 652-12-84. My new house in Chicago is nice. Do you want to visit it?
Henry: Oh, yes, thank you!

D 2 VIDA COTIDIANA · EDUCACIÓN

☞ ¡Tenga cuidado con el uso de la palabra **college**! En EU en general se refiere a los cuatro primeros años de la educación superior o universitaria (*ver C 4*). También puede designar un departamento, facultad o unidad de enseñanza (incluidos los maestros y profesores, los alumnos y los edificios), que constituye una subdivisión de una universidad grande. Pero en inglés británico, **college** también puede significar:

a) un centro de enseñanza superior pero que no tiene la categoría universitaria;
b) una **public school** (o escuela de enseñanza secundaria) como **Eton (College)**.

☞ El término **public school** se refiere, en EU y en Inglaterra, a dos conceptos totalmente diferentes. Mientras en EU designa una auténtica "escuela pública", para los británicos alude a una escuela privada de mucho prestigio, a la cual asisten alumnos de nivel socioeconómico alto.

D 3 NÚMEROS TELEFÓNICOS

Henry: ¿Tienes el teléfono de Pat?
Betty: ¿No está en la guía telefónica?
Henry: No, quiero su nuevo número en Chicago.
Betty: Ah, sí, es (071) 281-21-76.
Henry: Gracias. También quiero llamar a Peter. ¿También tienes el número telefónico de Peter y Jane?
Betty: No, lo lamento, pero Patrick lo tiene.
Henry: Ah, sí. Buena idea.

Henry: Patrick, soy Henry. ¿Tienes el número telefónico de Peter?
Patrick: Sí, Henry. El número telefónico de Peter y Jane es (081) 652-12-84. Mi nueva casa en Chicago es muy bonita. ¿Quieres visitarla?
Henry: Sí, ¡muchas gracias!

D 4 VIDA COTIDIANA

Entre los cientos de universidades estadounidenses, éstas son algunas de las más célebres:
COLUMBIA, en Nueva York, al norte de Central Park.
HARVARD, en Cambridge, junto a Boston (fundada en 1636; tiene la biblioteca privada más importante del mundo).
YALE, en New Haven, Connecticut (una mezcla de arquitectura neogótica y contemporánea).
UNIVERSIDAD DE CALIFORNIA EN BERKELEY, en la ciudad de Berkeley, cerca de San Francisco, en California.
STANFORD, en Palo Alto, al sur de San Francisco.

CÁPSULA CULTURAL

¿Qué significa la expresión **to be on the booze**?
(*respuesta en la pág. 169*)

A 1   PRESENTACIÓN [◀ CD]

⌐ • verbo en infinitivo + **ing** forman el gerundio (forma en progreso):

work ⇨ working

• **to be** + gerundio componen la forma que expresa una acción continua o progresiva: **I am working.** *Estoy trabajando.* ⌐

• **the**   [ðə]   *el, la, los, las* (artículo determinado o definido invariable)

to leave	[tu: li:v]	*dejar, irse, partir*	**week**	[wi:k]	*semana*
			hotel	[həutel]	*hotel*
to leave for	[tu: liv: fo:r]	*partir hacia*	**Spain**	[spein]	*España*
to drink	[tu: driŋk]	*beber*	**France**	[fræns]	*Francia*
to spend	[tu: spend]	*gastar; pasar (el tiempo)*	**Italy**	[itli]	*Italia*
			today	[tədei]	*hoy*
to stay	[tu: stei]	*quedarse*	**tonight**	[tənait]	*esta noche*
morning	[mo:rniŋ]	*(la) mañana*	**tomorrow**	[təmo:rəu]	*mañana*
whiskey	[hwiski]	*whisky**	**every**	[evri]	*cada*
wine	[wain]	*vino*	**soon**	[su:n]	*pronto, dentro de poco*
holiday (s)	[ha:lədei]	*día feriado, vacaciones*			

¹ La palabra **whiskey** se escribe en español *whisky*, aunque también se acepta escribirla según su pronunciación española: *güisqui*. En inglés británico se escribe, igualmente, **whisky**. (*ver pág. 175*)

A 2   APLICACIÓN [◀ CD]

1. I am working today.
2. He leaves every morning at 8 (eight).
3. She is leaving soon.
4. We are leaving tomorrow.
5. They are leaving for Spain tonight.
6. I am drinking a beer.
7. You are drinking whiskey.
8. We drink wine in France.
9. They drink beer in Spain.
10. I often spend my holidays in Italy.
11. They are spending a week in France.
12. She is staying at the Bristol Hotel.

A 3   OBSERVACIONES

■ El gerundio (forma progresiva): **drinking, spending, staying** son gerundios formados al agregar a los verbos en infinitivo (**to drink, to spend, to stay,** etc.) la terminación **ing.** En el caso de **to leave,** primero se elimina la **e** final y luego se agrega el **ing.**

■ La construcción del verbo *ser* o *estar,* **to be** + verbo con terminación **ing,** compone la forma que expresa una <u>acción progresiva o continua.</u> Esta forma se emplea para describir acciones que están en proceso o se están desarrollando y que tienen una cierta duración.

La forma progresiva se usa mucho en inglés y se opone a la forma simple, básicamente reservada a la descripción de hechos o acciones estables o definitivos. Por ejemplo: **I often spend my holidays in Italy.** *A menudo paso mis vacaciones en Italia.*

En este caso, se trata de un hecho definitivo y general. Nótese el contraste con: **I am spending my holidays in Rome.** *Estoy pasando mis vacaciones en Roma.* (en este momento)

La forma progresiva se emplea en todos los tiempos verbales.

■ **The** [ðə]: *el, la, los, las,* artículo determinado o definido, invariable en cuanto a género y número.

· Se emplea antes de sustantivos definidos: **the Bristol Hotel.**

· Se omite antes de:

– sustantivos con sentido general: **holidays are always nice,** *las vacaciones siempre son agradables.*
– nombres de países: *China,* **China.**
– nombres de profesión u ocupación: *el doctor Brown,* **Doctor Brown.**

· Si **the** está colocado antes de una vocal, se pronuncia [ði]: **the ideas of ...**

A 4   TRADUCCIÓN

1. Hoy estoy trabajando.
2. Él se va todas las mañanas a las 8.
3. Ella se va pronto.
4. Nos vamos mañana.
5. Esta noche parten para España.
6. Estoy tomando una cerveza.
7. Usted está bebiendo whisky.
8. Bebemos vino en Francia.
9. Ellos beben cerveza en España.
10. A menudo paso mis vacaciones en Italia.
11. Ellos están pasando una semana en Francia.
12. Ella se está hospedando en el Hotel Bristol.

B 1 PRESENTACIÓN [◀ CD]

■ En la forma progresiva, las construcciones interrogativa y negativa siguen el modelo de las construcciones con el verbo **to be**.

Are you working?		*¿Estás trabajando?*
You are not working!		*¡No estás trabajando!*

to wait	[tu: weit]	*esperar*
to wait for someone	[tu: weit fo:r sǝmwǝn]	*esperar a alguien*
to eat	[tu: i:t]	*comer*
to rain	[tu: rein]	*llover*
to work	[tu: we:rk]	*trabajar*
to feel	[tu: fi:l]	*sentir*
to sing	[tu: siŋ]	*cantar*
Charles	[cha:rls]	*Carlos*
station	[**stei**shǝn]	*estación (de tren, autobús, etc.)*
oyster	[**oi**stǝr]	*ostra, ostión*
Britain	[**bri**tn]	*Gran Bretaña*
firm	[fe:rm]	*empresa, compañía*
Tuesday	[**tu:z**di]	*martes*
because	[bǝko:z]	*porque*
well	[wel]	*bien*

B 2 APLICACIÓN [◀ CD]

1. Are you working with Betty tonight?
2. Is he leaving for New York soon?
3. Are you waiting?
4. Are you waiting for Charles?
5. Are they eating now?
6. Do they eat oysters in Britain?
7. Is it raining today?
8. Does he work for an Argentinian firm?
9. Is he working today?
10. We are not working today.
11. They do not work on Tuesdays.
12. She is not singing tonight because she is not feeling well.

B 3 OBSERVACIONES

■ Forma progresiva (continuación)
· Las construcciones interrogativa y negativa siguen el modelo de las construcciones del verbo **to be.**

You are eating.   **Are you eating?**   **You are not eating.**
Estás comiendo.   *¿Estás comiendo?*   *No estás comiendo.*

· El presente progresivo puede tener un sentido de futuro próximo: consulte los ejemplos 3, 4 y 5 de la sección A 2.
I am leaving tomorrow.   *Parto mañana.*

· Como su nombre lo indica, la forma progresiva sólo se usa con verbos que describen acciones cuyo desarrollo es progresivo. No se emplea con verbos que se refieren a hechos o cosas bien establecidas como: **to like, to love,** *gustar, querer;* **to know,** *saber;* **to own,** *tener, poseer;* **to remember,** *recordar;* **to seem,** *parecer;* **to understand,** *entender, comprender.*

■ **Are you waiting for Charles?**   *¿Estás esperando a Carlos?*
El complemento que sigue al verbo **to wait** es introducido por la preposición **for:**
Wait for me.   *Espérame.*

■ La frase **on Tuesdays,** *los martes* amerita tres observaciones:
· en inglés, los días de la semana se escriben con mayúscula.

· no se usa artículo determinado antes de un día de la semana. En su lugar, se emplea la preposición **on.**

· el plural indica que se trata de una repetición regular: *(todos) los martes.*

B 4 TRADUCCIÓN

1. ¿Vas a trabajar con Betty esta noche?
2. ¿Se va él pronto hacia Nueva York?
3. ¿Estás esperando?
4. ¿Estás esperando a Charles?
5. ¿Ellos están comiendo ahora?
6. ¿Comen ostras en Gran Bretaña?
7. ¿Está lloviendo hoy?
8. ¿Él trabaja para una empresa argentina?
9. ¿Él está trabajando hoy?
10. No estamos trabajando hoy.
11. Ellos no trabajan los martes.
12. Ella no canta esta noche porque no se siente bien.

C 1 EJERCICIOS [◀ CD]

A. Escriba en forma progresiva
1. We drink wine.
2. I spend my holidays in Italy.
3. They play football.
4. You leave with Linda.
5. She works in Chile.

B. Traduzca al inglés. Cuando sea necesario, use la forma progresiva. [◀ CD]
1. Comemos mucho cuando estamos en España.
2. Espero a Betty en la estación.
3. Llueve frecuentemente en Gran Bretaña.
4. Llueve mucho hoy.
5. A menudo paso mis vacaciones en Venezuela.
6. Ella pasa una semana en Italia.

C 2 RESPUESTAS

A.
1. We are drinking wine.
2. I am spending my holidays in Italy.
3. They are playing football.
4. You are leaving with Linda.
5. She is working in Chile.

B.
1. We eat a lot when we are in Spain.
2. I am waiting for Betty at the station.
3. It often rains in Britain.
4. It is raining a lot today.
5. I often spend my holidays in Venezuela.
6. She is spending a week in Italy.

C 3 EJERCICIOS DE PRONUNCIACIÓN

■ Pronuncie

I'm leaving for Spain soon.	[aim **li:**viŋ fo:r spein su:n]
He's living in New York.	[hi:z **li**viŋ in nu: io:rk]
We're leaving tonight.	[wi:r **li:**viŋ tənait]
You're working in a big firm.	[iu:r **we:r**kiŋ in ə big fe:rm]

[əu]	**hotel**	[həutel]
	tomorrow	[təmo:rəu]

· Recuerde: el sonido del grupo **ing** se parece al de *bingo* o *ring*. La *g* se pronuncia suavemente. El sonido **ng** se representa con el símbolo [ŋ].

C 4 UN MOSAICO DE CULTURAS

■ Los Estados Unidos de Norteamérica se caracterizan por tener una composición heterogénea, conformada por sucesivas oleadas de inmigrantes de todas las regiones del mundo. La expresión **melting pot** [meltiŋ pa:t], *crisol,* representa al país como un horno de fundición que combina metales diversos (inmigrantes de muchos países) y los convierte en algo nuevo, la *sociedad estadounidense* (**the American society** [ði əmerəkən səsaiəti]). Sin embargo, dado que no se trata de una sociedad homogénea sino multicultural, muchos estudiosos prefieren simbolizar a EU como un *mosaico* (**mosaic** [məuzeiik]) en el que cada elemento conserva sus características distintivas y no se asimila a los demás, aunque en conjunto formen una sola imagen.

■ Entre los siglos XIX y XX se dieron numerosas oleadas migratorias provenientes, en su mayoría, de las islas británicas, Alemania, Escandinavia, Italia, Rusia, los Balcanes, Latinoamérica y Medio Oriente. Durante muchos años, los principales centros de arribo fueron Nueva York y Boston (para los europeos), San Francisco (para los chinos) y Texas (para los latinoamericanos). Por otro lado, en los siglos XVIII y XIX, grandes grupos de negros africanos fueron llevados a EU como esclavos, contribuyendo así de manera decisiva a la conformación del país. Aunque actualmente los inmigrantes se hallan repartidos por todo el país, aún subsisten concentraciones más o menos marcadas. Por ejemplo, en Nueva York hay un alto número de italianos, judíos e irlandeses, mientras en Ohio y Wisconsin se encuentran numerosos descendientes de alemanes. En los **Chinatowns** de San Francisco, Los Ángeles y Nueva York abundan los chinos y japoneses; entre tanto, los cubanos se concentran en Florida y los latinoamericanos en las ciudades del suroeste. Por ejemplo, en California y Texas viven más de 1 000 000 de residentes oficiales procedentes de México, más un número no determinado de indocumentados, que los expertos calculan alrededor de los 2.5 millones.

■ En el censo de 1990, más de 22 millones de habitantes de EU dijeron ser de ascendencia latina y proceder de México, Puerto Rico, Cuba, Nicaragua, El Salvador, Colombia, Ecuador y Perú, entre otros países de América Latina. Los medios de comunicación estadounidenses se refieren a este grupo heterogéneo como **Latinos** [lætinz] o **Hispanic Americans** [hispænik əmerəkənz].

D 1 TRAVELS [◀ CD]

Peter: Hi Henri! How are you?
Henry: Fine, thank you.
Peter: Are you still working for that whiskey firm?
Henry: No, I'm working for a firm in Spain. I often go to Madrid. I'm leaving tomorrow.
Peter: Good. I visit Madrid often, and in a week I'm going to stay in a hotel in France.
Henry: Are you going with a friend?
Peter: No, I'm going with my son and daughter.
Henry: Nice. It is good to travel abroad.

D 2 VIDA COTIDIANA

■ En inglés, algunas construcciones verbales que indican una actitud o una posición se escriben en forma progresiva.

estar sentado	**to be sitting,** pero se dice	**to sit (down)** *sentarse*
estar de pie	**to be standing**	**to stand (up)** *ponerse de pie*
estar acostado	**to be lying**	**to lie (down)** *acostarse*
estar colgado	**to be hanging**	**to hang** *colgar, pender*
estar arrodillado	**to be kneeling**	**to kneel (down)** *arrodillarse*

■ Algunas palabras que se utilizan en un aeropuerto:

etiqueta autoadherible	**sticker**	[**stik**ər]
billete o boleto de avión	**flight ticket**	[**f**lait **tik**ət]
tarjeta de embarque		
o pase de abordar	**boarding pass**	[**bo:**rdiŋ pæs]
embarque o abordaje	**boarding**	[**bo:**rdiŋ]

D 3 VIAJES

Peter: ¡Hola, Henry! ¿Cómo estás?

Henry: Bien, gracias.

Peter: ¿Todavía trabajas para esa empresa de whisky?

Henry: No, estoy trabajando para una compañía en España. Con frecuencia voy a Madrid. Mañana salgo de viaje (para allá).

Peter: Qué bueno. Yo voy a Madrid frecuentemente y dentro de una semana me voy a hospedar en un hotel en Francia.

Henry: ¿Vas con un amigo?

Peter: No, voy con mi hijo y mi hija.

Henry: Qué bien. Es bueno viajar al extranjero.

D 4 VIDA COTIDIANA

EXPRESIONES QUE SE USAN EN UN AEROPUERTO

registrarse (o registrar el equipaje)	**check in**	[chek in]
lista de espera	**stand-by**	[stænd bai]
puerta de embarque o abordaje	**gate number**	[geit nʉmbər]
exceso de equipaje	**excess luggage**	[ikses lʉgidʒ]
tarifas reducidas o con descuento	**reduced fares**	[ridu:st ferz]
baños, servicios	**rest rooms**	[rest ru:mz]
damas	**Ladies**	[leidiz]
caballeros	**Gentlemen**	[dʒentlmən]

CÁPSULA CULTURAL

¿Cuáles son los tres deportes más famosos en los Estados Unidos de Norteamérica?

(respuesta en pág. 331)

A 1 PRESENTACIÓN

· La terminación **-ed** unida al infinitivo de los verbos regulares forma el tiempo pasado o pretérito.

to book [tu: buk] *reservar*: **I (you, he, she, we, you, they) booked** [bukd]

· **his** *su, sus* (posesivo masculino singular)
her *su, sus* (posesivo femenino singular)

to decide	[tu: disaid]	*decidir*	**I decided** [ai disaidəd]
to study	[tu: stɐdi]	*estudiar*	**I studied** [ai stɐdid]
to promise	[tu: pra:məs]	*prometer*	**I promised** [ai pra:məsd]
to arrive	[tu: əraiv]	*llegar*	**I arrived** [ai əraivd]
to phone	[tu: fəun]	*llamar por teléfono*	**I phoned** [ai fəund]
year	[iir]	*año*	
month	[mɛnθ]	*mes*	
April	[eiprəl]	*abril*	
summer	[sɐmər]	*verano*	
home	[həum]	*casa*	
afternoon	[æftərnu:n]	*tarde*	
restaurant	[restəra:nt]	*restaurante*	
table	[teibəl]	*mesa*	
office	[a:fəs]	*oficina*	
phone call	[fəun ko:l]	*llamada telefónica*	
last	[læst]	*último(a)*	
for	[fo:r]	*para, por; durante*	
during	[duriŋ]	*durante*	
from ... to	[fra:m tu:]	*de, desde ... hasta, de... hacia*	

A 2 APLICACIÓN [◀ CD]

1. Last year I decided to study English.
2. I stayed (for) two weeks in London last month.
3. I worked in the United States from 1992 (nineteen ninety two) to 1997 (nineteen ninety seven).
4. I studied Italian for a month during the summer.
5. He stayed in Mexico too.
6. They decided to help Bob in March.
7. Last April you promised to visit Jeff and Ann.
8. We reached Washington in the evening.
9. She arrived home early in the afternoon.
10. He called the restaurant and booked a table for two.
11. She phoned Jeff from her office.
12. He answered Ann's phone call from his office.

A 3 OBSERVACIONES

■ El pretérito simple es uno de los tres tiempos del pasado en inglés *(ver Lecciones 26, 31 y 40; recuerde que en español hay seis tiempos del pretérito).* Este tiempo puede corresponder al pretérito simple del español *(amé)* y, en algunos casos, al copretérito *(amaba).* Para formarlo, sólo añada la terminación **–ed** a la mayor parte de los verbos regulares o la terminación **-d** si el verbo termina en **e**, por ej.: **to decide** [tu: di**s**aid]: **I decided** [di**s**aidəd], *(yo) decidí.*

■ Esta construcción en **-ed** es idéntica para todas las personas gramaticales; no se aplica al gran número de verbos irregulares *(ver páginas siguientes: B1, B 2, B 3).* El pretérito simple, de uso muy frecuente, indica una acción terminada:

I visited Washington in 1996.   *Visité Washington en 1996.*

■ **Last:** no debe ponerse artículo determinado cuando el adjetivo **last** precede a **week, month, year** o bien, a los días de la semana, salvo si se dice: **the last week of my holidays**, *la última semana de mis vacaciones.*

■ **His, her:** el adjetivo posesivo singular debe estar en concordancia con el sujeto poseedor.

· **Betty:**	*su bicicleta*	*su perro*	*sus amigos*
	her bicycle	**her dog**	**her friends**
· **John:**	*su bicicleta*	*su perro*	*sus amigos*
	his bicycle	**his dog**	**his friends**

A 4 TRADUCCIÓN

1. El año pasado decidí estudiar inglés.
2. Me quedé (por) dos semanas en Londres el mes pasado.
3. Trabajé en los Estados Unidos de Norteamérica de 1992 a 1997.
4. Estudié italiano durante un mes en el verano.
5. Él también se quedó en México.
6. Ellos decidieron ayudar a Bob en marzo.
7. En abril pasado prometiste visitar a Jeff y Ann.
8. Llegamos a Washington al anochecer.
9. Ella llegó a casa temprano por la tarde.
10. Él llamó al restaurante y reservó una mesa para dos.
11. Ella llamó a Jeff desde su oficina.
12. Él respondió desde su oficina a la llamada telefónica de Ann.

B 1 PRESENTACIÓN

■ El pretérito de los verbos irregulares se forma de manera especial en cada caso y es igual para todas las personas gramaticales.
Por ej.:

· **to tell** [tu: tel] *decir, contar:* **I told** [ai təuld] *dije,* **we told** [təuld] *dijimos.*

· **to sell** [tu: sel] *vender:* **I sold** [ai səuld] *vendí,* **they sold** [səuld] *vendieron.*

· **to know** [tu: nəu] *saber, conocer:* **I knew** [ai nu:] *supe,* **she knew** [nu:] *ella supo.*

El pretérito de **to be** tiene dos formas: **I (he, she, it) was** [wa:z]. **We (you, they) were** [we:r].
El pretérito de **to have** tiene sólo una forma: **I (you, he, she, it, we, you, they) had.**

answer	[ænsər]	*respuesta*
a story	[ə stoːri]	*una historia, un cuento*
as	[æz]	*cuando, como*
parents	[perəntz]	*padres*
somebody	[sʌmbaːdi]	*alguien*
someone	[sʌmwɛn]	*alguien*
very well	[veri wel]	*muy bien*
Peru	[pəruː]	*Perú*

B 2 APLICACIÓN [◀ CD]

1. He told Peter to come.
2. They sold me a radio set.
3. I knew the answer very well.
4. She drove me to the station last night.
5. We met John's parents yesterday.
6. I was very glad to meet you.
7. They were in Peru last year.
8. We drank several whiskeys.
9. He told us an interesting story.
10. I saw Charles last month.
11. He phoned as we were leaving.
12. I was reading when he came and invited me to dinner.

B 3 OBSERVACIONES

■ **She told me**. La forma **told** [təuld] es el pretérito del verbo **to tell**. Al igual que todos los verbos indicados en el apartado B 1, **to tell** es irregular. En éstos, el pasado no se obtiene agregando **–ed**; en cada caso la construcción es diferente y debe aprenderse de memoria. La misma forma se utiliza para todas las personas gramaticales:

to tell [tu: tel], *decir, contar* ⇨ **I (you, he, she, we, you, they) told** [təuld], *dije.*

■ Como se vio en A 3, el pretérito simple es muy común en inglés. Normalmente corresponde al pretérito simple del español, pues ambos describen un hecho pasado que se puede ubicar en el tiempo:

Ayer encontré a Paul.   **I met Paul yesterday.**

■ <u>Pretérito</u> de **to be**:   **I (he, she, it) was** [wɑ:z].

                        We (you, they) were [we:r].

■ <u>Pretérito progresivo</u>: **was/were** + verbo con terminación **-ing** corresponde al copretérito del español.

I was sleeping. *Yo dormía*   **I was reading.** *Yo leía.*

B 4 TRADUCCIÓN

1. Él le dijo a Peter que viniera.
2. Me vendieron un aparato de radio.
3. Yo sabía muy bien la respuesta.
4. Ella me condujo a la estación anoche.
5. Conocimos a los padres de John ayer.
6. Me dio mucho gusto conocerte.
7. Estuvieron en Perú el año pasado.
8. Bebimos varios whiskys.
9. Él nos contó una historia interesante.
10. Vi a Carlos el mes pasado.
11. Él llamó cuando nos estábamos yendo.
12. Yo estaba leyendo cuando él vino y me invitó a cenar.

C 1   EJERCICIOS

A. Cambie a pretérito simple.
1. She tells me to study.
2. They promise to help me.
3. You sell me a car.
4. We eat at nine p.m.
5. I find an interesting restaurant.

B. Cambie a pretérito progresivo. [◀ CD]
1. He is working in Peru.
2. She is reading a new book.
3. She is studying.
4. You are waiting for Jane.
5. They are drinking wine.

C. Adjetivos posesivos: traduzca.
1. Él vendió su automóvil ayer.
2. Ella vendió su automóvil el mes pasado.
3. Ella me invitó a su restaurante la semana pasada.
4. Él me dio sus sellos (o estampillas).
5. Ella me dio sus discos.

C 2   RESPUESTAS

A.
1. She told me to study.
2. They promised to help me.
3. You sold me a car.
4. We ate at nine p.m.
5. I found an interesting restaurant.

B.
1. He was working in Peru.
2. She was reading a new book.
3. She was studying.
4. You were waiting for Jane.
5. They were drinking wine.

C.
1. He sold his car yesterday.
2. She sold her car last month.
3. She invited me to her restaurant last week.
4. He gave me his stamps.
5. She gave me her records.

C 3   TRADUCCIÓN DE *HACE... (TIEMPO)*

■ Cuando *hace... (tiempo)* significa *antes, anteriormente* se traduce como **ago** [əgəue], y se coloca después de la palabra o frase que expresa el tiempo. El verbo siempre se escribe en pretérito.

Hace una hora yo estaba con Jim.	**I was with Jim an hour** *ago.*
Ella salió de casa hace tres días.	**She left home three days** *ago.*
Él vendió su automóvil hace dos semanas.	**He sold his car two weeks** *ago.*
Hace un año trabajaban en Estados Unidos de Norteamérica.	**A year** *ago* **they were working in the United States.**

C 4 LAS CIUDADES ESTADOUNIDENSES

La mayor parte de los estadounidenses vive en zonas urbanas, ya sea en ciudades pequeñas, medianas o francamente enormes. El éxodo de gente del campo hacia las ciudades se dio principalmente en el periodo entre las dos guerras mundiales.

La ciudad pequeña encarna el ideal de vida del **American way of life** [əmərəkən wei a:v laif], *el estilo de vida estadounidense*. Lugar favorito de los miembros de la clase media, figura como escenario predilecto de numerosas obras literarias, cinematográficas y televisivas. En las pequeñas ciudades de EU todos se conocen, se encuentran en la iglesia, en la oficina de correo, en la tienda y en el banco. Además, cada ciudad cuenta con un *periódico local* (**local newspaper** [ləukəl nu:zpeipər]), órgano básico de comunicación entre los pobladores.

Por su parte, las grandes ciudades suelen ser muy similares entre sí, con sus rascacielos, calles en ángulo, taxis, suburbios, centros comerciales y un agitado *centro de la ciudad* (**downtown** [dauntaun]). Sin embargo, aunque todas las ciudades estadounidenses comparten rasgos comunes, algunas se distinguen por méritos propios. Por ejemplo, Boston es la más europea; Washington es la capital de los monumentos y de las grandes avenidas bordeadas de árboles; Nueva Orleans destaca por su barrio francés; Nueva York y la isla de Manhattan se caracterizan por sus incontables rascacielos; San Francisco es la ciudad de las colinas y del majestuoso puente colgante, el **Golden Gate Bridge**.

■ DOWNTOWN

Los barrios centrales de las grandes urbes (San Francisco, Nueva York, Los Ángeles, Washington y Nueva York, entre otras) ofrecen múltiples opciones culturales y de esparcimiento como monumentos de interés, museos, salas de exposición, parques y jardines, teatros, bibliotecas y grandes almacenes. Además, por las noches el **downtown** promete diversión variada a los visitantes. En contraste, las ciudades medianas y pequeñas suelen carecer de vida nocturna intensa.

En cuanto al transporte, la planeación urbana estadounidense permite que se pueda circular incluso en el centro de las ciudades. Por las mañanas y cuando cae la noche, las vías periféricas normalmente se sobrecargan con el creciente número de empleados que vive en los suburbios.

D 1 HE WANTS TO FIND A HOUSE [◀ CD]

Patricia: Do you know Mike Collins? He called me yesterday.
Margaret: Yes, I met him two years ago. When we met he was working for a big firm in Peru.
Patricia: He is now working for a Mexican firm. He came home last month. He's now staying at a hotel, but he wants to find a house for Margaret and the kids. He is a very good friend and we want to help him.
Margaret: Do you have his phone number? I want to help him too.
Patricia: Yes, here it is. He is at his office from two to five every afternoon. Do you want to see him tonight? He is coming home for dinner. Are you free? You're invited too, of course.

D 2 VIDA COTIDIANA · CIUDADES

La mayor parte de las ciudades estadounidenses cuenta con transporte público: autobuses, taxis y algunas veces, tranvías (como en San Francisco o Nueva Orleans) o tren subterráneo (Nueva York, Washington, Atlanta). También cuentan con líneas suburbanas que rodean los centros urbanos, si bien éstas suelen estar atestadas durante las horas de mayor afluencia de automóviles. Los taxis se identifican por su color, por ejemplo, los taxis amarillos se han convertido en símbolo de la ciudad de Nueva York.

En general, los taxistas se detienen cuando se les solicita (levantando la mano y/o llamándoles).

Como en todas las grandes ciudades, conviene tener cuidado al cruzar las calles, pues no puede confiarse en que los automovilistas respeten las señales de tránsito. Es recomendable esperar la luz roja del semáforo y cruzar la calle en las zonas claramente marcadas para peatones (normalmente en las esquinas) pues hacerlo en otro lugar puede constituir un delito.

■ Las siglas **NASA** significan **National Aeronautics and Space Administration**, *Administración Nacional de la Aeronaútica y el Espacio.* Se trata del organismo estadounidense encargado de dirigir las investigaciones espaciales civiles.

D 3 ÉL QUIERE ENCONTRAR UNA CASA

Patricia: ¿Conoces a Mike Collins? Me llamó ayer.

Margaret: Sí, lo conocí hace dos años. Cuando nos conocimos, él trabajaba para una compañía en Perú.

Patricia: Ahora trabaja para una empresa mexicana. Vino a casa el mes pasado. Ahora se está hospedando en un hotel, pero quiere encontrar una casa para Margaret y los niños. Es un muy buen amigo y queremos ayudarlo.

Margaret: ¿Tienes su número telefónico? Yo también quiero ayudarlo.

Patricia: Sí, aquí está. Él está en su oficina de dos a cinco todas las tardes. ¿Quieres verlo esta noche? Vendrá a cenar a casa. ¿Estás libre? Tú también estás invitada, por supuesto.

D 4 VIDA COTIDIANA · CIUDADES

En los Estados Unidos de Norteamérica hay muchas metrópolis regionales que crecen y se extienden gracias a una actividad particular. Por otro lado, las capitales administrativas de los estados suelen ser ciudades pequeñas poco conocidas y, en cambio, otras ciudades del estado son famosas a nivel internacional. Muchas veces, las metrópolis tienen sobrenombres que se emplean con frecuencia: **Big Apple** para Nueva York, **City on Wheels** para Los Ángeles, **Windy City** para Chicago, **Fun City** para Las Vegas y **Twin Cities** para Saint-Paul y Minneapolis.

CÁPSULA CULTURAL

¿A qué se refieren las palabras **The Cloisters**?

(*respuesta en la pág. 227*)

A 1 PRESENTACIÓN

- **did** + sujeto + infinitivo: <u>forma interrogativa del pretérito para todas las personas gramaticales</u>
- **was** + sujeto en singular + gerundio ⎫ <u>forma interrogativa</u>
  were + sujeto en plural + gerundio ⎭ <u>del pretérito progresivo</u>
- **what** *qué, lo que* [hwa:t]

INFINITIVO		PRETÉRITO Y PARTICIPIO PASADO	
to win	[tu: win]	**won** [wɛn]	*ganar*
to catch	[tu: kæch]	**caught** [ko:t]	*atrapar, agarrar; tomar, pescar*
to understand	[tu: ɛndərstænd]	**understood** [ɛndərstud]	*entender, comprender*
to get	[tu: get]	**got** [ga:t]	*conseguir, obtener, comprar*
to bring	[tu: briŋ]	**brought** [bro:t]	*traer*
to say	[tu: sei]	**said** [sed]	*decir*
to accept	[tu: əksept]	**accepted** [əkseptd]	*aceptar*
match	[mæch]		*partido, juego*
train	[trein]		*tren*
photo(graph)	[fəutəgræf]		*fotografía, foto*
address	[ædres]		*dirección (de una casa, tienda, etc.)*
offer	[o:fər]		*oferta, ofrecimiento*
husband	[hɛzbənd]		*marido, esposo*
wife (pl. **wives**)	[waif; waivz]		*esposa (esposas)*
Daisy	[deizi]		*(nombre propio femenino)*
Ken	[ken]		*(nombre propio masculino)*

A 2 APLICACIÓN [◀ CD]

1. Did they win the match?
2. Did you catch the train?
3. Did you understand what he said?
4. Did you like my photographs?
5. Did she bring her daughter?
6. Did he give you George's address?
7. Did they accept Mike's offer?
8. Did you get what you wanted?
9. Did you know Daisy's husband?
10. Did you meet Ken's wife?
11. Was she working when you arrived?

A 3 OBSERVACIONES

■ **Did you understand...?** ¿*Entendiste...?*

La interrogación en pretérito simple se obtiene con el auxiliar **did**, pretérito de **do** (*consulte las lecciones 9 y 12, A 3*). **Did** se emplea para todas las personas, tanto con verbos regulares como irregulares.

> **did** + sujeto + infinitivo ?

Did Canada win the match last year?
¿*Canadá ganó el partido el año pasado?*
Did you accept Bob's offer?
¿*Aceptaste la oferta de Bob?*
Recuerde: el pretérito describe una acción pasada, terminada y que puede fecharse.

■ **Was she working?** ¿*Estaba ella trabajando?*

La forma interrogativa del pretérito progresivo (*Lección 14, B 3*) se obtiene intercalando el sujeto entre el pretérito del verbo **to be** (es decir, **was/were**) y el gerundio (terminación en **ing**).
Were you traveling in the United States last year?
¿*Estaban viajando por Estados Unidos de Norteamérica el año pasado?*

■ **What:** *qué, lo que.* Este pronombre puede funcionar como:

• complemento u objeto: **Tell me what you want.** *Dime qué quieres.*

• sujeto: **What was said is interesting.** *Lo que se dijo es interesante.*

A 4 TRADUCCIÓN

1. ¿Ganaron ellos el partido?
2. ¿Alcanzaste el tren? (*o* tomaste)
3. ¿Entendiste lo que él dijo?
4. ¿Te gustaron mis fotografías?
5. ¿Trajo ella a su hija?
6. ¿Te dio él la dirección de George?
7. ¿Aceptaron la oferta de Mike?
8. ¿Conseguiste lo que querías?
9. ¿Conocías al esposo de Daisy?
10. ¿Conociste a la esposa de Ken?
11. ¿Estaba ella trabajando cuando llegaste?

B 1 PRESENTACIÓN

- sujeto + **did not** + infinitivo <u>forma negativa del pretérito simple para todas las personas gramaticales</u>

- sujeto + **was not** + gerundio
  sujeto + **were not** + gerundio } <u>forma negativa del pretérito progresivo</u>

- **did not** se contrae **didn't** [didnt]

- **was not** se contrae **wasn't** [wa:znt] · **were not** se contrae **weren't** [we:rnt]

to lose	[tu: lu:z]	**lost** [lo:st]	*perder*
to think	[tu: θiŋk]	**thought** [θo:t]	*pensar*
to expect	[tu: ikspekt]	*suponer, esperar; anticipar*	
to happen	[tu: hæpən]	*suceder*	
to explain	[tu: iksplein]	*explicar*	
to carry	[tu: kæri]	*llevar, tener*	
bet	[bet]	*apuesta*	
to have, make	[tu: hæv, meik,	*hacer una apuesta,*	
o place a bet	pleis ə bet]	*apostar*	
game	[geim]	*juego, partido*	
victory	[viktəri]	*victoria*	
usual	[iu:shuəl]	*común, habitual, de costumbre*	
unusual	[ʌniu:shuəl]	*inusual, poco corriente*	
so	[səu]	*así; tan, tanto*	
race	[reis]	*carrera*	
first	[fe:rst]	*primero(a)*	
hard	[ha:rd]	*duro, difícil*	

B 2 APLICACIÓN [◀ CD]

1. They did not win the game.
2. I did not expect Denver's victory.
3. I did not lose, because I did not have a bet.
4. He did not win the first race.
5. He did not accept Barbara's offer.
6. She did not think you were sick.
7. We did not think it was so hard.
8. You did not understand what happened.
9. They explained it to me but I didn't understand.
10. She was not carrying her usual bag.
11. We were not expecting Robert so soon.

B 3 OBSERVACIONES

■ **I did not understand.** *No entendí.*

En el pretérito llamado simple (estudiado en la lección anterior), la negación para todas las personas gramaticales se obtiene con esta fórmula:

> **did not** + infinitivo

Esto funciona tanto para verbos regulares como para irregulares.
Por ej.:

She did not understand.	*Ella no entendió.*
I did not accept.	*No acepté.*
We did not lose.	*No perdimos.*

Observe que esto corresponde al pretérito simple del español.

■ **She was not carrying her usual bag,** *ella no llevaba su bolso habitual.*

La forma negativa del pretérito progresivo (*ver Lección 14, B 3*) se obtiene intercalando la negación **not** entre el verbo **was/were** y el gerundio.
Recuerde que, en inglés, el pretérito progresivo describe una acción que <u>estaba sucediendo;</u> este tiempo verbal puede corresponder al copretérito o al gerundio del español.

■ <u>Para el pretérito regular de los verbos terminados en</u> **-y** hay dos casos:
1) **-y** precedida de una vocal → se la añade la terminación **-ed.**
Por ejemplo: **to play → played** [pleid].
2) **-y** predecida de una consonante → se quita la **y** y se le añade la terminación **-ied.**
Por ejemplo: **to carry → carried** [kærid].

■ Recuerde: **what happened** significa *lo que pasó;* el pronombre **what** funciona como sujeto.

B 4 TRADUCCIÓN

1. Ellos no ganaron el juego.
2. Yo no esperaba la victoria de Denver.
3. No perdí, porque no había hecho una apuesta.
4. Él no ganó la primera carrera.
5. Él no aceptó la oferta de Bárbara.
6. Ella no pensó que estabas enfermo.
7. No pensamos que fuera tan difícil.
8. No entendiste lo que pasó.
9. Ellos me lo explicaron pero no entendí.
10. Ella no llevaba su bolso habitual.
11. No esperábamos a Robert tan pronto.

C 1 EJERCICIOS

A. Ponga en forma interrogativa. [◀ CD]
1. You brought a bicycle
   with you.
2. She caught her train.
3. He lost his watch.
4. They thought the match was
   interesting.

B. Ponga en forma negativa. [◀ CD]
1. He knew Susan's
   surname.
2. The United States
   won the first game.
3. She carried her bag.
4. You met Ken's wife at the station.

C. Traduzca al inglés.
1. Ellos no entendieron
   lo que expliqué.
2. Lo que pasó ayer es inusual.
3. No pensé que fuera tan difícil.
4. ¿Aceptó usted lo que él le ofreció?

C 2 RESPUESTAS

A.
1. Did you bring a bicycle
   with you?
2. Did she catch her train?
3. Did he lose his watch?
4. Did they think the match was
   interesting?

B.
1. He didn't know Susan's
   surname.
2. The United States did not
   win the first game.
3. She did not carry her bag.
4. You did not meet Ken's wife at the
   station.

C.
1. They did not understand
   what I explained.
2. What happened yesterday
   is unusual.
3. I did not think it was so hard.
4. Did you accept what he offered
   you?

C 3 EJERCICIOS DE PRONUNCIACIÓN

■ Pronuncie
[o:]

I brought it with me.	[ai bro:t it wið mi:]
I caught it.	[ai ko:t it]
I accepted the offer.	[ai ək**sept**d ði o:fər]
She explained what she wanted.	[shi: iks**pleind** hwa:t shi: wo:ntd]

C 4 EL JUEGO

■ El *juego*, [**gæm**bliŋ] y las *apuestas,* **betting** [betiŋ] son pasatiempos que los estadounidenses aprecian de manera particular.

■ A pesar de un cierto puritanismo, un alto porcentaje de estadounidenses se entrega a la pasión del juego. En principio, en 1931 sólo el estado de Nevada recibió la autorización de ofrecer todos los juegos de azar los doce meses del año, las veinticuatro horas del día, es decir, **round-the-clock** [raund də kla:k]. Así, Las Vegas se convirtió en la capital mundial del juego. Junto con la ciudad de Reno, Las Vegas creció en los años cuarenta bajo la protección oculta de miembros destacados de la mafia. En parte, su florecimiento se debió a la cercanía del rico estado de California. Algunos de los casinos más famosos de Las Vegas son el Caesar's Palace, the Golden Nugget, the Mirage y the Excalibur; cada uno de ellos cuenta con salas de juego, restaurantes, salas de espectáculos y grandes hoteles.

■ Posteriormente, en Atlantic City, estado de Nueva Jersey, se permitió el funcionamiento de casinos, usualmente frecuentados por jugadores del este del país. Por su parte, en Deadwood, Dakota del Sur, también se autorizó la apertura de este tipo de establecimientos. En años recientes, algunos estados han abierto la puerta a salones de juego, concibiéndolos como un medio para aumentar sus ingresos fiscales. Esta práctica se está volviendo más y más común, pues se busca impedir que los jugadores vayan a dejar su dinero a los estados vecinos. Actualmente, alrededor de 30 estados autorizan el **bingo** [biŋgəu] o **keno** [kenəu], especie de lotería y otros cuentan con **state lotteries** [steit la:təriz], *loterías estatales,* las cuales no suelen entregar a los ganadores el dinero de los premios de una sola vez, sino en periodos que van de los 10 hasta los 20 años.

■ Muchos casinos y salones se encuentran integrados a inmensos hoteles con varios miles de habitaciones. En ellos se arriesgan millones de dólares y muchas veces se pierden en las loterías, ruletas y *máquinas tragamonedas,* **slot machines** [sla:t məshi:nz] llamadas también *"bandidos mancos",* **one-armed bandits**, en alusión a la palanca con la que se les acciona.

D 1   DID YOU WIN? [◀ CD]

Steve: Did you see the game on TV yesterday?

Tom: Yes. I didn't expect Florida to win the game.

Steve: I was surprised too. I think it was an interesting game, but I don't understand what happened. It's hard to explain Florida's victory. I don't think they played very well.

Tom: Did you go to the races last Saturday?

Steve: No. I was sick. I had a cold and stayed at home.

Tom: But didn't you have a bet?

Steve: Yes, I did, but I lost.

Tom: So you weren't as lucky as last week.

Steve: Last week was very unusual. You see, I don't win very often. And you know, I didn't get a lot of money.

D 2   VIDA COTIDIANA · NAIPES O BARAJA

♣ club	[klɐb]	*trébol*
♦ diamond	[**dai**əmənd]	*diamante*
♥ heart	[ha:rt]	*corazón*
♠ spade	[speid]	*espada, pique*
the ace	[ði eis]	*el as*
the king	[ðə kiŋ]	*el rey*
the queen	[ðə kwi:n]	*la reina*
the jack	[ðə dʒæk]	*la jota o sota*
a trump	[ə trɐmp]	*un triunfo*
to cheat	[tu: chi:t]	*engañar, hacer trampa*
to cut	[tu: kɐt]	*cortar, partir*
to deal	[tu: di:l]	*dar, repartir (la baraja)*
to lose	[tu: lu:z]	*perder*
to win	[tu: win]	*ganar*

D 3 ¿GANASTE?

Steve: ¿Viste ayer el partido en la tele?

Tom: Sí. No esperaba que Florida ganara el juego.

Steve: Yo también me sorprendí. Creo que fue un juego interesante, pero no entiendo lo que pasó. Es difícil explicar el triunfo de Florida. No creo que hayan jugado muy bien.

Tom: ¿Fuiste a las carreras el sábado pasado?

Steve: No. Estaba enfermo. Tenía un resfrío y me quedé en casa.

Tom: Pero, ¿no tenías una apuesta?

Steve: Sí, tenía una, pero perdí.

Tom: Así que no fuiste tan afortunado como la semana pasada.

Steve: La semana pasada fue poco común. Verás, no gano con frecuencia. Y, sabes, no recibí mucho dinero.

D 4   VIDA COTIDIANA

EL BINGO

El **bingo** [biŋgɔu] es un juego muy popular en los Estados Unidos de Norteamérica; sus reglas son bastante sencillas. Cada jugador recibe una tarjeta sobre la cual están escritos varios números. El animador del juego saca al azar varios números de un recipiente y los lee en voz alta; cada participante debe cruzar o tachar los números que coincidan con los que tiene en su tarjeta. Cuando un jugador cruza todos los números de su tarjeta, es el ganador. En el bingo pueden obtenerse grandes ganancias habiendo invertido poco dinero en la apuesta.

CÁPSULA CULTURAL

¿A qué se refiere la expresión **"'canned' laugh"**, *risa "enlatada"*? (*respuesta en la pág. 161*)

A 1   PRESENTACIÓN

- Futuro afirmativo: sujeto + **will/shall** o la contracción **'ll** + infinitivo

I'll [ail] **come.** *Vendré.*

- Futuro interrogativo: **will/shall** + sujeto + infinitivo ?

Will you come? *¿Vendrás?*

- Contracciones en tiempo futuro:

I shall, I will	⇨	**I'll**	[ail]	**it will**	⇨	**it'll**	[itl]
you will	⇨	**you'll**	[iu:l]	**we shall,**	⇨	**we'll**	[wi:l]
he will	⇨	**he'll**	[hi:l]	**we will**			
she will	⇨	**she'll**	[hi:l]	**they will**	⇨	**they'll**	[ðeil]

- **mine** se traduce *mío(a), míos(as)*. Es el pronombre posesivo de la primera persona del singular.

to be better	[tu: bi: betər]	*estar mejor, ser mejor*
to send	[tu: send]	*enviar, mandar*
to lend	[tu: lend]	*prestar*
to borrow	[tu: ba:rəu]	*pedir o tomar prestado*
to do	[tu du:]	*hacer*
to listen (to)	[tu: lisn tu:]	*escuchar*
to open	[tu: əupən]	*abrir*
to close	[tu: kləus]	*cerrar*
shopping	[sha:piŋ]	*compras, hacer (las) compras*
exhibition	[eksəbishən]	*exhibición, exposición*
window	[windəu]	*ventana*
door	[do:r]	*puerta*
there	[ðer]	*ahí, allí, allá*

A 2   APLICACIÓN [◀ CD]

1. You'll be better tomorrow.
2. He'll send it to Janet.
3. I'll lend you mine.
4. She'll get a good job.
5. I'll borrow John's car.
6. He'll visit the exhibition.
7. We'll listen to Jim's CDs.
8. Will you do it for me?
9. Will you open the window, please?
10. Will you close the door, please?
11. Will you be there?
12. Shall I do it now?

A 3 OBSERVACIONES

■ El futuro se forma con los auxiliares **shall** y **will** + infinitivo (sin la partícula **to**).

- En principio, se debe emplear:

> **will** para la segunda y tercera personas del singular y plural.

Por ej.: **you will come**, *vendrás*   **she will come**, *ella vendrá*   **they will come**, *ellos vendrán*

> **shall** para la primera persona tanto del singular como del plural.

Por ej.: **I shall come**, *vendré*   **we shall come**, *vendremos*

En EU, el uso de **shall** se limita a situaciones formales y, por tanto, se usa muy poco.

- Sin embargo, especialmente en EU, <u>will tiende a ser más y más usado, incluso para la primera persona</u>. Por ej.: **I will come**, *vendré*. De cualquier modo, la contracción **'ll** es la misma tanto para **shall** como para **will**: **I'll** [ail] **come**, **she'll** [shi:l] **come**, **we'll** [wi:l] **come**, etc.

■ **Shall I do it now?** *¿Debo hacerlo ahora?*

En la forma interrogativa, **shall** expresa la idea de obligación.

■ **Will you open the window?** *¿Puede usted abrir la ventana?*

En la forma interrogativa, **will** sirve para pedir algo de manera cortés.

■ **mine:** *mío(a), míos(as)*.

Los pronombres posesivos son invariables en género (salvo en la tercera persona del singular) y en número. A diferencia del español, donde pueden o no ir acompañados de artículo, en inglés los pronombres nunca van precedidos de un artículo determinado o definido (*lo, el, la, los, las*).

El pronombre posesivo **mine** se emplea como atributo del verbo *ser* o *estar,* **to be mine** = *ser mío*. **This book is mine.** *Este libro es mío.*

A 4 TRADUCCIÓN

1. Mañana estarás mejor.
2. Él lo enviará a Janet.
3. Te prestaré el mío.
4. Ella conseguirá un buen trabajo.
5. Pediré prestado el auto de John.
6. Él visitará la exposición.
7. Escucharemos los discos compactos de Jim.
8. ¿Lo harás por mí?
9. ¿Puede usted abrir la ventana, por favor?
10. ¿Puedes cerrar la puerta, por favor?
11. ¿Estarás ahí?
12. ¿Debo hacerlo ahora?

B 1   PRESENTACIÓN

· <u>Futuro negativo:</u>   sujeto + **will not** o **won't** [wəunt]

          sujeto + **shall not** o **shan't** [ʃænt]

He won't come.   *Él no vendrá.*
We shan't come.   *No vendremos.*

· <u>Futuro interrogativo negativo:</u> **won't** o **shan't** + sujeto + verbo?

Won't you come? *¿No vendrás?*

· **us** *nos:* pronombre personal que funciona como objeto y término de complemento de la primera persona del plural.

· **him** *lo, le:* pronombre personal que funciona como objeto y término de complemento de la tercera persona del singular masculino.

to start	[tu: staːrt]	*comenzar, empezar*
to join	[tu: dʒoin]	*unir, juntarse*
to agree	[tu: əgriː]	*estar de acuerdo*
to hope	[tu: həup]	*desear, esperar, tener esperanza*
to believe	[tu: bəliːv]	*creer*
to cooperate	[tu: kəuaːpəreit]	*cooperar*
to attend	[tu: ətend]	*asistir a*
Christmas, Xmas	[krisməs]	*Navidad*
meeting	[miːtiŋ]	*reunión*
in time	[in taim]	*a tiempo*
for a while	[foːr ə hwail]	*por un momento, por un tiempo*
never	[nevər]	*nunca*
again	[əgen]	*otra vez, de nuevo*
too	[tuː]	*demasiado; también*

B 2   APLICACIÓN [◀ CD]

1. You won't catch the train if you don't leave in time.
2. Won't you join us?
3. I know you won't agree.
4. I shan't see him for a while.
5. They won't be with us for Christmas.
6. I hope it will never happen again.
7. They will not believe you.
8. Won't they cooperate?
9. She shan't attend the meeting.
10. She won't attend the meeting.
11. You won't wait too long.
12. They won't agree with us.

B 3   OBSERVACIONES

■ El <u>futuro negativo</u> se obtiene añadiendo **not** a los verbos auxiliares **shall** o **will** + infinitivo (sin la partícula **to**).

> **shall not** se contrae **shan't** [shænt]
> **will not** se contrae **won't** [wɔunt]

■ **Won't** puede usarse con todas las personas gramaticales.
I won't come tonight.   *No vendré esta noche.*
You won't wait too long. *No esperarás demasiado tiempo.*

■ Usado con la segunda y tercera personas, **shan't** puede expresar una actitud o decisión del hablante con respecto a la persona de la cual está hablando.

• Así, cuando John dice respecto de Patricia: **she shan't attend the meeting,** *ella no asistirá a la reunión,* en realidad da a entender que él (John) se opone a la presencia de ella en la reunión.

• Por el contrario, en la frase **she won't attend the meeting,** *ella no asistirá a la reunión,* el énfasis está en el hecho de que ella no tiene intención de ir.

■ En el caso de la interrogación negativa, la forma **won't** es la que se usa con más frecuencia: **Won't you come?** *¿No vas a venir?*

■ <u>Pronombres personales que funcionan como objeto y término de complemento:</u>

me	*me, mí*	**it**	*lo, la, le; ello*
you	*ti, te; ustedes*	**us**	*nos, nosotros, nosotras*
him	*lo, le; él*	**them**	*los, las, les; ellos, ellas*
her	*la, le; ella*		

B 4   TRADUCCIÓN

1. No alcanzarás el tren si no sales a tiempo.
2. ¿No te unirás a nosotros?
3. Sé que no estarás de acuerdo.
4. No lo veré por un tiempo.
5. Ellos no estarán con nosotros en Navidad.
6. Espero que nunca vuelva a suceder.
7. Ellos no te creerán.
8. ¿Ellos no cooperarán?
9. Ella no asistirá a la reunión. (no quiero que vaya)
10. Ella no asistirá a la reunión. (ella no quiere ir)
11. No esperarás demasiado tiempo.
12. Ellos no estarán de acuerdo con nosotros.

C 1 EJERCICIOS

A. Ponga en tiempo futuro. [◀ CD]
1. I visit the exhibition.
2. She is there.
3. We are in Mexico.
4. They believe you.

B. Ponga en forma de contracción. [◀ CD]
1. I shall arrive at 10 p.m.
2. I will join you.
3. He will stay with us.
4. She shall study her lesson.
5. We shall lend you a car.
6. You will get a new job.

C. Ponga en forma de contracción.
1. I shall not arrive in time.
2. He will not bring his car.
3. We shall not win this match.
4. I will not answer that question.
5. You will not stay in Canada.
6. They will not accept this offer.

C 2 RESPUESTAS

A.
1. I shall (*o* I will) visit the exhibition.
2. She will be there.
3. We shall (*o* we will) be in Mexico.
4. They will believe you.

B.
1. I'll arrive at 10 p.m.
2. I'll join you.
3. He'll stay with us.
4. She'll study her lesson.
5. We'll lend you a car.
6. You'll get a new job.

C.
1. I shan't arrive in time.
2. He won't bring his car.
3. We shan't win this match.
4. I won't answer that question.
5. You won't stay in Canada.
6. They won't accept this offer.

C 3 FUTURO PRÓXIMO

■ Futuro inmediato o próximo

· En español, para indicar un futuro inmediato o cercano a veces se emplea el verbo *ir*. Por ejemplo: *voy a salir, el tren va a partir, va a llover*, etc.

· En inglés, para expresar una acción de futuro cercano pueden usarse construcciones como **to be about to** *(indica una acción inminente)*. Por ejemplo: **the train is about to leave**, *el tren va a partir (está a punto de partir)*. También existe la expresión **to be going to**, que indica la intención de hacer algo en un futuro próximo, o la seguridad de que algo va a suceder. Por ejemplo: **it's going to rain,** *va a llover;* **she is going to buy a house**, *ella va a comprar una casa.*

C 4 EL DÓLAR

■ La moneda de *curso legal* (**legal tender** [li:gəl tendər]) de los Estados Unidos de Norteamérica es el dólar. Cada billete lleva en el frente o anverso la frase: "**this note is legal tender for all debts, public or private**", *este billete es de curso legal para (pagar) todo tipo de deudas, públicas o privadas.* En el reverso se lee: "**In God we trust**", *confiamos en Dios.* El dólar estadounidense es frecuentemente representado con el símbolo $ o US $ y su abreviatura internacional es **USD.** Conviene recordar que "dólar" es también el nombre de la moneda de muchos otros países, entre ellos Canadá, Australia y Hong Kong.

■ El dólar se divide en 100 *centavos* (**cents** [sentz]), cuya abreviatura es **c.** Existe una moneda de cobre de 1 centavo, comúnmente llamada **penny** [peni]. También se cuenta con monedas de varias denominaciones hechas en metal plateado, cada una de las cuales tiene su propio nombre: 5 centavos = **nickel** [nikəl] (se refiere al metal de que está hecha); 10 c.= **dime** [daim] (un *décimo); 25 c. = **quarter** [kwo:rtər] (un *cuarto); 50 c. = **half-dollar** [hæf- da:lər] (*medio dólar).* Asimismo existe una moneda de plata de un dólar.

Los *billetes* (**bills** [bilz]) son todos de color verde y existen en las siguientes denominaciones: de 1, 2, 5, 10, 20, 50, 100, 500 y hasta 1 000 dólares. Cada uno lleva impresa la imagen de algún presidente de la nación.

■ De manera informal, el dólar recibe el nombre de **greenback** [gri:nbæk], *espalda verde,* por su característico color, famoso en todo el mundo. Junto con la palabra **buck** [bɐk], sumamente familiar e informal, la expresión **greenback** es usada por los medios de comunicación y por la población en general. Para referirse al billete (o a la suma) de mil dólares, se emplea el término invariable **grand.**

■ Dado que desde 1971 el valor del dólar dejó de estar sometido a su convertibilidad en oro, su *tipo* o *tasa de cambio* (**rate of exchange** [reit a:v ikscheindʒ]) puede fluctuar de manera importante. A falta de un banco central, el **Federal Reserve Board** o **The Fed** actúa como organismo regulador de la moneda estadounidense y decide la política monetaria del país. *(ver Lección 17, C 4).*

D 1 CHRISTMAS SHOPPING [◀ CD]

Susan: Are you going to attend the meeting tomorrow?
Charles: Yes, I think I will[1]. Will you be there?
Susan: Yes, I promised to[2]. I only hope it's not going to be too long. I have to catch a train at 6.
Charles: I'll leave early too. I want to drive to Texas for the weekend.
Susan: Are you going to San Antonio?
Charles: No, we won't have time to go. We'll stay in Dallas at a small hotel I know. My wife wants to do her Christmas shopping, so we'll be there on Saturday.
Susan: I hope you have a good time.

[1] observe el uso del auxiliar de tiempo futuro en las respuestas cortas.
[2] note la presencia de **to,** que recuerda los verbos **to be** y **to go,** sobreentendidos.

D 2 VIDA COTIDIANA

LOS PANTALONES DE MEZCLILLA O BLUE-JEANS

La expresión **blue-jeans** [blu: dʒi:nz] proviene de un tipo de tela que servía para confeccionar los pantalones de mezclilla. Se trataba de un *lienzo de lona* (**canvas** [kænvəs]), tosca y de hilo de algodón, llamado "fustán de Génova". El nombre de la ciudad se transformó en el inglés **jeans**. Estas prendas son igualmente llamadas **denim** porque para su fabricación también se empleaba una tela francesa, la sarga proveniente de la ciudad "de Nîmes", lo que en francés se pronuncia "denim".

Durante la fiebre del oro en California (1848-49), un joven emigrante de Europa del Este llamado Oscar Levi Strauss tuvo la idea de traer lienzos de tela gruesa del Viejo Continente. Con ella confeccionó prendas sencillas y resistentes para quienes se lanzaban a la conquista del Oeste.

Terminados con doble costura de hilo amarillo y reforzados con remaches de cobre, los jeans *informales* (**casual** [kædʒuəl]), *deslavados* o *lavados en piedra* (**stonewashed** [stəʊnwo:sht]), *preencogidos* (**pre-shrunk** [pri:shrʊŋk]) y *de diseñador* (**designer jeans** [dizainər dʒi:nz]) han conquistado el mundo desde la década de los sesenta.

D 3 COMPRAS NAVIDEÑAS

Susan: ¿Irás a la reunión mañana?

Charles: Sí, creo que iré. ¿Estarás ahí?

Susan: Sí, lo prometí. Sólo espero que no sea demasiado larga. Debo tomar el tren a las 6.

Charles: Yo también me iré temprano. Quiero manejar hasta Texas para pasar el fin de semana.

Susan: ¿Irás a San Antonio?

Charles: No, no tendremos tiempo de ir. Nos quedaremos en Dallas en un pequeño hotel que conozco. Mi esposa quiere hacer sus compras navideñas, así que estaremos ahí el sábado.

Susan: Espero que pasen un buen momento.

D 4 VIDA COTIDIANA

DÓLAR

La palabra **dollar** viene del alemán **thaler,** moneda alemana creada bajo el reinado de Carlos V (1500-1558). Se le dio ese nombre porque era fabricada en Bohemia en un *valle,* **thal** en alemán. Los reyes austríacos, que en ese entonces dominaban España y América del Sur, mandaron acuñar ahí "táleros" de plata. La palabra se transformó en **tolar** y luego en **pillars-dollars** en referencia a los dos *pilares* grabados sobre cada moneda. Las dos líneas diagonales que atraviesan el símbolo del dólar vienen de la frase **Spanish pillar dollar,** *dólar español con pilares.*

Los primeros dólares fabricados en EU fueron acuñados en Filadelfia, en 1794.

CÁPSULA CULTURAL

¿De qué nacionalidad fue el escultor que creó la famosa Estatua de la Libertad?

(*respuesta en la pág. 202*)

A 1 PRESENTACIÓN

I can	[ai kæn]	*puedo (tengo la posibilidad o los medios para hacerlo)*
I cannot	[ai **kæn**a:t]	*no puedo*
I can't	[ai kænt]	*no puedo*
can I?	[kæn ai]	*¿puedo?*
I could	[ai kud]	*yo pude; yo podía*
I could not	[ai kud na:t]	*yo no pude; no podía*
I couldn't	[ai **kud**nt]	*yo no pude; no podía*
could I?	[kud ai]	*¿podría yo?*
your	[iur]	*tu, tus; su, sus (adjetivo posesivo de 2a. persona)*
to spell	[tu: spel]	*deletrear*
to hear	[tu: hir]	*oír*
to miss	[tu: mis]	*dejar de advertir; perder; faltar; echar de menos*
to repeat	[tu: ri**pi:**t]	*repetir*
to walk	[tu: wo:k]	*caminar*
to pass	[tu: pæs]	*pasar*
way	[wei]	*camino; manera*
name	[neim]	*nombre*
water	[wo:tər]	*agua*
hour	[aur]	*hora* (note que la **h** es muda)
far	[fa:r]	*lejos*
for	[fo:r]	*durante; para; por*

A 2 APLICACIÓN [◀ CD]

1. He can come tomorrow.
2. Can you show me the way to Park Avenue?
3. Can you spell your name, please?
4. You can't miss it.
5. She cannot remember David's address.
6. Can you repeat, please?
7. Can you pass me the water, please?
8. Could he hear you? —No, he couldn't.
9. We could not help him, he was too far.
10. He could walk for hours when he was young.

A 3   OBSERVACIONES

■ **I can spell my name:** *puedo (sé) deletrear mi nombre.* En este caso, **can** expresa la posibilidad o la capacidad del hablante de hacer algo.

■ **can** no posee infinitivo ni gerundio (con terminación en **-ing**) ni participio pasado (terminación en **-ed** para los verbos regulares) y, por tanto, tampoco forma tiempos compuestos como antepretérito, antefuturo, etc. Se trata de un verbo defectivo pues no se usa en todas las formas verbales.

■ **can** no lleva **s** en la tercera persona del singular y los verbos que le siguen deben ir en infinitivo, sin la partícula **to**. Por ej.: **he can come,** *él puede venir.*

■ para formar la interrogación, sólo invierta el orden natural de la frase, colocando **can** al principio. Así: **can** + sujeto **Can you come?** *¿Puede usted venir?*

■ la negación se construye con la forma **cannot** (en una sola palabra) o con la contracción **can't** [kænt]: **She can't come.** *Ella no puede venir.* **We cannot come.** *No podemos venir.*

■ **I could** [kud]: *yo podía (era capaz).* **Could** es la única forma del pretérito de **can,** pues no posee participio pasado.

· la interrogación se construye colocando **could** al inicio de la oración:
  could + sujeto + verbo?

· para expresar la negación siga esta fórmula: **I could not** o **I couldn't** [kudnt].

■ Los adjetivos posesivos

my	[mai]	*mi, mis*
your	[iur]	*tu, tus; su, sus*
his	[hiz]	*su, sus (de él)*
her	[he:r]	*su, sus (de ella)*
its	[its]	*su, sus (neutro)*
our	[aur]	*nuestro, nuestra, nuestros, nuestras*
their	[ðer]	*su, sus (de ellos)*

A 4   TRADUCCIÓN

1. Él puede venir mañana.
2. ¿Puede mostrarme el camino a Park Avenue?
3. ¿Puede deletrear su nombre, por favor?
4. No puedes dejar de advertirlo.
5. Ella no puede recordar la dirección de David.
6. ¿Lo puedes repetir, por favor?
7. ¿Puedes pasarme el agua, por favor?
8. ¿Podía él escucharte? —No, no podía.
9. No pudimos ayudarlo, estaba demasiado lejos.
10. Él podía caminar por horas cuando era joven.

B 1 PRESENTACIÓN

- **To be able** [eibəl] *ser capaz de, poder hacer*, equivale a **can** y se conjuga como el verbo **to be**. Por ej.:

Presente	I am able.	Am I able?	I am not able.
	He is able.	Is she able?	He is not able.
	We are able.	Are you able?	They are not able.
Pretérito	I was able.	Was she able?	He was not able.
	We were able.	Were you able?	They were not able.
Futuro	I'll /we'll be able.	Shall I /we be able?	I will not (won't) be able.
	You will be able.	Will you be able?	You won't be able.

- **this** [ðis]   1) pronombre demostrativo: *éste, ésta, esto*

  2) adjetivo demostrativo: *este, esta*

- **that** [ðæt]   1) pronombre demostrativo: *ése, ésa, eso; aquél, aquélla, aquello*

  2) adjetivo demostrativo: *ese, esa; aquel, aquella*

- **them** [ðem]   *los, las, les; ellos, ellas*: pronombre personal que funciona

  como objeto y término de complemento de la tercera

  persona del plural (masc., fem. y neutro).

to speak	[tu: spi:k]	*hablar*
to manage	[tu: **mæ**nidʒ]	*manejarse (en una situación); arreglárselas*
to change	[tu: cheindʒ]	*cambiar*
really	[**ri**:li]	*realmente, francamente, de veras*
already	[o:l**redi**]	*ya*
exam(ination)	[iqzæmə**nei**shən]	*examen*
sure	[shur]	*seguro*
habit	[**hæ**bət]	*hábito, costumbre*
difference	[**di**frəns]	*diferencia*

B 2 APLICACIÓN [◀ CD]

1. I am able to help you.
2. Is she able to do that?
3. He isn't really able to drive this car.
4. She was able to meet them in time.
5. She was already able to speak English.
6. He won't be able to pass this exam.
7. Were you able to answer that question?
8. I'm sure he'll be able to manage very well.
9. We shan't be able to change their habits.
10. You won't be able to tell the difference.

B 3   OBSERVACIONES

■ **to be able,** *ser capaz de, poder hacer, estar en condiciones.* Esta expresión – que sigue el modelo de conjugación de **to be**– tiene un significado equivalente a **can** y lo sustituye en los tiempos verbales de los que este verbo carece (*ver A 3*). Sobre todo, lo sustituye en el futuro:

He'll be able to help you. *Él podrá ayudarte.*

I won't be able to come. *No podré venir.*

■ Recuerde: <u>pronombres personales con función de objeto o término de complemento</u> (*ver Lección 16, B 3*)

me	*me, mí*	**it**	*lo, la, le; ello*
you	*ti, te*	**us**	*nos, nosotros, nosotras*
him	*lo, le; él*	**you**	*les; ustedes*
her	*la, le; ella*	**them**	*los, las, les; ellos, ellas*

■ **this** (plural: **these** [ði:z]) introduce la noción de cercanía (en espacio o tiempo) o se refiere a lo que va a ser dicho o hecho.

• adjetivo demostrativo: *este, esta*

This wine is good.   *Este vino es bueno.*

This beer is strong.   *Esta cerveza es fuerte.*

• pronombre demostrativo: *éste, ésta, esto*

This is a difficult question.   *Ésta es una pregunta difícil.*

■ **that** (plural: **those** [ðəuz]) introduce la idea de lejanía (en espacio o tiempo) o alude a algo que ya ha sucedido.

• adjetivo demostrativo: *ese, esa; aquel, aquella*

That idea was interesting. *Esa idea fue interesante.*

• pronombre demostrativo: *ése, ésa, eso; aquél, aquélla, aquello*

That was very nice of you. *Eso fue muy amable de tu parte.*

B 4   TRADUCCIÓN

1. Soy capaz de ayudarte (*o* Puedo ayudarte).

2. ¿Ella es capaz de hacer eso?

3. Él no es realmente capaz de manejar este auto.

4. Ella pudo encontrarlos a tiempo.

5. Ella ya era capaz de hablar inglés.

6. Él no será capaz de pasar este examen.

7. ¿Pudiste contestar esa pregunta?

8. Estoy seguro de que él será capaz de arreglárselas muy bien.

9. No seremos capaces de cambiar sus hábitos.

10. No serás capaz de notar la diferencia.

C 1 EJERCICIOS

A. Traduzca. [◀ CD]

1. Ella puede cantar. 2. Él sabe manejar. 3. ¿Puedes decirme la hora, por favor? 4. ¿Puede usted contestar esta pregunta? 5. ¿Puede él prestarte su grabadora?

B. Ponga en futuro (empleo de **to be able**).

1. Can you show me the way? 2. Can they help him? 3. We can change our habits. 4. Can you tell the difference? 5. Can we join you?

C. Ponga en pretérito (responda usando las dos posibilidades de traducción, con **can** y con **to be able**).

1. I cannot help them. 2. They cannot come. 3. He can't hear you. 4. He can understand what you say.

C 2 RESPUESTAS

A.

1. She can sing. 2. He can drive. 3. Can you tell me the time, please?
4. Can you answer this question? 5. Can he lend you his tape-recorder?

B.

1. Will you be able to show me the way? 2. Will they be able to help him?
3. We shall be able to change our habits. 4. Will you be able to tell the difference? 5. Shall we be able to join you?

C.

1. I could not help them. – I was not able to help them.
2. They could not come. – They were not able to come.
3. He couldn't hear you. – He was not able to hear you.
4. He could understand what you said. – He was able to understand what you said.

C 3 EXPRESIONES CON CAN [◀ CD]

How can you tell?   *¿Cómo puedes notarlo? o ¿Cómo puedes saberlo?*
It can't be done.   *No se puede hacer, (es imposible hacerlo).*
That cannot be.   *Eso no puede ser.*
How could you...?   *¿Cómo pudiste...?*

• **Can** es frecuentemente empleado con verbos que indican percepción:

I can see nothing.   *No puedo ver nada (o no veo nada).*
I could hear them singing. *Los podía oír cantando (o los oía cantando).*

C 4 LOS BANCOS ESTADOUNIDENSES

■ El primer banco aprobado por el gobierno federal de los Estados Unidos de Norteamérica fue el **Bank of the United States** [bæŋk a:v ði iunaitəd steitz], creado en 1791. Ya en el siglo XX nació el **Bank of America**, de San Francisco, creado en 1930. En sus inicios concedió grandes préstamos a agricultores californianos y también prestó dinero a productores de cine, actitud valiente pues ningún otro banco estaba dispuesto a financiarlos. Actualmente es uno de los los principales bancos estadounidenses a nivel internacional junto con el **Citicorp,** cuya sede está en la ciudad de Nueva York.

■ En general, los bancos son controlados por el **Federal Reserve System** [fedərəl ri:ze:rv sistəm] (*sistema de reserva federal*) creado en 1913. Familiarmente conocido como **the Fed,** funciona como un banco central, tanto para los bancos como para el gobierno. Aunque es independiente del gobierno estadounidense, actúa de acuerdo con la política económica y financiera establecida por éste.

■ Los servicios bancarios en el país pueden variar mucho de una ciudad a otra y de un establecimiento al siguiente. Hay más de diez mil bancos: casi todos son pequeños, propiedad de particulares y con un promedio de dos sucursales cada uno. A pesar de los rasgos locales de muchos de estos bancos, la mayoría está extendiendo sus horarios de servicio para hacerlos más competitivos. Por ejemplo, en vez de cerrar a las tres de la tarde, ahora muchos cierran a las cinco o incluso abren los sábados por la mañana.

■ Cambiar moneda extranjera fuera del centro de las ciudades puede resultar complicado, por lo que resulta recomendable viajar con *cheques de viajero* (**traveler's checks** [trævlərz chekz]). Éstos suelen cambiarse fácilmente y en general basta una identificación vigente (pasaporte o licencia internacional de conducir) para hacerlos válidos. Además, si fueron extendidos en dólares, se puede pagar con ellos en restaurantes y tiendas. Con la *tarjeta de crédito internacional* (**credit card** [kredət ka:rd]) se puede retirar dinero en casi cualquier banco, pero el *tipo de cambio* (**exchange rate** [ikscheindʒ reit]) puede resultar desventajoso al usar la tarjeta. Por otro lado, resulta mejor cambiar cantidades grandes de dinero en vez de hacerlo en pequeñas partes, pues las *comisiones* (**commissions** [kəmishənz]) que cobra el banco por cada operación pueden resultar demasiado altas.

D 1 CAN YOU SPELL YOUR NAME? [◀ CD]

Ms Terry: Sit down, please. Can you spell your name in English?
Roger: Well, I hope I can manage. My name is MARTIN, M-A-R-T-I-N.
Ms Terry: Is that your last name or your first name?
Roger: It's my last name. My first name is Roger.
Ms Terry: Thank you. How can we reach you?
Roger: Sorry, could you repeat please? I do not understand English very well.
Ms Terry: Have you got a phone number?
Roger: Oh! Yes. My phone number is (062) 654-37-98.
Ms Terry: (062) 654-37-98?
Roger: That's right.

D 2 VIDA COTIDIANA

ALFABETO PARA DELETREAR (**TELEPHONE ALPHABET**)
(ver también Lección 35, D 4, pág. 301).

A	[ei]	for Alfred	N	[en]	for Nellie
B	[bi:]	for Benjamin	O	[əu]	for Oliver
C	[si:]	for Charlie	P	[pi:]	for Peter
D	[di:]	for David	Q	[kiu:]	for Queen
E	[i:]	for Edward	R	[a:r]	for Robert
F	[ef]	for Frederick	S	[es]	for Samuel
G	[dʒi:]	for George	T	[ti:]	for Tommy
H	[eich]	for Harry	U	[iu:]	for Uncle
I	[ai]	for Isaac	V	[vi:]	for Victor
J	[dʒei]	for Jack	W	[dɐbəliu:]	for William
K	[kei]	for King	X	[eks]	for X ray[1]
L	[el]	for Laura	Y	[wai]	for Yellow
M	[em]	for Mary	Z	[zi:]	for Zebra[2]

[1] **X ray:** *rayos X;* [2] **Zebra:** *cebra.*

D 3 ¿PUEDE DELETREAR SU NOMBRE?

Ms Terry: Siéntese, por favor. ¿Puede deletrear su nombre en inglés?

Roger: Bueno, espero que pueda arreglármelas. Me llamo MARTIN, M-A-R-T-I-N.

Ms Terry: ¿Es su apellido o su nombre?

Roger: Es mi apellido. Mi nombre es Roger.

Ms Terry: Gracias. ¿Cómo podemos localizarlo?

Roger: Perdone, ¿podría repetir por favor? No entiendo muy bien el inglés.

Ms Terry: ¿Tiene usted un número telefónico?

Roger: ¡Ah! Sí. Mi número telefónico es (062) 654-37-98.

Ms Terry: (062) 654-37-98?

Roger: Sí, así es.

D 4 VIDA COTIDIANA

LOS RESTAURANTES MCDONALD'S

Se trata de una cadena multinacional identificada como un símbolo típicamente estadounidense, líder en el ramo de la *comida rápida* (**fast-food** [fæst fu:d]). En 1948, los hermanos Dick y Mac McDonald remodelaron su pequeño restaurante en San Bernardino, California. Limitaron el menú a hamburguesas con o sin queso, papas fritas y bebidas de cola; después se concentraron en dar un servicio eficiente a un precio muy bajo. Partiendo de esta idea, en 1955 el empresario Ray Kroc creó la empresa McDonald's y abrió el segundo restaurante, en Illinois. Para 1972, McDonald's contaba ya con 2 000 restaurantes; en 1988 el número había aumentado a 10 000 y la empresa tenía presencia en 50 países. Se calcula que para 1995, McDonald's abría un nuevo restaurante o punto de venta cada tres horas en algún lugar del mundo.

CÁPSULA CULTURAL

¿Qué significan las iniciales **G.I.**? *(respuesta en la pág. 195).*

A 1 PRESENTACIÓN

- **I must**   [ai mʊst] *debo, tengo que*
- **must** expresa la idea de obligación absoluta o de necesidad ineludible, o bien indica una recomendación o una fuerte probabilidad.
- **must** es un verbo defectivo (*ver* **I can,** *Lección 17, A 3*).

to take care	[tu: teik ker]	*tener cuidado, cuidar de*
to hurry up	[tu: he:ri ʊp]	*darse prisa, apurarse*
to slow (down)	[tu: sləu (daun)]	*reducir la velocidad*
to wear	[tu: wer]	*vestir; usar (ropa)*
to knock	[tu: na:k]	*golpear; llamar a (la puerta)*
to feed	[tu: fi:d]	*alimentar*
to be out	[tu: bi: aut]	*estar fuera*
town	[taun]	*ciudad*
glasses	[**gl**æsiz]	*anteojos*
postman	[**pə**ustmən]	*cartero*
animals	[ænəməlz]	*animales*
zoo	[zu:]	*zoológico*
matches	[**mæ**chiz]	*fósforos o cerillos*
by now	[bai nau]	*hasta ahora, (por) ahora, ya*
while	[hwail]	*mientras*
all the time	[o:l ðə taim]	*todo el tiempo*
outside	[aut**said**]	*exterior; afuera*

A 2 APLICACIÓN [🔊 CD]

1. I must go now.
2. You must take care.
3. They must hurry up.
4. Cars must slow down in town.
5. She must come to see us next weekend.
6. Must you wear glasses all the time?
7. She must be 35 by now.
8. He must be at home, his car is parked outside.
9. It must be the postman knocking at the door.
10. At the zoo: "Visitors must not feed the animals".
11. Children must not play with matches.
12. He must have come while I was out.

A 3   OBSERVACIONES

■ **Must** es un verbo defectivo: no lleva **s** en la tercera persona, no posee infinitivo ni participios y, por tanto, carece de tiempos compuestos. Siempre va seguido de un verbo en infinitivo (sin **to**): **I must go.**

• La interrogación se obtiene invirtiendo el orden natural de los elementos de la frase: **must** + sujeto + verbo ?

Must you wear glasses? *¿debes usar anteojos?*

• En la forma negativa, **must** va inmediatamente seguido de **not**:

Visitors must not feed the animals. *Los visitantes no deben alimentar a los animales.*

■ **To hurry up, to slow down:** note el segundo término que sigue al verbo propiamente dicho (**up, down**). Se trata de preposiciones y no deben ser traducidas de manera literal, pues su significado depende directamente de la frase en su conjunto. (*ver Lección 27, A 1, A 3*).

■ **In town,** *en la ciudad*; **at home,** *en casa*: note la ausencia de artículo en estas expresiones fijas. Igual sucede con **next weekend,** *el próximo fin de semana*, pero no con **all the time,** *todo el tiempo* donde sí aparece el artículo.

■ **The postman knocking at the door: knocking** [naːkiŋ] es un gerundio (*tocando*), pero normalmente se traducirá *que toca* o *que está tocando.*

■ **He must have come...** *Ha debido venir* (o *debe haber venido*)...: observe que el infinitivo que sigue a **must** no es un infinitivo presente, sino pretérito. Esta forma compuesta permite suplir la ausencia de tiempo pretérito de **must**.

A 4   TRADUCCIÓN

1. Debo irme ahora.
2. Debes tener cuidado.
3. Ellos deben darse prisa.
4. En la ciudad, los automóviles deben reducir la velocidad.
5. Ella debe venir a vernos el próximo fin de semana.
6. ¿Debes usar anteojos todo el tiempo?
7. Ahora ella debe tener 35 (años).
8. Él debe estar en casa, su auto está estacionado afuera (*o* parqueado).
9. Debe ser el cartero quien está llamando a la puerta.
10. En el zoológico: "Los visitantes no deben alimentar a los animales".
11. Los niños no deben jugar con fósforos (*o* cerillos).
12. Él debe haber venido mientras estuve fuera (*o* ha debido venir).

B 1 PRESENTACIÓN

· **To have to** sustituye a **must** en las formas de las que este verbo carece:

I had to, I'll have to, etc. *tuve que, tendré que,* etc.
I have to, I have got to tienen un significado parecido al de **I must.**
I don't have to, I needn't *no tengo que, no es necesario que yo...*

· **I should, I ought to** *yo debería, yo debiera*

to clean	[tu: kli:n]	*limpiar*
to cut	[tu: kʊt]	*cortar*
to hesitate	[tu: hezəteit]	*dudar, titubear*
to return	[tu: rite:rn]	*regresar, volver, devolver*
to give a hand	[tu: giv ə hænd]	*dar o echar una mano, ayudar*
to forget	[tu: fərget]	*olvidar*
kitchen	[kitchən]	*cocina*
luggage	[lʊgidʒ]	*equipaje*
sooner or later	[su:nər ər leitər]	*tarde o temprano*
alone	[ələun]	*solo*
midnight	[midnait]	*medianoche*
same	[seim]	*mismo, misma, mismos, mismas*
immediately	[imi:diətli]	*inmediatamente, en seguida*

B 2 APLICACIÓN [◀ CD]

1. You have (got) to clean the kitchen.
2. We'll have to tell them sooner or later.
3. She had to travel alone.
4. Have I got to cut it now?
5. Did you really have to be back before midnight?
6. You don't have to hesitate.
7. You needn't return to the same shop.
8. You won't have to carry your luggage: I'll give you a hand with it.
9. You ought to send it back immediately.
10. He should forget about it.

B 3   OBSERVACIONES

■ **Have to:** dado que **must** es un verbo defectivo, las formas de las que carece pueden ser sustituidas por **to be obliged to,** *estar obligado a, tener obligación de* y, sobre todo, por **to have to,** *tener que.*

· En la forma afirmativa, **I have to** y **I have got to** tienen un significado similar al de **I must.**

· En la forma negativa, **I don't/ didn't have to** conllevan el significado de *no es/ no era* (o *no fue) necesario que yo..., no tengo/ no tenía* (o *no tuve) necesidad de...*

■ **I needn't:** esta forma de **to need** se emplea para la negación o la interrogación negativa: **You needn't do it.** *No tienes necesidad de hacerlo.*

■ **Should** y **ought to** indican una obligación menos fuerte que la expresada por **must** y pueden desempeñar el papel de un condicional.

■ **Luggage:** esta palabra es un sustantivo colectivo de número singular: **My luggage is heavy.** *Mi equipaje es pesado.*

B 4   TRADUCCIÓN

1. Tienes que limpiar la cocina (*o* debes).
2. Tendremos que decirles tarde o temprano.
3. Ella tuvo que viajar sola.
4. ¿Tengo que cortarlo ahora?
5. ¿Realmente debías regresar antes de la medianoche?
6. No tienes que titubear.
7. No tienes necesidad de regresar a la misma tienda.
8. No tendrás que cargar tu equipaje: te daré una mano con él (*o* te ayudaré).
9. Deberías mandarlo de regreso inmediatamente.
10. Él debería olvidarse de eso.

C 1 EJERCICIOS

A. Traduzca al inglés. [◀ CD]

1. Debes disminuir la velocidad.
2. Ellos deben haber vuelto ya.
3. Él no debe detenerse.
4. No debes fumar aquí.
5. Ella debe estar muy sorprendida.

B. Ponga en el tiempo indicado entre paréntesis.

1. I must leave early (*futuro*).
2. She must take care of the children (*pretérito*).
3. You must wait for her (*futuro y pretérito*).
4. They must return this to the shop (*pospretérito y futuro*).

C. Traduzca al español.

1. She should be here by now.
2. You haven't got to tell him.
3. It had to be done.
4. It should not happen.
5. They won't have to come.

C 2 RESPUESTAS

A.

1. You must slow down.
2. They must be back by now.
3. He must not stop.
4. You must not smoke here.
5. She must be very surprised.

B.

1. I'll have to leave early.
2. She had to take care of the children.
3. You'll have to wait for her. – You had to wait for her.
4. They should return this to the shop. – They'll have to return this to the shop.

C.

1. Ella debería estar aquí ya.
2. No tienes necesidad de decirle.
3. Tuvo que hacerse.
4. No debería pasar.
5. No tendrán que venir.

C 3 DIVERSIDAD RELIGIOSA

■ Un alto porcentaje de ciudadanos estadounidenses se declara creyente o, al menos, pertenece a una *Iglesia* (**Church** [che:rch]) pues éstas son puntos importantes de socialización. La comunidad religiosa más numerosa es la *protestante* (**protestant** [pra:təstənt]) que engloba unos 75 millones de fieles dentro de sus varios cultos (presbiterianos, bautistas, metodistas, etc.), Dado que el protestantismo otorga una gran relevancia a la libre interpretación de la Biblia, no puede hablarse de una práctica protestante, pues hay varias y difieren mucho de un lugar a otro del país; dependen en gran medida de la población que conforme la iglesia (blancos, negros o latinos, ricos o pobres, etc.) Le sigue en número la *Iglesia Católica Romana* (**Roman Catholic Church** [rəumən kæθəlik che:rch]), que cuenta con unos 60 millones de fieles y es una sola comunidad cohesionada. También existe un importante número de judíos, musulmanes y budistas, además de miembros de cultos menores como mormones y Testigos de Jehová, y de adherentes a nuevas formas de espiritualidad como el **New Age Movement** [nu: eidʒ mu:vmənt], *movimiento de la Nueva Era.* Por otro lado están los *ateos* (**atheist** [eiθiəst]).

■ Al participar en las diversas actividades de la iglesia, los *miembros* (**church members** [che:rch membərz]) comparten sus valores, encuentran amistades y hacen obra social. En general, las iglesias protestantes suelen tener una rica agenda de actividades *voluntarias* (**volunteer** [valəntir]), entre ellas: la asistencia a los pobres a través de colectas de ropa, la enseñanza de la vida de Jesús a los niños de la comunidad, la lectura en voz alta de la Biblia para ciegos, la preparación de refrigerios para después del culto religioso, etc.

■ La vida pública estadounidense está empapada de religiosidad. Por ejemplo, un presidente recién electo jura sobre la Biblia y un mandatario puede *orar* (**pray** [prei]) en público o terminar un discurso con las palabras **God bless America,** *Dios bendiga a los Estados Unidos de Norteamérica.* Además, en muchas escuelas los alumnos oran antes de iniciar clases y si uno enciende la televisión puede encontrarse con varios canales que transmiten cultos religiosos.

■ Es interesante recordar que desde su primera redacción, la Constitución estadounidense estableció el concepto de separación de *Iglesia,* **Church** y *Estado,* **State,** asegurando así el principio de libertad religiosa.

D 1 TRAINS [◀ CD]

Henry: Patricia! We're going to miss the train! The taxi is waiting for us outside. Can you give us a hand with the luggage? Can't you see it's too heavy for the children? They can't carry it.

Patricia: They'll have to manage.

Henry: I'm telling you, we must leave immediately. It's already late. The train leaves at five.

Patricia: You needn't be so excited[1]. If we miss this train, we'll catch[2] the next one[3].

Henry: You don't understand. If we miss this train, we'll miss the boat too!

Patricia: I don't want to hurry all the time. I'd rather stay at home, and... I remember now: I forgot to tell Susan to feed the dog during the weekend.

Henry: Now we're really getting late... I'll go alone. You can stay here with the kids and take care of the dog...

[1] **excited,** *nervioso, impaciente, agitado*
[2] **to catch,** *atrapar, tomar (un transporte), alcanzar*
[3] **the next one,** *el siguiente, el próximo;* **one,** pronombre, se refiere al sustantivo **train:** *el próximo tren.*

D 2 VIDA COTIDIANA

EXPRESIONES QUE SE USAN AL TOMAR UN TREN

one-way ticket	[wɛn wei tikət]	*billete o boleto sencillo (sólo de ida)*
round trip ticket	[raund trip tikət]	*billete o boleto de ida y vuelta (viaje redondo)*
platform	[**plæt**foːrm]	*plataforma, andén*
check the luggage	[chek ðə **lʌ**gidʒ]	*documentar el equipaje*
air conditioning	[er kən**di**shŋiŋ]	*aire acondicionado*
transfer	[træns**feːr**]	*transbordar*

D 3   TRENES

Henry: ¡Patricia! ¡Vamos a perder el tren! El taxi nos está esperando afuera. ¿Nos puedes echar una mano con el equipaje? ¿No ves que es demasiado pesado para los niños? No pueden cargarlo.

Patricia: Tendrán que arreglárselas.

Henry: Te estoy diciendo (que) debemos irnos inmediatamente. Ya es tarde. El tren sale a las cinco.

Patricia: No es necesario que estés tan nervioso. Si perdemos este tren tomaremos el siguiente.

Henry: No entiendes. Si perdemos este tren ¡también perderemos el barco!

Patricia: No quiero estar todo el tiempo de prisa. Preferiría quedarme en casa y... ahora me acuerdo: olvidé decirle a Susan que alimentara al perro durante el fin de semana.

Henry: Ahora estamos realmente retrasados... Me iré yo solo. Te puedes quedar aquí con los niños y cuidar al perro..

D 4 VIDA COTIDIANA · ATENCIÓN

To miss: El verbo **to miss,** *dejar de advertir; perder; faltar* tiene también el sentido de *extrañar, echar de menos (a alguien o algo).* De este modo, tanto decir *te extraño* como decir *me haces falta* corresponden a la expresión **to miss:**

I miss you.   *Te extraño.*
You miss me.   *Me extrañas.*

■ En las series humorísticas televisivas, los realizadores emplean grabaciones de risas para invitar al público a reírse en un determinado momento o de una cierta situación. A esto se le llama **"canned" laugh,** *risa "enlatada".*

CÁPSULA CULTURAL
¿Qué significan las iniciales **ABC, CBS, NBC**? *(respuesta en la pág. 233).*

A 1 PRESENTACIÓN

■ Forma afirmativa del imperativo:
· 2a. persona:

> infinitivo sin **to**

Wait!   *¡Espera!* o *¡Esperen!*
· 1a. y 3a. personas:

> **let** + objeto o término de complemento + infinitivo sin **to**

Let him wait!		*¡Que (él) espere!*
Let her wait!		*¡Que (ella) espere!*
Let us wait!		*¡Esperemos!*
Let's wait!		*¡Esperemos!*
Let them wait!		*¡Que (ellos) esperen!*
another	[ənɐðər]	*otro*
newspaper	[**nu:z**peipər]	*periódico, diario*
cheese	[chi:z]	*queso*
tired	[taird]	*cansado*
warning	[**wo:r**niŋ]	*advertencia, aviso*
to remind	[tu: ri**maind**]	*recordar*
(+ *pron. pers.*)		
to taste	[tu: teist]	*probar (alimentos)*
to rest	[tu: rest]	*descansar*
to look	[tu: luk]	*mirar; parecer*

A 2 APLICACIÓN [◀ CD]

1. Have another beer!
2. Give me your address!
3. Wait for me!
4. Be nice with them (*o* to them)!
5. Remind me to call them!
6. Come and have a drink!
7. Go and buy me a newspaper!
8. Do have some more coffee!
9. You go with Pat if you like!
10. Let's go now!
11. Let him taste this cheese!
12. Let them decide what they want!
13. Let her rest! She looks very tired.
14. Let that be a warning for them (*o* to them)!

A 3 OBSERVACIONES

■ El imperativo es un modo verbal que expresa mandato, ruego, súplica o invitación para que alguien haga algo.

Sólo existe en una forma simple, la de la segunda persona (se expresa con el verbo en infinitivo sin **to**): wait! *¡espera!* o *¡esperen!*

Sin embargo, se puede usar el verbo **to let** para conjugar la primera y tercera personas en imperativo: **let us go!** *¡vamos!* o *¡vámonos!*

let her rest! *¡que (ella) descanse!*

La primera persona suele traducirse al español conjugando el verbo en presente. En cambio, la tercera persona se traduce al español siguiendo esta fórmula: *que* + verbo en subjuntivo.

■ **to let** significa *dejar, permitir.* Por eso, la oración **let her rest** puede traducirse *que (ella) descanse* o *déjala descansar.* La pauta para una correcta traducción está dada por el contexto de cada caso particular.

■ **Come and have a drink! Go and buy me a newspaper!** Dos imperativos pueden unirse en una sola oración por la conjunción **and**.

■ El verbo auxiliar **do** se puede añadir al imperativo para dar idea de mayor insistencia o énfasis en la orden o invitación: **do have some more coffee!** *¡(sí,) tome un poco más de café!*; **do come with us!** *¡(por favor,) ven con nosotros!*

■ En la lengua hablada de tipo familiar, en la segunda persona gramatical se puede repetir el pronombre para llamar más la atención: **You go with Pat if you like!** *¡si quieres, vete con Pat!*

■ **Let that be a warning for (to) them!** El complemento que sigue al verbo **let** puede ser un pronombre demostrativo, en este caso, **that**.

A 4 TRADUCCIÓN

1. ¡Toma otra cerveza!
2. ¡Dame tu dirección!
3. ¡Espérame!
4. ¡Sé amable con ellos!
5. ¡Recuérdame que les llame!
6. ¡Ven y toma una copa!
7. ¡Ve y cómprame un periódico!
8. ¡(Sí,) tome un poco más de café!
9. ¡Si quieres, vete con Pat!
10. ¡Vámonos ahora!
11. ¡Que (él) pruebe este queso!
12. ¡Que (ellos) decidan lo que quieran!
13. ¡Que (ella) descanse! Se ve muy cansada.
14. ¡Que eso sea una advertencia para ellos!

B 1   PRESENTACIÓN

■ Imperativo negativo:

• 2a. persona:

do not (don't) + infinitivo sin to

Do not (don't) wait!   *¡No esperes!*

• 1a. y 3a. personas:

do not (don't) + let + objeto o término de complemento + infinitivo sin to

Do not (don't) let me wait!	*¡Que (yo) no espere!*
Do not (don't) let him wait!	*¡Que (él) no espere!*
Do not (don't) let her wait!	*¡Que (ella) no espere!*
Do not (don't) let us wait!	*¡Que no esperemos!*
Do not (don't) let them wait!	*¡Que (ellos) no esperen!*

• **all that,** *todo aquello*

• Recuerde: **what,** *qué*

to worry	[tu: **we:**ri]	*preocuparse*
to bother	[tu: **ba:**ðər]	*molestar*
deal	[di:l]	*trato, acuerdo*
cold	[kəuld]	*frío; resfriado, resfrío*
fast	[fæst]	*rápido*
too much	[tu: mʊch]	*demasiado*

B 2   APLICACIÓN   [◀ CD]

1. Don't wait for them!
2. Don't speak so fast, please!
3. Don't listen to this!
4. Don't miss that!
5. Don't believe all that he says!
6. Don't expect too much from that deal!
7. Don't catch a cold!
8. Don't you worry about that!
9. Don't let her think that we don't want her to come!
10. Let's not hesitate!
11. Don't let them leave too late!
12. Don't let this bother you!

B 3   OBSERVACIONES

■ **don't** se pronuncia [dəunt].

■ Para enfatizar la insistencia, al imperativo negativo de segunda persona se le puede añadir el pronombre **you: Don't you worry about that!** que coloquialmente se traduciría *¡Tú no te preocupes por eso!*

■ **We don't want her to come!**

· En oraciones como *quiero que él se vaya, ella quiere que me quede,* etc., en español se emplea la construcción siguiente: *querer + que +* sujeto + verbo en modo subjuntivo.

· Esto se expresa en inglés por medio de esta fórmula: **to want** + objeto o término de complemento + **to** + verbo en infinitivo.

I want him to leave. *Quiero que él se vaya*
She wants me to stay. *Ella quiere que me quede.*
(Verbos como **to order, to expect** y otros, siguen esta construcción).

■ La construcción sin **do** (**let me not wait! let him not wait! let us not wait!** etc.) es exclusiva de la lengua literaria. Sin embargo, en la lengua hablada la encontramos con frecuencia en la primera persona del plural:
Let's not hesitate! *¡No vacilemos!*

B 4   TRADUCCIÓN

1. ¡No los esperes!
2. ¡No hables tan rápido, por favor!
3. ¡No escuches esto!
4. ¡No te pierdas eso!
5. ¡No creas todo lo que él dice!
6. ¡No esperes demasiado de ese trato!
7. ¡No te resfríes!
8. ¡Tú no te preocupes por eso!
9. ¡No dejes que ella piense que no queremos que venga!
10. ¡No vacilemos!
11. ¡No los dejen irse muy tarde!
12. ¡No dejes que esto te moleste!

C 1 EJERCICIOS

A. Traduzca al inglés. [◀ CD]

1. ¡Estacione su auto allá!
   (o parquee)
2. ¡No fume durante la reunión, por favor!
3. ¡Ayúdanos!
4. ¡Dígame su nombre, por favor!
5. ¡No se preocupe (usted) demasiado!
6. ¡Diles que se apresuren!
7. ¡Sí, tome más té!
8. ¡Vete con ellos, si es lo que quieres!
9. ¡No dejes que eso vuelva a pasar!
10. ¡Ve a comprarme un paquete de cigarrillos, por favor!

B. Forme oraciones en inglés con las órdenes del ejercicio A, pero en lugar del imperativo, use la construcción *Quiero que...*

Por ej.: *Estacione su auto allá* ⇨ *Quiero que estacione su auto allá.*

C 2 RESPUESTAS

A.

1. Park your car there!
2. Do not smoke during the meeting, please!
3. Help us!
4. Tell me your name, please!
5. Don't (you) worry too much!
6. Tell them to hurry (up)!
7. Do have some more tea!
8. (You) leave with them if you like!
9. Don't let that happen again!
10. Go and buy me a packet of cigarettes, please!

B.

1. I want you to park your car there!
2. I don't want you to smoke during the meeting, please.
3. We want you to help us.
4. I want you to tell me your name, please.
5. I don't want you to worry too much.
6. I want you to tell them to hurry.
7. I want you to have some more tea.
8. I want you to leave with them.
9. I don't want that to happen again.
10. I want you to go and buy me a a packet of cigarretes, please.

C 3 LA CERVEZA

■ Se trata de la *bebida alcohólica* (**alcoholic drink** [ælkəhoːlik driŋk]) más común en el país. Los aficionados al fútbol suelen tomarla mientras ven los partidos por televisión y también es muy popular en las fiestas informales. Para los adolescentes, el consumo de cerveza es casi un rito de ingreso a la edad adulta, pues cuando son menores de edad no pueden comprarla. Son famosos los excesos en el consumo de cerveza entre los jóvenes universitarios, en las fiestas que los adolescentes realizan en las playas, etc.

■ En la época de las colonias americanas se fomentó la fabricación y consumo de cerveza pues se consideraba que de ese modo disminuiría la demanda de bebidas con mayor porcentaje de alcohol. Esta política perduró hasta la Primera Guerra Mundial cuando, debido a las restricciones propias de la guerra, la fabricación de cerveza enfrentó limitaciones y prohibiciones. Actualmente, cada estado de la Federación regula tanto la fabricación como la venta de cerveza; asimismo, además del impuesto federal, los estados gravan este producto con un impuesto especial.

■ Actualmente en Inglaterra y el Reino Unido, en Europa continental y en los Estados Unidos de Norteamérica existen diferentes tipos de cerveza que varían mucho en contenido y sabor, aunque todas se fabriquen de manera similar. Los componentes esenciales para su elaboración son agua, malta, grano (maíz o arroz), lúpulo (flor de una planta herbácea) y levadura. El lúpulo aromatiza la cerveza y le da un agradable sabor amargo, en tanto la levadura determina su gusto y aroma. En EU, el término *cerveza* (**beer** [bir]) generalmente se refiere a la conocida como **lager** [laːgər], es decir, la clara o rubia, de sabor ligero y que suele servirse fría; el término lager también indica que este tipo de cerveza se almacena por un tiempo antes de ser vendida al público. Su composición aproximada es de un 90% de agua, un 3.5% de alcohol y el 6.5% restante, de elementos varios como dióxido de carbono, carbohidatos, minerales y saborizantes artificiales. En años recientes se han vuelto populares las *(cervezas) ligeras* (**light** [lait]) de muy baja graduación alcohólica y poca densidad.

■ Los Estados Unidos de Norteamérica son grandes productores y consumidores de cerveza, aunque se encuentran por debajo de países con larga tradición en este terreno, como Alemania, Gran Bretaña, la República Checa, Dinamarca y Austria, entre otros.

D 1 LET'S HAVE A DRINK! [◀ CD]

Peter: Come and have a drink with us.

Helen: No, we must go. Don't listen to him. We must be home by five.

Peter: Wait! Join us and have a drink! You look tired. You do need a drink. Let's have some fun!

John: I'm sorry but we promised to be home by five.

Peter: Calm down! Let Helen go home and you stay with us! Let me buy you a drink.

John: Thanks, but that'll be for another time. We really have to go.

Peter: You don't know what you are missing. We're going to have a great time[1]!

Helen: Listen! This is too much! Now let him go before I call for help. He told you he didn't want to have a drink with you. Now go back to your friends and stop bothering us!

[1] **to have a great time,** *pasar un momento estupendo, divertirse mucho.*

D 2 VIDA COTIDIANA

DUTCH TREAT [dɐtch tri:t]

Cuando en un restaurante, bar o centro nocturno un grupo de amigos deciden dividir el gasto en partes iguales, se emplea la expresión **Dutch-treat**, que literalmente es *regalo* o *trato a la holandesa,* pero en realidad significa *reparto equitativo* o *a medias.* También se dice **to go Dutch** y tiene el mismo sentido.

D 3 ¡TOMEMOS UNA BEBIDA!

Peter: Vengan y tomen una copa con nosotros.

Helen: No, tenemos que irnos. No le hagas caso. Tenemos que estar en casa a las cinco.

Peter: ¡Esperen! Tomen una bebida con nosotros. Se ven cansados. Realmente necesitan una copa. ¡Divirtámonos un poco!

John: Lo siento, pero prometimos estar en casa a las cinco.

Peter: ¡Tranquilos! Que Helen se vaya a casa y quédate con nosotros. Déjame comprarte una bebida.

John: Gracias, pero será en otra ocasión. Realmente debemos irnos.

Peter: No sabes lo que te pierdes. ¡Vamos a pasar un buen momento!

Helen: ¡Oye! ¡Esto es demasiado! Déjalo ir antes de que pida ayuda[2]. Ya te dijo que no quería tomar una copa contigo. ¡Ahora regresa con tus amigos y deja de molestarnos!

[2] La idea implícita en inglés es "pedir ayuda a la policía", etc.

D 4 VIDA COTIDIANA

BYOB [bi: wai ɔu bi:]

En realidad, ésta no es un palabra sino las iniciales de la expresión familiar **Bring your own booze or bottle** [briŋ iur ɔun bu:z ɔr ba:tl], *trae tu propia bebida*, que a veces se emplea en las invitaciones a fiestas o reuniones informales. También se suele decir **to be on the booze or bottle**, que corresponde a la expresión informal *estar dándole a la bebida* o *estar empinando el codo (para beber)*.

CÁPSULA CULTURAL

¿De cuántos senadores por cada estado se conforma el Senado estadounidense?

(*respuesta en la pág. 217*)

A 1   PRESENTACIÓN

· **When?**	[hwen]	*¿cuándo?*
· **Where?**	[hwer]	*¿dónde?*
· **How?**	[hau]	*¿cómo?*
· **Why?**	[hwai]	*¿por qué?*

■ Orden de las palabras en una interrogación:

> adverbio interrogativo + auxiliar + sujeto + verbo + complemento

to intend	[tu: intend]	*tener la intención, pensar hacer*
to rent	[tu: rent]	*rentar, alquilar*
to start	[tu: sta:rt]	*comenzar*
to put	[tu: put]	*poner*
to make an appointment	[tu: meik æn əpointmənt]	*hacer una cita (de negocios, con el médico, etc.)*
show	[sheu]	*espectáculo*
coat	[kəut]	*abrigo*
phone booth *(EU)*	[fəun bu:θ]	*cabina telefónica*
phone box *(GB)*	[fəun ba:ks]	*cabina telefónica*
upset	[ɐpset]	*molesto, alterado*
cross	[kro:s]	*enojado*

A 2   APLICACIÓN [◀ CD]

1. When do you intend to come?
2. Where can I rent a car?
3. When will you start your work here?
4. Where did you buy your coat?
5. When do you want us to call?
6. Where do you want me to put it?
7. When can I make an appointment?
8. Where can we find a phone booth?
9. How was the show?
10. How are you?
11. Why don't you try?
12. Why is he so upset?
13. Why does he look so cross?

A 3   OBSERVACIONES

■ Adverbios interrogativos: se colocan al principio de la oración y van seguidos de un auxiliar: **will, is, are, was, do/ does/ did**, etc. (o de un verbo defectivo como **can, may, must**).

■ **When?** *¿cuándo?* Si aparece después de **day**, *día* o **time**, *momento*, **when** funciona como un pronombre relativo. Por ej.: **Do you remember the day when we met her?** *¿Recuerdas el día en que la conocimos?*

■ **Where?** *¿dónde?* Al contrario de lo que sucede en español, si en una pregunta aparece una preposición, ésta debe colocarse después del verbo. Por ej.: **Where do you come from?** *¿De dónde vienes?*

■ **How?** *¿cómo?* Se trata de un adverbio interrogativo de modo (*ver* **how** *como adverbio interrogativo de cantidad, Lección 21*).

■ **Why?** *¿por qué?* Si se usa **why**, la interrogación puede construirse con el verbo en infinitivo sin necesidad de añadir la partícula **to**. La pregunta así formulada sirve para sugerir algo.
Why wait so long? *¿Por qué esperar tanto tiempo?*
Why not have another drink? *¿Por qué no tomar otra bebida (otra copa)?*

A 4   TRADUCCIÓN

1. ¿Cuándo piensas venir?
2. ¿Dónde puedo alquilar un automóvil?
3. ¿Cuándo empezarás tu trabajo aquí?
4. ¿Dónde compraste tu abrigo?
5. ¿Cuándo quiere usted que lo llamemos?
6. ¿Dónde quieres que lo ponga?
7. ¿Cuándo puedo hacer una cita?
8. ¿Dónde podemos encontrar una cabina telefónica?
9. ¿Cómo estuvo el espectáculo?
10. ¿Cómo estás?
11. ¿Por qué no tratas?
12. ¿Por qué está tan molesto?
13. ¿Por qué se ve tan enojado?

B 1   PRESENTACIÓN

■ Interrogaciones

- **Who?**   [hu:]   *¿quién?* (funciona como sujeto o como objeto o término de complemento)

- **Whom?**   [hu:m]   *¿a quién?, ¿de quién?, ¿con quién?* (objeto o término de complemento). Este pronombre denota más formalidad que **who.**

- **Which?**   [hwich]   *¿cuál?, ¿cuáles?, ¿qué?* (sujeto)

- **What?**   [hwa:t]   *¿qué?* (sujeto o complemento)

- **Whose?**   [hu:z]   *¿de quién?, ¿de quiénes?* (es adjetivo y pronombre interrogativo que puede funcionar como sujeto o como objeto o término de complemento; indica posesión o pertenencia de las cosas):

> **whose** + lo que se posee + verbo interrogativo

to marry	[tu: mæri]	*casarse*
to think about	[tu: θiŋk əbaut]	*pensar en (o acerca de) algo*
people	[**pi:**pəl]	*gente, personas*
problem	[**pra:**bləm]	*problema*
turn	[te:rn]	*turno; vuelta*

B 2   APLICACIÓN [◀ CD]

1. Who is this man?
2. Who are these people?
3. Who wants to come with us?
4. Who(m) are you going to invite?
5. Who(m) did you speak to?
6. Which of them won the match?
7. Which day will you come, Saturday or Sunday?
8. Which of the two brothers did she marry?
9. What will you do next year?
10. What are you thinking about?
11. What problem do you have?
12. Whose car is this?
13. Whose turn is it?

B 3   OBSERVACIONES

■ Pronunciación
- Tenga cuidado de pronunciar la **h** de **who** [hu:] y **whose** [hu:z] sacando el aire como si quisiera empañar un vidrio con el aliento.

■ Gramática: adjetivos y pronombres interrogativos
- **Who?** *¿quién?* Pronombre interrogativo usado para personas, en singular o plural.

— se puede usar **who** para preguntar sobre la identidad de alguien: **who are you?** *¿quién eres?*

— **who** funciona como sujeto o como objeto o término de complemento (y, en este caso, reemplaza a **whom**).

- **Which?** *¿cuál?* Es adjetivo y pronombre interrogativo: se puede usar tanto en femenino como en masculino, singular y plural. Indica una elección entre varias personas o cosas.

- **What?** *¿qué?* Es adjetivo y pronombre interrogativo que funciona como sujeto o como objeto o término de complemento.

Se usa **what** para preguntar sobre la profesión de un persona.
- **Whose?** *¿de quién? ¿de quiénes?*

- Cuidado: en las interrogaciones con **who, which, what,** las preposiciones se colocan al final, después del verbo.

¿A quién le estás hablando?	**Who are you speaking to?**
¿En qué estás pensando?	**What are you thinking of?**

B 4   TRADUCCIÓN

1. ¿Quién es este hombre?
2. ¿Quiénes son estas personas?
3. ¿Quién quiere venir con nosotros?
4. ¿A quiénes vas a invitar?
5. ¿Con quién hablaste?
6. ¿Quién de ellos ganó el partido?
7. ¿Qué día vendrás, sábado o domingo?
8. ¿Con cuál de los dos hermanos se casó ella?
9. ¿Qué harás el próximo año?
10. ¿En qué estás pensando?
11. ¿Qué problema tienes?
12. ¿De quién es este automóvil?
13. ¿De quién es el turno?

C 1 EJERCICIOS

A. Haga una pregunta usando **when** o **where**. [◀ CD]
1. I met Pat in 1985.
2. He had dinner in Chicago.
3. She caught her train in the evening.
4. You left your office at 5 p.m.

B. Traduzca empleando **how** o **why**.
1. ¿Por qué no viniste la semana pasada?
2. ¿Por qué Susan está tan disgustada?
3. ¿Cómo estuvo la reunión?
4. ¿Cómo juegas este juego?

C. Traduzca usando **who** (como sujeto u objeto o término de complemento) o **whose**.
1. ¿Quién llamó ayer en la tarde?
2. ¿Con quién hablaste durante aquel almuerzo?
3. ¿A quién esperó el miércoles pasado?
4. ¿De quién es este reloj de pulsera?

D. Traduzca empleando **what** o **which**.
1. ¿Qué día escogieron ellos?
2. ¿Qué está haciendo el hermano de Bob? (o ¿Qué hace el hermano de Bob?)
3. ¿Qué pasó ayer en la mañana?
4. ¿Cuál de ellos ganará este partido?

C 2 RESPUESTAS

A.
1. When did I meet Pat?
2. Where did he have dinner?
3. When did she catch her train?
4. When did you leave your office?

B.
1. Why didn't you come last week?
2. Why is Susan so cross?
3. How was the meeting?
4. How do you play this game?

C.
1. Who called yesterday evening?
2. Who did you speak to during that lunch?
3. Who did he (o she) wait for last Wednesday?
4. Whose watch is this?

D.
1. Which day did they choose?
2. What is Bob's brother doing? (o What does Bob's brother do?)
3. What happened yesterday morning?
4. Which of them will win this match (o game)?

C 3 ¿WHISKEY O WHISKY?

■ Los estadounidenses e irlandeses escriben **whiskey**, a diferencia de escoceses, ingleses y canadienses, para quienes la ortografía adecuada es **whisky**. En ambos casos, la pronunciación es la misma [**hwis**ki]. En español es usual escribir *whisky*, aunque también existe la adaptación gráfica al español: *güisqui*.

■ Es difícil determinar con precisión el origen de esta bebida: puede ser originaria de Escocia o de Irlanda. De cualquier modo, en ambos países la costumbre de beberla se remonta a tiempos antiquísimos. Su nombre original en celta antiguo, idioma hablado entonces tanto en Escocia como en Irlanda, fue **usquebaugh** que significa "agua de vida".

■ Durante el periodo de la colonias americanas se bebía whisky importado; sólo a principios del siglo XVIII se comenzó a producir en tierras americanas, empleando fundamentalmente centeno.

■ El whisky característico de un país tiene rasgos particulares que lo distinguen. Los principales tipos de whisky en el mundo son:

- el **Scotch** [ska:ch], *escocés*, destilado principalmente de la cebada. La calidad del famoso **straight Scotch whisky** (hecho de cereal puro, sin mezcla), está dada por los elementos contenidos en el dicho escocés que resume el proceso de fabricación: **water, fire and time**, *agua, fuego y tiempo*;
- el **Irish** [airish], *irlandés*, fabricado a partir de una mezcla de cinco granos distintos;
- el **American** [əmerəkən], *estadounidense*, hecho fundamentalmente de centeno o maíz;
- el **Canadian** [kəneidiən], *canadiense*, elaborado con una mezcla de granos;
- el **Japanese** [dʒæpəni:z], *japonés*, compuesto de una mezcla de granos que rara vez incluye el centeno o el maíz.

■ Entre otras bebidas alcohólicas fuertes, en EU el whisky es usualmente vendido en las **liquor stores**, *licorerías*. Los estadounidenses acostumbran tomar:

- **straight whiskey**: producido a partir de un solo cereal, que puede ser *centeno* (**rye** [rai]), *maíz* (**corn** [ko:rn]) o *malta* (**malt** [mo:lt]).
- el **rye whiskey**: hecho 100% de centeno.
- el **bourbon whiskey** [be:rbən] fabricado con, al menos, 51% de maíz y añejado en barricas de roble. Para que una bebida merezca llevar este nombre debe haber sido elaborada en el condado de Bourbon, estado de Kentucky, EU.
- el **blended whiskey**, obtenido a partir de la combinación de varios **straight**.

D 1 WHEN DID SHE GET MARRIED? [◀ CD]

James: Tell me, Susan, how do you intend to go to the exhibition?
Susan: I'll drive there. Are you coming with me? I'm leaving right now.
James: Where's your car?
Susan: It's parked outside. Look! It's here.
James: But that isn't your car! Whose car is it?
Susan: No, it's not mine. I borrowed it from my sister.
James: Which sister? Sally or Betty?
Susan: Sally. Betty is now living in France. She got married there.
James: When did she get married?
Susan: Two months ago, in April.
James: Why didn't she invite me?
Susan: You know very well why.
James: Yes, I know. She forgot me a long time ago. What does her husband do?
Susan: He's a pilot.
James: He mustn't be home very often...
Susan: Don't you worry[1] about that. It's not your problem.

[1] **to worry**, *preocuparse, inquietarse.* Note el fuerte énfasis del imperativo, dado por el pronombre **you**.

D 2 VIDA COTIDIANA

UNA BODA

bride	[braid]	*novia*
honeymoon	[hɐnimuːn]	*luna de miel*
husband	[hɐzbɔnd]	*esposo, marido*
marriage	[mæridʒ]	*matrimonio* (tanto la ceremonia como el estado civil)
wife (*pl.* **wives**)	[waif / waivz]	*esposa (esposas)*
wedding	[wediŋ]	*boda* (ceremonia)

D 3 ¿CUÁNDO SE CASÓ ELLA?

James: Dime, Susan, ¿cómo piensas ir a la exposición?
Susan: Voy a conducir hasta allá. ¿Vienes conmigo? Me iré en este momento (*o* ahora mismo).
James: ¿Dónde está tu auto?
Susan: Está estacionado afuera. ¡Mira! Ahí está.
James: ¡Pero ése no es tu auto! ¿De quién es?
Susan: No, no es mío. Lo tomé prestado de mi hermana.
James: ¿Cuál hermana? ¿Sally o Betty?
Susan: Sally. Betty ahora vive en Francia. Se casó allá.
James: ¿Cuándo se casó?
Susan: Hace dos meses, en abril.
James: ¿Por qué no me invitó?
Susan: Sabes muy bien porqué.
James: Sí, lo sé. Me olvidó hace mucho tiempo. ¿Qué hace su marido (*o* a qué se dedica)?
Susan: Es piloto.
James: No debe estar en casa a menudo...
Susan: Tú no te preocupes por eso. No es tu problema.

D 4 VIDA COTIDIANA · UN PROVERBIO.

Marry in haste, repent at leisure.
*Antes de que te cases, mira bien lo que haces (*literalmente se traduciría *Quien se casa de prisa tiene mucho tiempo para arrepentirse.*)

CÁPSULA CULTURAL

¿Cuál es el emblema del Partido Republicano y el del Partido Demócrata de los Estados Unidos de Norteamérica?
(*respuesta en la pág. 217*)

Conteste con a, b, c, o d (solamente hay una respuesta correcta para cada pregunta).

11. You have _____ ideas!
    a) a lot
    b) lot of
    c) a lot of
    d) lot

12. Do _____ tape-recorder?
    a) have a
    b) have you
    c) you have a
    d) you have

13. She is _____ Bristol hotel.
    a) stay
    b) staying with he
    c) stays at the
    d) staying at the

14. He _____ interesting story.
    a) tell us
    b) told us
    c) told us an
    d) told us a

15. Did _____ wife?
    a) meet John
    b) you meet John's
    c) you met John's
    d) you meet John

(ver respuestas correctas en la pág. 344)

16. I hope _____ will happen again!
   a) to
   b) it
   c) me
   d) never it

17. I'm sure _____ manage very well.
   a) she will be able to
   b) he be able to
   c) will be able
   d) able

18. He must _____ while I was out.
   a) to come
   b) be come
   c) have come
   d) have not come

19. Let _____ decide what he wants.
   a) he
   b) him to
   c) him
   d) he to

20. When _____ call?
   a) you want us
   b) do you want us
   c) do you want us to
   d) you want us to

(*ver respuestas correctas en la pág. 344*)

A 1 PRESENTACIÓN

> · **how** + adjetivo + **is** + sustantivo?

Esto puede corresponder en español a las siguientes expresiones:

¿Qué (talla, edad, profundidad, longitud, etc.) *tiene?*
¿Qué tan (grande, ancho, alto, profundo, viejo, etc.) *es* (o *cómo es de...)?*
o *¿Cuánto* (dura, cuesta, pesa, etc.)?

wall	[wɔ:l]	*pared, muro*
tower	[taur]	*torre*
swimming pool	[**swi**miŋ pu:l]	*piscina, alberca, pileta*
trip	[trip]	*viaje*
jacket	[**dʒæ**kət]	*chaqueta, cazadora, campera; saco*
daughter	[**do:**tər]	*hija*
long	[lo:ŋ]	*largo*
high	[hai]	*alto; (tanto de) altura*
tall	[to:l]	*alto*
wide	[waid]	*ancho*
deep	[di:p]	*profundo*
large	[la:rdʒ]	*grande; amplio*
expensive	[iks**pen**siv]	*caro*
experienced	[iks**pi**riənst]	*experimentado*

A 2 APLICACIÓN [◀ CD]

1. How long is the wall?
2. How high is the tower?
3. How tall is your brother?
4. How wide is the table?
5. How deep is the swimming pool?
6. How large is Washington?
7. How long will the trip be?
8. How far is the station?
9. How fast is your car?
10. How expensive is the jacket?
11. How experienced is he?
12. How old is your daughter?
13. How experienced is his daughter?

A 3   OBSERVACIONES

■ **How long** puede indicar longitud o duración en el tiempo:
> **How long is the table?** *¿Cuando mide de largo la mesa?*
> **How long is the film?** *¿Cuánto dura la película?*

Para referirse a la estatura de una persona no se utiliza el adjetivo **high** sino **tall**: *Mi hermano es muy alto.* **My brother is very tall.**

■ **swimming pool**, *piscina, alberca o pileta* se forma a partir del verbo **to swim**, *nadar* y el sustantivo **pool**, *estanque o charca.*

■ **large** no significa *largo*, pues dependiendo del contexto puede traducirse como *extenso, voluminoso, gordo, grande, importante*, etc.

■ Observe el orden de las palabras en la pregunta: **How long will the trip be?**

> palabras interrogativas + auxiliar + sujeto + verbo ?

■ Con frecuencia, las expresiones con **how** + adjetivo/adverbio son difíciles de traducir exactamente al español:
> **How fast is your car?** literalmente se leería *¿Qué tan rápido es tu automóvil?* pero puede sonar más natural preguntar *¿Cuánto corre tu automóvil?*
> **How expensive is this jacket?** se traduciría literalmente *¿Qué tan cara es esta chaqueta?* aunque en realidad se exprese en español como *¿Cuánto cuesta esta chaqueta?*

A 4   TRADUCCIÓN

1. ¿Cuánto mide de largo la pared?
2. ¿Qué tan alta es la torre? (*o* ¿Cuánto mide?)
3. ¿Qué tan alto es tu hermano? (*o* ¿Cuánto mide tu hermano?)
4. ¿Qué tan ancha es la mesa? (*o* ¿Cuánto mide de ancho?)
5. ¿Qué profundidad tiene la piscina?
6. ¿Qué tan grande es Washington? (*o* ¿De qué tamaño es?)
7. ¿Qué tan largo será el viaje? (*o* ¿Cuánto durará?)
8. ¿Qué tan lejos está la estación? (*o* ¿A que distancia está?)
9. ¿Cuánto corre tu automóvil?
10. ¿Cuánto cuesta esta chaqueta?
11. ¿Qué tan experimentado es él? (*o* ¿Cuánta experiencia tiene?)
12. ¿Qué edad tiene tu hija?
13. ¿Cuánta experiencia tiene la hija de él?

B 1 PRESENTACIÓN

■ **How much?** o **how many?** significan ¿cuánto?

· **Much** se usa para referirse a un sujeto singular o que no puede contarse:

How much money do you want? How much do you want? ¿Cuánto dinero quieres? ¿Cuánto quieres?

· **Many** se emplea cuando el sujeto está en plural y se puede contar:

How many books do you want? How many do you want? ¿Cuántos libros quieres? ¿Cuántos quieres?

■ **How** + adverbio se usa bajo las mismas condiciones que **how** + adjetivo:

How often does she come? ¿Qué tan a menudo viene (ella)? o ¿Con cuánta frecuencia viene?

money	[mʊni]	*dinero*
time	[taim]	*tiempo*
steak	[steik]	*bistec, filete, trozo de carne, bife*
to charge	[tu: cha:rdʒ]	*cobrar*
to spend	[tu: spend]	*gastar*
to take	[tu: teik]	*tomar*

Recuerde los siguientes verbos regulares (*ver Lección 15 A 1*):

PRESENTE		PRETÉRITO Y PARTICIPIO PASADO		
to win	[tu: win]	**won**	[wen]	*ganar*
to catch	[tu: kæch]	**caught**	[ko:t]	*atrapar, agarrar; tomar*
to get	[tu: get]	**got**	[ga:t]	*conseguir, obtener*

B 2 APLICACIÓN [◀ CD]

1. How much money do you want?
2. How much is it? How much do you charge?
3. How much did you spend?
4. How much did it cost?
5. How many steaks will you have?
6. How many times did you see him?
7. How often does she come?
8. How early did they start?
9. How far is the station?
10. How long have you been here?
11. How long ago did it happen?

B 3 OBSERVACIONES

■ Observe que **time** puede significar *tiempo (duración)* o *número de veces*: **five times,** *cinco veces*. Aunque *una vez* se dice **once** y *dos veces*, **twice**, en todos los demás casos la expresión se forma de manera regular: **three times,** *tres veces*, **four times,** *cuatro veces*, etc.

■ **to have a steak,** *comer un bistec, bife o filete.* De igual manera se dice **to have tea,** *tomar té* o **to have breakfast,** *tomar el desayuno*.

■ **How far is the station?** *¿Qué tan lejos está la estación?*: **far** es un adverbio y se traduce *lejos*. Sin embargo, también puede funcionar como adjetivo (*lejano* o *alejado*): **in a far station,** *en una estación lejana*.

■ Asimismo, **long** puede funcionar como adjetivo, con el sentido de *largo:* **How long is the table?** *¿Cuánto mide de largo la mesa?*; **How long is the trip?** *¿Qué tan largo es el viaje?*

o como adverbio, con el significado de *duración en el tiempo*:

How long have you been here? *¿Cuánto tiempo has estado aquí?*; **How long ago did it happen?** *¿Cuánto hace que sucedió?*

■ Observe las formas de los siguientes verbos:

INFINITIVO	PRETÉRITO	PARTICIPIO PASADO
to spend, *gastar*	**spent**	**spent**
to take, *tomar*	**took**	**taken**
to see, *ver*	**saw**	**seen**
to come, *venir*	**came**	**come**

B 4 TRADUCCIÓN

1. ¿Cuánto dinero quieres?
2. ¿Cuánto es? ¿Cuánto cobra usted?
3. ¿Cuánto gastaste?
4. ¿Cuánto costó?
5. ¿Cuántos bisteces (*o* bifes) tomarás?
6. ¿Cuántas veces lo viste?
7. ¿Qué tan a menudo viene (ella)? (*o* ¿Con qué frecuencia viene?)
8. ¿Qué tan temprano comenzaron?
9. ¿Qué tan lejos está la estación?
10. ¿Cuánto tiempo has estado aquí?
11. ¿Cuánto hace que sucedió?

C 1 EJERCICIOS

A. Traduzca.

1. How far is New York?
2. How old is your brother?
3. How much do they charge?
4. How expensive is your car?
5. How far will you go?
6. How long will you stay?

B. Traduzca. [◀ CD]

1. ¿Qué edad tiene?
2. ¿Cuánto mide de largo la mesa?
3. ¿Cuánto dinero quieres?
4. ¿Cuántas veces sucedió?
5. ¿Qué tan lejos estamos de la estación?
6. ¿Cuánto tiempo has estado aquí?

C. Complete las oraciones con **much** o con **many.**

1. How _____ money do you want?
2. How _____ cars do they have?
3. How _____ is it?
4. How _____ are they?
5. How _____ daughters do they have?
6. How _____ coats do you want?

C 2 RESPUESTAS

A.

1. ¿A qué distancia está Nueva York?
2. ¿Qué edad tiene tu hermano?
3. ¿Cuánto cobran ellos?
4. ¿Qué tan caro es tu automóvil? (*o* ¿Cuánto cuesta?)
5. ¿Qué tan lejos irás?
6. ¿Cuánto tiempo te quedarás?

B. [◀ CD]

1. How old is he?
2. How long is the table?
3. How much money do you want?
4. How many times did it happen?
5. How far are we from the station?
6. How long have you been here?

C. 1. much 2. many 3. much 4. many 5. many 6. many

C 3 FIESTAS ESTADOUNIDENSES

Traditional celebrations and legal holidays in the USA

Fiestas tradicionales y días feriados en los Estados Unidos de Norteamérica

■ En teoría, no existen días nacionales feriados o inhábiles en el país, salvo en el **District of Columbia** (**D.C.**), territorio federal en el que se encuentra Washington, la capital. Sin embargo, en la práctica la mayor parte de los estados respetan los días feriados "federales". Por lo general, se utilizan los lunes para celebrar estas fiestas a lo largo del país:

New Year's Day, *Año Nuevo: 1 de enero;*

Martin Luther King's Day, *Natalicio de Martin Luther King: fue instituido en 1986 y se festeja el tercer lunes de enero;*

Presidents' Day, *conmemora los natalicios de Abraham Lincoln (12 de febrero) y de George Washington (22 de febrero): tercer lunes de febrero;*

Memorial Day *(en él se recuerda a los estadounidenses muertos en guerra): último lunes de mayo;*

Independence Day o **Fourth of July**, *Día de la Independencia: se celebra el 4 de julio con desfiles y vistosos fuegos artificiales;*

Labor Day *(es similar al Día del Trabajo en muchos países): primer lunes de septiembre;*

Columbus (o **Pioneers'**) **Day**, *Día de la Raza: segundo lunes de octubre;*

Veteran's Day *(se recuerda a todos los que han servido en el ejército en tiempos de guerra): 11 de noviembre;*

Thanksgiving Day, *Día de Acción de Gracias: cuarto jueves de noviembre;*

Christmas Day, *Navidad: 25 de diciembre.*

■ Además existen días que, sin ser feriados de manera oficial, representan celebraciones y fiestas populares. Ejemplos de ello son el **Mother's Day**, *Día de la Madre,* celebrado el segundo domingo de mayo y **Halloween** (**All Saint's Day** o **All Hallows' Day**), la noche del 31 de octubre. En esta fecha, los niños y jóvenes se disfrazan de calaveras, brujas, monstruos, diablos, etc. y van de casa en casa pidiendo dulces o dinero mientras cantan **Trick or treat**, *travesura o regalo* (es decir, *haremos una travesura si no nos dan un regalo*).

D 1 HOW OLD ARE THEY? [◀ CD]

Kate: When will you arrive?

Agatha: We'll arive on Saturday the first of March.

Kate: And how long do you intend to stay?

Agatha: We'll stay for a week. We'll leave on Friday of the following week.

Kate: That's six nights. How many rooms will you want?

Agatha: We need two. One for us and one for the kids.

Kate: How many children do you have?

Agatha: We have two sons.

Kate: And how old are they?

Agatha: Six and ten years old. I have another question. Have you got a swimming pool?

Kate: Yes, we have a big one.

Agatha: That's fine. And how much will you charge for the two rooms?

D 2 VIDA COTIDIANA

LA FAMILIA

father	[faːðər]	*padre*
mother	[mɐðər]	*madre*
grandmother	[grænmɐðər]	*abuela*
grandfather	[grænfaːðər]	*abuelo*
daughter	[doːtər]	*hija*
son	[sɐn]	*hijo*
brother	[brɐðər]	*hermano*
sister	[sistər]	*hermana*
aunt	[ænt]	*tía*
uncle	[ɐŋkəl]	*tío*
niece	[niːs]	*sobrina*
nephew	[nefiuː]	*sobrino*

D 3 ¿CUÁNTOS AÑOS TIENEN?

Kate: ¿Cuándo llegarán?

Agatha: Llegaremos el sábado primero de marzo.

Kate: Y ¿cuánto tiempo piensan quedarse?

Agatha: Nos quedaremos una semana. Nos iremos el viernes de la siguiente semana.

Kate: Es decir, serán seis noches. ¿Cuántas habitaciones quieren?

Agatha: Necesitamos dos. Una para nosotros y una para los niños.

Kate: ¿Cuántos niños tiene?

Agatha: Tenemos dos hijos.

Kate: ¿Y cuántos años tienen?

Agatha: Seis y diez años de edad. Tengo otra pregunta. ¿Tiene piscina[1]?

Kate: Sí, tenemos una grande.

Agatha: Perfecto. ¿Y cuánto (me) cobrarán por las dos habitaciones?

[1] piscina= alberca o pileta

D 4 VIDA COTIDIANA · HUMOR

You can tell* a child is growing old when he stops asking where he came from and starts refusing to tell where he is going.

Puedes saber que un niño está haciéndose mayor cuando deja de preguntar de dónde viene y empieza a rehusar decir a dónde va.

* **tell** literalmente se traduciría *decir, distinguir*, pero también *saber, darse cuenta de algo.*

CÁPSULA CULTURAL

Complete la siguiente frase:

En el año _____ el hombre llegó a la Luna. El primero en pisarla fue un estadounidense y se llamó _____. *(respuesta en la pág. 210).*

A 1 PRESENTACIÓN

more	than	*más*	*que*
-er	than	*más*	*que*
less	than	*menos*	*que*
as	as	*tan (tanto)*	*como*
not so (as)	as	*no tan (no tanto)*	*como*

■ El <u>comparativo</u> se obtiene añadiendo **-er** a los adjetivos cortos (de una o dos sílabas) o adjuntando **more** a los adjetivos largos.

young	[iɐŋ]	*joven*
cheap	[chi:p]	*barato*
useful	[iu:sfəl]	*útil*
sunny	[sɐni]	*soleado*
warm	[wo:rm]	*cálido, tibio*
country	[kɐntri]	*país*
dictionary	[**dik**shəneri]	*diccionario*
to get warmer	[tu: get wo:rmər]	*calentarse*

A 2 APLICACIÓN [◀ CD]

1. She is prettier than her sister.
2. She is younger than her brother.
3. He is taller than Jim.
4. They are older than us.
5. Wine is cheaper in Chile than in Peru.
6. Beer is as expensive as wine here.
7. Is it less expensive in your country?
8. It's not so expensive as here.
9. Your dictionary is more useful than mine.
10. It's bigger and more expensive, too.
11. It's much sunnier today.
12. It's getting warmer and warmer.

A 3 OBSERVACIONES

■ Comparativo de adjetivos cortos: se les añade la terminación **-er**.
     younger, taller, older, cheaper.
Observe que el sufijo **-er** puede obligar a hacer cambios en la ortografía:
la **-y** precedida de una consonante se convierte en **-i**:
     pretty ⇨ prettier
     sunny ⇨ sunnier
Por otro lado, en algunos casos la consonante final se hace doble:
     big ⇨ bigger.
■ **more** se utiliza para formar el comparativo de los adjetivos largos: **more
comfortable,** *más cómodo.*
■ **less... than,** *menos que...:* este comparativo de inferioridad es
frecuentemente sustituido por la negación **not so** (o **not as**)... **as:**
Yours is less expensive than mine = Yours is not so expensive as mine.
■ **much** + comparativo = *mucho más:*
     She is much prettier than her sister.
     Ella es mucho más bonita que su hermana.
■ **It's getting warmer and warmer,** *está haciendo más y más calor.*
La repetición del comparativo equivale a decir en español: *más y más.*
Otro ejemplo del mismo caso:
     Everything is getting more and more expensive.
     Todo se está poniendo más y más caro.

A 4 TRADUCCIÓN

1. Ella es más bonita que su hermana.
2. Ella es más joven que su hermano.
3. Él es más alto que Jim.
4. Ellos son más viejos que nosotros.
5. El vino es más barato en Chile que en Perú.
6. Aquí, la cerveza es tan cara como el vino.
7. ¿En tu país es menos caro?
8. No es tan caro como aquí.
9. Tu diccionario es más útil que el mío.
10. También es más grande y más caro.
11. Hoy está mucho más asoleado.
12. Está haciendo más y más calor.

B 1   PRESENTACIÓN

· the most... in, of...

  the (-est)... in, of...   *el más... de...*

· the least... of, in...   *el menos... de...*

· good, better, the best   *bueno, mejor, el mejor*

  bad, worse, the worst   *malo, peor, el peor*

· the longer of the two   *el más largo de los dos*

■ El superlativo se forma añadiendo **-est** a los adjetivos de una o dos sílabas, o poniendo **most** antes de los adjetivos de más de dos sílabas.

ever	[evər]	*jamás, como siempre; alguna vez*
silly	[**s**ili]	*tonto, bobo*
mistake	[məs**teik**]	*error*
heavy	[**he**vi]	*pesado*
knife (*pl.* knives)	[naif, naifz]	*cuchillo(s)*
comfortable	[**ku**mfərtəbəl]	*cómodo*
suburbs	[**s**əbe:rbz]	*barrios, suburbios*
game	[geim]	*juego, partido*
film, movie	[film; **mu:**vi]	*película o cinta cinematográfica*
to make a mistake	[tu: meik ə məs**teik**]	*cometer un error, equivocarse*
to make coffee or tea	[tu: meik **ko:**fi ər ti:]	*hacer café o té*

B 2   APLICACIÓN [◀ CD]

1. He is the nicest of them all.
2. This is the silliest mistake you've ever made.
3. His was the heaviest of the three bags.
4. Mine is the longest of the two knives.
5. He has the most comfortable house in these suburbs.
6. This movie is the saddest we've seen in weeks.
7. They('ve) played their best game in months.
8. Yours is a much better idea!
9. Among her friends she makes the worst coffee.
10. It couldn't be worse.
11. That's the silliest thing to say.
12. It's his least interesting song.

B 3 OBSERVACIONES

■ Superlativo: de modo similar a la formación del comparativo, si el adjetivo es corto, el superlativo se forma añadiendo **-est**; si es largo, se le antepone **most**. En todos los casos se emplea el artículo **the**, *el, la* y el objeto o término de complemento es introducido por las preposiciones **of, in** o **among**. La ortografía se ve modificada de la misma manera que con los comparativos:

silly ⇨ **silliest; sad** ⇨ **saddest**

■ **Good - bad**: estos adjetivos tienen comparativos y superlativos irregulares: **better, the best** y **worse, the worst** respectivamente. Por su lado, **far,** *lejos* tiene dos comparativos y dos superlativos:

farther o **further** ⇨ **the farthest** o **the furthest.**

■ **The longer of the two**: al comparar dos objetos se utiliza el comparativo, a diferencia del español, que emplea el superlativo: *es el más largo de los dos.*

■ Pronombres posesivos:
mine, yours, his, hers, its, ours, theirs: *el mío, el tuyo,* etc. (*ver Lección 16, A 1 y A 3*). Note el particular uso del pronombre posesivo en las preguntas 3, 4 y 8 del ejercicio B 2. El pronombre se coloca al inicio de la oración y el sustantivo al cual reemplaza se encuentra al final de la misma:
Yours is a much better idea! *¡La tuya es una idea mucho mejor!* (literalmente *La tuya es una mucho mejor idea*).

■ **Most**, *el más* también tiene el sentido de *de lo más: esto es de lo más útil* se puede decir **this is very useful** o **this is most useful**.

B 4 TRADUCCIÓN

1. Él es el más agradable de todos ellos.
2. Éste es el error más tonto que has cometido.
3. Su bolsa era la más pesada de las tres.
4. Mi cuchillo es el más largo de los dos.
5. Él tiene la casa más cómoda de estos suburbios.
6. Esta película es la más triste que hayamos visto en semanas.
7. Jugaron su mejor partido en meses (*o* Han jugado su mejor partido en meses).
8. ¡La tuya es una idea mucho mejor!
9. Entre sus amigas, ella hace el peor café.
10. No podría ser peor.
11. Eso es lo más tonto que (puedas) decir.
12. Es la menos interesante de sus canciones.

C 1   EJERCICIOS

A. Traduzca. [◀ CD]

1. Este país no es tan rico como el nuestro.
2. Es más fácil encontrar una habitación en Texas que en Nueva York.
3. Una pelota de baloncesto es más grande que una de fútbol.
4. Es más pesado de lo que pensé.
5. La computadora de él es más rápida que la mía.
6. Él es el mayor de todos nosotros.
7. Mi auto no es el más rápido, pero tampoco es muy caro.
8. Mi hermano es el más grande de los dos.

C 2   RESPUESTAS

A.1. This country is not so rich as ours.
2. It's easier to find a room in Texas than in New York.
3. A basketball is bigger than a football.
4. It's heavier than I thought.
5. His computer is faster than mine.
6. He is the oldest of us all (*o* He is the oldest of all of us).
7. My car isn't the fastest but it isn't very expensive.
8. My brother is the biggest of the two.

C 3   EXPRESIONES ÚTILES

- El <u>comparativo</u> y el <u>superlativo</u> son frecuentemente empleados, aunque sea de manera discreta, en las frases hechas y en las expresiones idiomáticas. Observe los siguientes ejemplos:

the lower deck, *la cubierta, el nivel o piso inferior de un barco.*

the upper deck, *la cubierta, el nivel o piso superior de un barco.*

the former, *el primero* (se refiere al primer término de una serie de dos).

the latter, *el segundo* o *el último* (el segundo término de una serie de dos).

the more, the merrier, *cuanto* (o *cuántos*) *más, (será) mejor.*

the more I try, the less I succeed, *cuanto más lo intento, menos lo logro.*

my elder brother (forma especial de **old**), *mi hermano mayor.*

our eldest daughter (de **old**), *nuestra hija mayor.*

at last (adverbio), *al fin.*

at least (adv.), *al menos, por lo menos.*

at the most (adv.), *como máximo.*

not in the least, *en absoluto, por nada del mundo.*

I did my best, *hice lo (mejor) que pude.*

He did his very utmost to..., *él hizo su máximo esfuerzo...*

C 4 EL ESTADO DEL TIEMPO

■ Dada la gran extensión del país, desde **Washington (State)** hasta **Florida** (sin contar **Alaska**), no puede hablarse de un *clima* (**climate** [klaimət]) estadounidense. En realidad se trata de varios tipos, determinados tanto por la variedad del relieve del terreno (zonas costeras, planicies centrales, regiones montañosas) como por las diferentes latitudes que atraviesan el país.

· El norte de la costa Este tiene clima húmedo, con fuertes precipitaciones. La región de Nueva York y la *Nueva Inglaterra,* **New England** (nombre colectivo que se da a los seis estados del noreste: **Maine, Vermont, New Hampshire, Massachusetts, Rhode Island** y **Connecticut**) se caracterizan por tener *inviernos* (**winters** [wintərz]) muy rigurosos, con temperaturas de − 20° C, y con nieve y ventisca. En contraste, los *veranos* (**summers** [sæmərz]) son calientes y húmedos.

· El Sureste (**Florida,** valle del río **Mississippi** y Golfo de México) presenta un clima subtropical con temperaturas que rara vez se encuentran por debajo de los cero grados centígrados.

· En las planicies centrales el clima es continental y presenta fuertes contrastes entre estaciones: los veranos son calientes y los inviernos, muy fríos, con fuertes nevadas. En el verano, las variaciones de temperatura entre el día y la noche son considerables.

· El norte de la costa del Pacífico (**Oregon**) muestra menores variaciones climáticas, pues los inviernos son moderados y los veranos, relativamente frescos.

· Al Suroeste, sobre la misma costa pacífica, se encuentra el famoso clima californiano, con inviernos muy benignos y veranos calientes y secos. El óptimo aprovechamiento de este clima cálido, aunado a excelentes sistemas de irrigación, han convertido a esta región en un inmenso jardín y una rica zona de cultivo.

■ Cada zona tiene sus propias amenazas climáticas; por ejemplo, la región del Mississippi puede sufrir inundaciones debidas a tormentas, el Noreste enfrenta tormentas de viento y nieve, mientras que la región de Florida es frecuentemente azotada por *huracanes* (**hurricanes** [he:rəkeinz]).

■ Considerando tales variaciones climáticas, tal vez la estación más propicia para viajar a los Estados Unidos de Norteamérica sea el *otoño* (**fall** [fo:l]), pues en general el viajero no padecerá las bajas temperaturas invernales ni los intensos calores veraniegos. Sin embargo, también los climas extremosos pueden resultar atractivos para el turista pues, tomándolos en consideración al planear un viaje, tienen su propio interés turístico.

D 1 WHAT'S THE WEATHER LIKE? [◀ CD]

Georges: Bad weather, eh?

Linda: Yes, it's much colder than last week. And it's getting colder and colder.

Georges: This is the worst summer we've had in years. It couldn't be worse.

Linda: Let's hope it will be better next week. I'm going on vacation.

Georges: Where are you going?

Linda: I'm going to Colorado. The weather can't be as bad as it is here!

Georges: We're going to Florida.

Linda: That'll be nice. It'll be warmer and sunnier there.

Georges: Well, we don't like it when it's too hot[1].

Linda: How expensive is it in Florida?

Georges: Less expensive than in Colorado, but not as cheap as in South America.

Linda: I never go on vacation abroad. I feel much more comfortable[2] at home[3].

[1] **hot**, *caliente (muy caliente)*. **Hot** es más caliente y menos agradable que **warm**.

[2] **to feel comfortable**, *sentirse cómodo.*

[3] **at home**, *en casa, en el propio país.*

D 2 VIDA COTIDIANA

LA TEMPERATURA

En los Estados Unidos de Norteamérica, la temperatura se expresa en grados **Fahrenheit** [fǽrənhait]. He aquí sus correspondencias:

Grados Centígrados (C)	Grados Fahrenheit (F)	Tabla de conversión
0°	32°	(grados C × 9/5) + 32 = grados F
10°	50°	
20°	68°	(grados F − 32) × 5/9 = grados C

D 3 ¿CÓMO ESTÁ EL TIEMPO?

Georges: Mal tiempo, ¿eh?

Linda: Sí, hace mucho más frío que la semana pasada. Y está haciendo más y más.

Georges: Este es el peor verano que hemos tenido en años. No podría estar peor.

Linda: Esperemos que esté mejor la próxima semana. Me voy de vacaciones.

Georges: ¿A dónde vas?

Linda: Voy a Colorado. ¡El tiempo no puede estar tan malo como aquí!

Georges: Nosotros vamos a Florida.

Linda: Eso será agradable. Allá hará más calor y estará más soleado que aquí.

Georges: Bueno, no nos gusta cuando hace demasiado calor.

Linda: ¿Cuántó cuesta la vida en Florida?

Georges: Es menos cara que en Colorado, pero no tan barata como en América del Sur.

Linda: Nunca voy de vacaciones fuera del país. Me siento mucho más cómoda en casa.

D 4 VIDA COTIDIANA

EL ORIGEN DE LA PALABRA **G.I.** [dʒi: ai]

En principio, estas iniciales significan **Government Issue** (o **General Issue**), es decir, se refieren al equipo proporcionado por el gobierno estadounidense o que es reglamentario según sus normas. En consecuencia, también se usa para designar a los soldados equipados por el gobierno de esa nación.

CÁPSULA CULTURAL

¿Cuántas obras escribió el autor inglés William Shakespeare?
(*respuesta en las págs. 241 y 242*)

A 1 PRESENTACIÓN

- **I may** [mei] *puedo, podría, tengo permiso para..*

- **may** indica una probabilidad o un permiso y se utiliza para indicar las acciones que dependen del azar, de la suerte o del prójimo.

- **I may** es un verbo defectivo (*ver* **I can,** *Lección 17 A 3*).

to rain	[tu: rein]	*llover*
pen	[pen]	*bolígrafo o birome*
seat	[si:t]	*asiento*
now	[nau]	*ahora*
to smile at	[tu: smail æt]	*sonreír a (alguien o algo)*
to use	[tu: iu:s]	*usar*
to choose	[tu: chu:z]	*escoger, elegir*
present	[**prez**nt]	*regalo*
building	[**bil**diŋ]	*edificio*

- Recuerde: **too** tiene dos significados: *demasiado* y *también*.

A 2 APLICACIÓN [◀ CD]

1. It may rain.
2. He may be late.
3. She may come.
4. It may be too late already.
5. He may not like it.
6. May I smoke?
7. May I borrow your pen?
8. May I take a seat?
9. May I choose a present for him?
10. You may leave now.
11. You may use her camera, I'm sure.
12. You may smile at it.

A 3 OBSERVACIONES

■ **may** es un verbo defectivo *(ver* **can**): no tiene infinitivo, ni -**s** en la tercera persona, ni futuro, ni participio, ni ningún tiempo compuesto. **I may** puede traducirse como *podría*. En ocasiones también tiene el sentido de *quizá, tal vez* o *puede ser.*

■ **It may rain**: observe
1. la ausencia de la -**s** en la tercera persona.
2. la ausencia de **to** para introducir el verbo que sigue.

■ **May I smoke?**
Note que como sucede con el verbo **to be**, la forma interrogativa con **may** se obtiene por la simple inversión de los elementos, sin utilizar **to do.**

■ **He may not like it**: observe la construcción de la forma negativa. Se logra simplemente añadiendo **not**, como sucede con **to be** o con los auxiliares **shall, will**, etc.

■ Nota: *estar retrasado, llegar tarde* se dice **to be late.**

A 4 TRADUCCIÓN

1. Puede llover.
2. Quizá él llegue retrasado.
3. Tal vez ella venga.
4. Puede ser demasiado tarde (*o* Tal vez ya sea demasiado tarde).
5. Quizá no le guste.
6. ¿Puedo fumar?
7. ¿Puedo tomar prestada tu birome?
8. ¿Puedo tomar asiento?
9. ¿Puedo escoger un regalo para él?
10. Ahora puedes irte.
11. Estoy seguro de que puedes usar su cámara.
12. Puedes sonreírte.

B 1 PRESENTACIÓN

• **to allow** [tu: əlau]	*permitir, dejar hacer*
to be allowed	*tener permiso*
I'm allowed to...	*tengo permiso de...*

• Al ser **may** un verbo defectivo, las formas compuestas de que carece pueden ser sustituidas por **to be allowed**. Esto sólo aplica en los casos en que **may** indica permiso o autorización.

I knew	[ai nu:]	*(yo) sabía* (es el pretérito de **to know**)
never	[**nev**ər]	*nunca*
how many..?	[hau **me**ni]	*¿cuántos?* (plural)
to bring	[tu: briŋ]	*traer*
more	[mo:r]	*más*
visitors	[**viz**ətərz]	*visitantes, visitas*
passengers	[**pæ**sndʒerz]	*pasajeros*
beyond	[bia:nd]	*más allá de, después de*
point	[point]	*punto, lugar*
to try	[tu: trai]	*intentar, tratar*
try (tries)	[trai, traiz]	*intento(s)*
perhaps	[**pə**rhæpz]	*tal vez, quizá*

B 2 APLICACIÓN [◀ CD]

1. Allow me to..
2. Is it allowed?
3. I knew it wasn't allowed.
4. It will never be allowed.
5. She's been allowed to do it.
6. How many tries do you allow?
7. They didn't allow us to bring more.
8. No dogs allowed.
9. Visitors (passengers) are not allowed beyond this point.
10. You may be allowed to do it.
11. He may not pass his exam.
12. But perhaps he'll be allowed to try again.

B 3   OBSERVACIONES

■ Observe que, en la mayor parte de la frases del ejercicio anterior, no fue posible utilizar el verbo **may**. Por ello, fue reemplazado por **to be allowed** en todas las formas de las que carece, sobre todo en los tiempos compuestos. De cualquier modo, **to be allowed** sólo puede ser usado en los casos en que **may** tiene el sentido de permiso o autorización. Cuando conlleva el sentido de casualidad, en algunas ocasiones se le sustituye por el adverbio **perhaps** [pərhæpz], *tal vez, quizá.*

■ **It will never be allowed:** note la presencia del adverbio **never** en la construcción con **to allow.**

■ **She's been allowed:** este antepresente en realidad equivale al tiempo presente: *le ha sido permitido = tiene autorización.*

■ **How many...?** *¿cuántos...?* siempre va seguido de un sujeto plural.

■ **How many tries do you allow?** En este caso, **tries** es plural de **try** y tiene el sentido de "intentos".

■ Recuerde: formación del plural de los sustantivos terminados en **y:**
   — cuando la **y** va precedida de una consonante, se transforma en **ies.**
   y ⇨ ies Por ej.: **a try,** *un intento* **tries,** *intentos*
   — cuando la **y** va precedida de una vocal, se le añade una **s.**
   y + s Por ej.: **a day,** *un día* **days,** *días*

B 4   TRADUCCIÓN

1. Permítame... (*o* Permita que yo...)
2. ¿Está permitido?
3. Yo sabía que no estaba permitido (*o* que estaba prohibido).
4. Eso nunca será permitido.
5. Ella tiene autorización de hacerlo.
6. ¿Cuántos intentos (se) permiten?
7. No nos dejaron traer más.
8. No se permite traer perros (*o* No se admiten perros).
9. No se permiten visitantes (pasajeros) mas allá de este punto (*o* Prohibido el paso a visitantes).
10. Tal vez te permitan hacerlo.
11. Quizá él no pase su examen.
12. Pero tal vez le permitan intentarlo otra vez.

C 1 EJERCICIOS

A. Traduzca. [◀ CD]

1. Tal vez ellos vengan en automóvil.
2. Quizá regresemos temprano.
3. Puede ser que te equivoques.
4. Quizá él pida prestado un automóvil.
5. Tal vez lo intenten de nuevo.

B. Complete con **can** o con **may**.

1. It _____ rain tonight.
2. My train _____ be late.
3. I _____ drive you to the station if you're late.
4. They _____ speak good English.
5. She _____ not like it, you know?
6. _____ I leave early tonight?
7. You _____ use my pen.

C 2 RESPUESTAS [◀ CD]

A. 1. They may drive here (o They may come by car).
   2. We may be back early.
   3. You may be wrong.
   4. He may borrow a car.
   5. They may try again.

B. 1. may – 2. may – 3. can – 4. can – 5. may – 6. may o can – 7. may o can

C 3 CAN Y MAY

· Generalmente, **can** indica una posibilidad o se refiere a la capacidad propia de una persona:

Can you play the piano? *¿Puedes (o sabes) tocar el piano?*

· **May** indica, sobre todo, una posibilidad que no depende de un individuo (se refiere a una casualidad o al hecho de dar una autorización):

You may tell him. *Puedes decirle.*

· Compare:

⇨ **He can drive your car.** *Él puede (o sabe) conducir tu automóvil.*

y **Driving on icy roads may be dangerous.** *Conducir en caminos cubiertos de hielo puede ser peligroso.*

⇨ **She can help you with it.** *Ella puede ayudarte con eso.*

y **You may need her help.** *Tal vez necesites su ayuda.*

En general, existe una tendencia a usar **can** aun en casos en que "debería" usarse **may**. Esto se debe a que este último verbo se considera más formal:

Can I come too? en vez de **May I come too?** o

You can smoke if you want en lugar de **You may smoke if you want.**

C 4 MONUMENTOS HISTÓRICOS Y SITIOS DE INTERÉS

■ En los Estados Unidos de Norteamérica existen cientos de sitios históricos, desde monumentos y edificios hasta campos de batalla y cementerios. Además, a los estadounidenses les gusta recrear lugares antiguos, por ejemplo, la "casa de época" **Old Plymouth** (cerca de Boston), entre muchas otras.

■ **Washington, D.C.,** capital del país, alberga muchos monumentos importantes. Por ejemplo, a orillas del río Potomac se encuentra el **Jefferson Memorial** [dʒəfərsən məmo:riəl] un edificio de mármol blanco dedicado al presidente Thomas Jefferson (1801-1809). En el interior, una estatua de más de cinco metros de alto está rodeada de fragmentos de la Declaración de Independencia, redactada por él mismo. Asimismo, un obelisco de 168 m de altura recuerda a George Washington, primer presidente de la nación; otros monumentos honran la memoria de Abraham Lincoln y Franklin D. Roosevelt, presidentes distinguidos en la historia estadounidense. También se puede visitar una enorme obra conmemorativa a los caídos o desaparecidos en Vietnam, en la que están inscritos más de 55 mil nombres. Cruzando el Potomac, ya en el estado de Virginia, se encuentra el Cementerio Nacional de Arlington, que contiene los restos de líderes políticos y militares muertos en guerra. También en Virginia, a orillas del río, se localiza el *Pentágono* (**Pentagon** [pentəga:n]), sede del Departamento de Defensa.

■ En Nueva York está el famoso *Puente de Brooklyn* (**Brooklyn Bridge** [bruklin bridʒ]). Inaugurado en 1883, conecta Manhattan (centro comercial, financiero y cultural) y Brooklyn (área residencial y puerto comercial). Entre los rascacielos que caracterizan la ciudad están las torres gemelas del **World Trade Center** y el edificio del **Empire State**. Otros edificios importantes son la sede de la Organización de las Naciones Unidas (ONU) y el Centro Rockefeller.

■ EU tiene también muchos *parques nacionales* (**national parks** [næshnəl pa:rkz]), espacios destinados a la conservación de la naturaleza. En general ofrecen paisajes admirables, como cascadas, estanques, acantilados y una rica vida animal que puede incluir osos, lobos, serpientes, venados, búhos y halcones. **Yellowstone**, en Wyoming, fue el primer parque nacional del país. Inaugurado en la segunda mitad del siglo XIX, contiene alrededor de 3 000 géiseres, además de una fauna variada. El parque **Yosemite**, en California, cuenta con numerosas pistas de caminata que permiten admirar gigantescas sequoias (árboles de hasta 80 metros de alto) e inmensas cascadas.

D 1 AN APPOINTMENT [◀ CD]

Mr. Martin: Do sit down[1], please... Would you like a cup of coffee?

Ms. Johnson: Yes, please. Thank you very much. May I ask a question?

Mr. Martin: Please do.

Ms. Johnson: How come visitors are not allowed to park inside the building?

Mr. Martin: Because there is[2] only room for four cars and there are eight of us working here.

Ms. Johnson: I see.

Mr. Martin: Now, when do you want to make an appointment[3]?

Ms. Johnson: What about Thursday at nine? Is it too early?

Mr. Martin: No, that'll be fine.

Ms. Johnson: May I borrow your pen? Mine isn't working...

[1] **Do sit down,** *siéntese por favor.* Forma reforzada de cortesía.

[2] **There is, there are** = *hay.* Se pone **is** si el sujeto es singular y **are,** si es plural.

D 2 VIDA COTIDIANA

ESTATUA DE LA LIBERTAD

La *Estatua de la Libertad* (**Statue of Liberty** [stæchu: a:v libərti]) es un monumento nacional ubicado en una isla pequeña en el puerto de la ciudad de Nueva York. Simboliza la libertad: a sus pies yacen cadenas rotas y en su mano derecha sostiene una antorcha de victoria. En la izquierda lleva una tablilla que tiene inscrita la frase "4 de julio de 1776", fecha en que las colonias americanas se independizaron del control británico. Fue construida a fines del siglo XIX por el escultor francés Frédéric-Auguste Bartholdi. Tiene una altura de 93 m (incluyendo la base) y fue donada por Francia en el primer centenario de la independencia estadounidense.

D 3 UNA CITA

Sr. Martin: Siéntese, por favor. ¿Quiere una taza de café?
Sra. Johnson: Sí, por favor. Muchas gracias. ¿Puedo hacer una pregunta?
Sr. Martin: Por favor hágala.
Sra. Johnson: ¿Por qué los visitantes no pueden estacionarse (o parquearse) dentro del edificio?
Sr. Martin: Porque sólo hay lugar para cuatro automóviles y aquí trabajamos ocho (personas).
Sra. Johnson: Ya veo.
Sr. Martin: Ahora, ¿para cuándo quiere hacer la cita?
Sra. Johnson: ¿Qué tal el jueves a las nueve? ¿Es muy temprano?
Sr. Martin: No, está perfecto.
Sra. Johnson: ¿Puedo tomar prestada su birome⁴? La mía no funciona...

[3] **apppointment** [əpointmənt] aquí tiene el sentido de *cita* pero también puede significar un *nombramiento*.

[4] *birome= pluma o bolígrafo*

D 4 VIDA COTIDIANA

LOS DÍAS DE LA SEMANA

Sunday	[sɐndi]	*domingo*	**Thursday**	[θe:rzdi]	*jueves*
Monday	[mɐndi]	*lunes*	**Friday**	[fraidi]	*viernes*
Tuesday	[tu:zdi]	*martes*	**Saturday**	[sætərdi]	*sábado*
Wednesday	[wendzi]	*miércoles*			

Observe que en inglés, los días de la semana (y los meses del año) siempre se escriben con mayúscula.

CÁPSULA CULTURAL

¿Cómo se traduce *llamada de cobro revertido o por cobrar?*
(*respuesta en la pág. 300*)

A 1 PRESENTACIÓN

■ Las <u>preposiciones</u> son pequeñas palabras que relacionan o unen sustantivos, pronombres, adjetivos, adverbios o verbos. Pueden indicar la posición, la dirección, el tiempo, la causa, la situación, etc.

- Algunas preposiciones del español son *a, ante, bajo, contra, de, desde, en, entre, hacia, hasta, para, por, sobre.*

- En inglés, algunas son: **above,** *arriba;* **after,** *después;* **at,** *en;* **before,** *antes;* **for,** *para, por;* **in,** *en;* **into,** *en, dentro;* **to,** *para, a;* **up,** *arriba.* El uso de las preposiciones es especialmente preciso en inglés, por lo que es necesario utilizarlas correctamente para ser comprendido.

- Algunos verbos que en español llevan pronombre que indica complemento u objeto directo (*espérame, míralo, escúchala*), en inglés se construyen con preposición: **wait <u>for</u> me, look <u>at</u> him, listen <u>to</u> her.**

lost	[lo:st]	*perdido*
without	[wiðaut]	*sin*
by chance	[bai chæns]	*por casualidad*
the movies	[ðəmu:viz]	*el cine, las películas*
I was born	[ai wa:z bo:rn]	*nací*
to lean	[tu: li:n]	*inclinarse; asomarse*
town	[taun]	*ciudad, pueblo*

A 2 APLICACIÓN [◀ CD]

1. I will be pleased to do it for you.
2. She'll travel with Charlie.
3. He will be lost without her.
4. I met him by chance.
5. He comes from Alaska.
6. I want to go to the movies.
7. I'll meet you at the station.
8. I was born in Chile.
9. Can we drive into town?
10. Don't lean out of the window!
11. Wait for me!
12. Listen to her! Look at him!

A 3 OBSERVACIONES

■ En inglés, las preposiciones son empleadas con suma exactitud, aunque no siempre se deben traducir de manera literal pues no necesariamente se corresponden con las preposiciones que emplea el español. En general, el inglés precisa la naturaleza de la acción o del movimiento: **I'll meet you at the station,** *te encontraré en la estación;* **I want to go to the movies,** *quiero ir al cine* pero **Don't lean out of the window,** *no te inclines o asomes por la ventana* (literalmente: *no te inclines o asomes afuera de la ventana*).

Para aprender a usar las preposiciones del inglés puede servir "visualizar" la acción:

> **in** indica <u>inmovilidad</u> en un lugar.
> **to** se refiere al <u>desplazamiento</u> hacia un sitio.
> **into** indica el <u>ingreso</u> a un lugar.
> **I live in Chile. He wants to go to California. He went into the room.**

■ Observe que si no llevan un objeto o complemento, los verbos **to wait, to listen, to look** no van seguidos de preposición.

Por ej.: **I shall wait. Can't you listen? I didn't look.**

■ En realidad, la preposición sólo sirve para introducir el complemento.

Por ej.: **I shall wait for you. Can't you listen to your brother? I didn't look at it.**

A 4 TRADUCCIÓN

1. Será un gusto hacerlo por ti.
2. Ella viajará con Charlie.
3. Él estará perdido sin ella.
4. Lo encontré por casualidad.
5. Él viene de Alaska.
6. Quiero ir al cine.
7. Te encontraré en la estación.
8. Nací en Chile.
9. ¿Podemos ir a la ciudad en auto?
10. ¡No te asomes por la ventana!
11. ¡Espérame!
12. ¡Escúchala! ¡Míralo!

B 1   PRESENTACIÓN

· El verbo **to get** puede tener sentidos muy distintos según la preposición que lo acompañe. Por ejemplo: **He got off the bus.** *Él bajó del autobús.* – **He got on the bus.** *Él subió al autobús.* – **He got out of the room.** *Él salió de la habitación.*

· **There is** (+ singular), **there are** (+ plural) = *hay.*

after	[æftər]	*después (de)*
before	[bifo:r]	*antes (de), delante (de)*
in front of	[in frent a:v]	*enfrente de*
behind	[bihaind]	*detrás de*
on	[a:n]	*en, sobre, encima*
above	[əbɐv]	*encima de, sobre, arriba*
over	[əuvər]	*sobre, encima de; más allá*
under	[ɐndər]	*debajo (de)*
below	[biləu]	*debajo de, abajo de*
against	[əgenst]	*en contra de, contra*
about	[əbaut]	*acerca de, sobre (un asunto); alrededor*
nothing	[nɐθiŋ]	*nada*
noise	[noiz]	*ruido*
shelf	[shelf]	*estante, repisa*
apartment	[əpa:rtmənt]	*departamento*
store	[sto:r]	*tienda*
fog	[fo:g]	*niebla, neblina*
river	[rivər]	*río*

B 2   APLICACIÓN [◀ CD]

1. I met him after the match.
2. He tried to arrive before us.
3. My car is parked in front of the hotel.
4. I heard a noise behind the wall.
5. There are three books on the shelf.
6. They live in an apartment above the store.
7. There is fog over the river.
8. The cat is under the bed.
9. The temperature was well below zero.
10. I have nothing against it.
11. I know nothing about him.
12. He got off the bus.

B 3 OBSERVACIONES

■ El plural de **match** es **matches**.
El plural de **shelf** es **shelves**.

■ **Above** y **over** significan *sobre*, pero **over** también significa:
• *por encima* o *por arriba*: **he jumped over the wall**, *saltó por encima de la barda* (o *el muro*).
• *a través de, a lo largo de*: **over the years**, *a lo largo de los años* (o *con los años*).

■ **Under** y **below** significan *debajo de*:
• pero **under** indica sobre todo algo que se encuentra inmediatamente debajo de otra cosa.

• en cambio, **below** se refiere a un promedio o sistema de referencia:

My coat is under yours. *Mi abrigo está debajo del tuyo.*
His results are below the average. *Sus resultados están por debajo del promedio.*

■ **Before** significa tanto *antes* como *delante*:
They arrived before us. *Ellos llegaron antes que nosotros.*
They stood before me. *Ellos estaban parados delante* (o *enfrente*) *de mí.*

■ **There is, there are**: observe que el verbo cambia dependiendo de si la palabra que sigue es singular o plural. Asimismo se dirá en pretérito **there was** y **there were**, *había*.

B 4 TRADUCCIÓN

1. Lo encontré después del partido (*o* Me encontré con él).
2. Él intentó llegar antes que nosotros.
3. Mi automóvil está estacionado enfrente del hotel (*o* parqueado).
4. Oí un ruido detrás de la pared.
5. Hay tres libros en el estante.
6. Ellos viven en un departamento (que está) sobre la tienda.
7. Hay niebla sobre el río.
8. El gato está debajo de la cama.
9. La temperatura estaba muy por debajo de cero.
10. No tengo nada en contra de eso.
11. No sé nada acerca de él.
12. Él bajó del autobús.

C 1 EJERCICIOS

A. Traduzca. [◀ CD]

1. No te asomes
   por la ventana.
2. No me esperes.
3. ¡Escuche!
4. Él llegó antes que yo.

5. Mi automóvil está estacionado
   frente a la tienda (o parqueado).
6. Nací en Argentina.
7. El libro está debajo de la cama.
8. (Esto) viene de Alaska.

B. Traduzca.

1. Get out of there!
2. The apartment is
   behind the store.
3. I haven't heard about him.

4. I'll meet you at the station.
5. The shelf is against the wall.
6. The bed is under the window.

C 2 RESPUESTAS [◀ CD]

A. 1. Don't lean out of the window.
   2. Don't wait for me.
   3. Listen!
   4. He arrived before me.

5. My car is parked in front of the store.
6. I was born in Argentina.
7. The book is under the bed.
8. It comes from Alaska.

B. 1. ¡Salga de ahí!
   2. El departamento está
      detrás de la tienda.
   3. No he oído (nada) sobre él.

4. Te encontraré en la estación.
5. El estante está contra la pared.
6. La cama está debajo de la ventana.

C 3 ALGUNOS VERBOS COMUNES

· En inglés se construyen con preposición los siguientes verbos:

to wait for somebody *esperar a alguien*
to listen to somebody *escuchar a alguien*

to look at something *mirar algo*
to look for something *buscar algo*
to hope for something *esperar algo*

· Se construyen sin preposición:

to need something *necesitar algo*
to enter a room *entrar a una habitación*
to obey somebody *obedecer a alguien*

to approach a town *acercarse a una ciudad*
to resist something *resistir algo*

· Observe también:

to ask somebody for something *pedirle algo a alguien*

C 4 EL FBI Y LA CIA

■ Creado en 1935, el **FBI** (siglas de **Federal Bureau of Investigation**, *Agencia Federal de Investigación*) es un organismo de la policía federal estadounidense. Constituye la principal agencia de investigación del gobierno: se encarga de inquirir violaciones a la ley federal y casos de espionaje, así como narcotráfico y terrorismo. Depende directamente del Departamento de Justicia.

■ Sus oficinas centrales están en Washington, D.C. pero, además, el FBI opera en otras 58 dependencias en ciudades importantes de EU y Puerto Rico. Trabaja en cercana colaboración con departamentos de seguridad tanto locales como estatales y con corporaciones de seguridad internacional. Su banco de datos contiene más de 170 millones de huellas digitales, lo que lo convierte en el más grande en su tipo a nivel mundial.

■ Aunque principalmente actúa en territorio estadounidense, el FBI también lo hace en Latinoamérica.

■ Por su parte, la **CIA** (siglas de **Central Intelligence Agency**, *Agencia Central de Inteligencia*) se especializa en espionaje y contraespionaje; opera principalmente fuera del territorio estadounidense. Fue creada en 1947 y, desde entonces, su papel en la política exterior del país ha sido fundamental. Algunas de sus actividades son el rastreo clandestino de información importante para la seguridad nacional, la prevención de misiones de espionaje en instituciones estadounidenses, el apoyo a figuras o partidos políticos (generalmente anticomunistas) en otros países y la organización de operaciones paramilitares. Un ejemplo de esto último fue el entrenamiento de exiliados cubanos que participaron en la frustrada invasión a Bahía de Cochinos, Cuba, en 1961, en la que se pretendía derrocar a Fidel Castro.

D 1 LOOKING FOR A HOTEL [◀ CD]

Diana: Why are you slowing down?
Richard: I'm lost. I think I'll park here and ask somebody where the hotel is.
Diana: I'm sure it's behind us. We drove past it. I think we missed it five minutes ago.
Richard: I don't know. You're lucky if you can see anything in this fog!
Diana: Listen! We've got to drive back, I'm telling you! It's on the other side of the river. Let's drive back into town!
Richard: We'll never find it. We've got to ask someone. It's getting late and I'm tired of driving. I really think we'd better ask somebody.
Diana: Look! Isn't that our hotel?
Richard: It's not a hotel. Can't you see it's the station?
Diana: I'm sure the hotel isn't very far.

D 2 VIDA COTIDIANA

LOS HOTELES

Los *hoteles de lujo* (**luxury hotels** [lɐkshəri həutelz]) suelen ser muy caros y exclusivos. En cambio, los hoteles *de precio medio* (**medium priced** [midiəm praisd]) no son tan elegantes pero su servicio es bueno y suelen ofrecer descuentos. Los *modestos* (**modest-priced** [ma:dəst praisd]) son más económicos: si antes de pagar solicita ver las habitaciones, puede tener una idea aproximada de la calidad del servicio. En general se ubican en el centro de las ciudades. Los *moteles* (**motels** [məutelz]) son hoteles sencillos con estacionamiento. Su precio es bajo y las habitaciones suelen tener aire acondicionado y televisión.

* El estadounidense Neil Armstrong, comandante de la misión Apolo XI, fue el primer hombre que pisó la Luna: esto sucedió el 21 de julio de 1969. Le siguió su compañero Edwin Aldrin.

D 3 BUSCANDO UN HOTEL

Diana: ¿Por qué bajas la velocidad?
Richard: Estoy perdido. Creo que me detendré aquí y le preguntaré a alguien dónde está el hotel.
Diana: Estoy segura de que lo dejamos atrás. Pasamos delante de él. Creo que lo pasamos hace cinco minutos.
Richard: No sé. ¡Tienes suerte si puedes ver algo en esta neblina!
Diana: Escucha, ¡te estoy diciendo que tenemos que regresar! Está al otro lado del río. ¡Regresemos a la ciudad!
Richard: Nunca lo encontraremos. Tenemos que preguntarle a alguien. Se está haciendo tarde y estoy cansado de conducir. Realmente creo que debemos preguntarle a alguien.
Diana: ¡Mira! ¿No es ése nuestro hotel?
Richard: No es un hotel. ¿No ves que es la estación?
Diana: Estoy segura de que el hotel no está lejos.

D 4 VIDA COTIDIANA

EN EL HOTEL

I reserved [ai ri**ze:rvd**] **one room in the name of...**
Reservé una habitación a nombre de...

deposit	[di**pa:**zət]	*depósito*
voucher	[**vau**chər]	*voucher, vale, comprobante*
single room	[**siŋ**gəl ru:m]	*habitación sencilla*
double room	[**dʊ**bəl ru:m]	*habitación doble*
twin bedded room	[twin **bed**əd ru:m]	*habitación con camas gemelas*
fully booked	[**fu**li bukd]	*completo, lleno*
discount	[**dis**kaunt]	*descuento*
to check out	[tu: chek aut]	*irse, dejar el hotel (habiendo pagado la estancia)*

CÁPSULA CULTURAL
¿Qué periódico fue decisivo en el escándalo Watergate?
(*respuesta en la pág. 233*)

A 1 PRESENTACIÓN

■ **To be** (conjugado en todos sus tiempos) + participio pasado = voz pasiva
I am invited. *Soy invitado.*

not yet	[na:t iet]	*todavía (aún) no*
to receive	[tu: risi:v]	*recibir*
to choose	[tu: chu:z]	*escoger, elegir*
to repair	[tu: riper]	*reparar*
to arrest	[tu: ərest]	*arrestar*
to discover	[tu: diskəvər]	*descubrir*
to kill	[tu: kil]	*matar*
to appoint	[tu: əpoint]	*nombrar, designar*
to dismiss	[tu: dismis]	*despedir (de un trabajo, junta)*
to hire	[tu: hair]	*contratar*
director	[dərektər]	*director*
personnel manager	[**pe:**rsnel **mæ**nidʒər]	*jefe de personal*
border	[**bo:**rdər]	*frontera*
Brazilian	[brə**zi**liən]	*brasileño*
huge	[**hiu:**dʒ]	*enorme, gran*
body	[**ba:**di]	*cuerpo*
car crash	[ka:r kræsh]	*choque de automóviles*
position	[pəzishən]	*posición*
candidate	[**kæ**ndədeit]	*candidato*

A 2 APLICACIÓN [◀ CD]

1. I am invited by the Jacksons.
2. He will be received by the director.
3. She was chosen among ten candidates.
4. His car is not yet repaired.
5. He was arrested near the American border.
6. The body was discovered in the street.
7. After the accident, the two cars were surrounded by a huge crowd.
8. She got killed in a car crash.
9. He was appointed to the position last month.
10. This house was built before the war.
11. He was dismissed last month.
12. But she thinks he will be hired again.

A 3   OBSERVACIONES

■ La voz pasiva: cuando el sujeto de un verbo recibe o sufre una acción, se dice que el verbo está en voz pasiva. Éste se construye como en español, con el verbo **to be** + el participio pasado del verbo. Por ej.:
— voz activa: **I invite John.** *Yo invito a John.*
— voz pasiva: **John is invited (by me).** *John es invitado (por mí).*

■ **After the accident, the two cars were surrounded by a huge crowd.** Si existe un objeto o término de complemento, frecuentemente será introducido por la preposición **by,** aunque también puede ser traducido por **with.** Por ej.: **The lounge is filled with smoke.** *El salón está lleno de humo.* (*ver también ejemplos 1 y 2*)

■ **His car is not yet repaired.** *Su automóvil todavía no ha sido reparado.* **Yet** significa tanto *ya* como *todavía,* aunque en el sentido de *todavía* suele conllevar una carga negativa. En la forma afirmativa, **still** es la palabra que normalmente se usa para traducir *todavía.*

■ **She got killed** literalmente se traduciría *fue muerta,* en el sentido de que algo le causó la muerte, pero normalmente se dice *murió* o *se mató.* En realidad, se trata de una construcción de voz pasiva. En el caso de un suicidio se diría **he killed kimself,** literalmente *se mató (a sí mismo).* Note la utilización del pronombre reflexivo **himself,** *a sí mismo.*

To get puede sustituir a **to be** cuando se quiere dar la idea de cambio de estado:

to be invited *estar invitado*	**to get invited** *ser invitado*
to be married *estar casado*	**to get married** *casarse*
to be drunk *estar borracho*	**to get drunk** *emborracharse*

A 4   TRADUCCIÓN

1. Estoy invitado por los Jackson.
2. Él será recibido por el director.
3. Ella fue elegida entre diez candidatos.
4. Su auto todavía no ha sido reparado.
5. Él fue arrestado cerca de la frontera estadounidense.
6. El cuerpo fue descubierto en la calle.
7. Después del accidente, los dos automóviles fueron rodeados por una gran multitud.
8. Ella murió en un accidente de auto.
9. Él fue nombrado para ese puesto el mes pasado.
10. Esta casa fue construida antes de la guerra.
11. Él fue despedido el mes pasado.
12. Pero ella piensa que (él) será contratado de nuevo.

B 1 PRESENTACIÓN

■ Verbos con dos objetos o complementos y, en consecuencia, con dos posibilidades de formación de voz pasiva:

to ask	[tu: æsk]	*preguntar*
to propose	[tu: prəpəuz]	*proponer*
to show	[tu: sheu]	*mostrar*
to offer	[tu: o:fər]	*ofrecer*
to teach	[tu: ti:ch]	*enseñar, dar clases*

· Algunos verbos se construyen con una preposición que introduce un objeto o complemento directo. Este tipo de verbos se pueden poner en voz pasiva. Por ej.: **to send for**, *mandar por algo* o *hacer traer.*

to replace	[tu: ripleis]	*reemplazar, sustituir*
birthday	[be:rθdei]	*cumpleaños*
help	[help]	*ayuda*
increase	[inkri:s]	*aumento*
way	[wei]	*camino, manera*
salary	[sæləri]	*sueldo*

· El símbolo $ representa la moneda estadounidense, el **dollar;** normalmente se escribe antes de la cifra. Por ej.: US $5, y se pronuncia [faiv **da:**lərs].

· Observación: *se dice que...*   **it is said...**

me dicen que...   **I am told...**
dicen de mí que...   **I am said to be...**

B 2 APLICACIÓN [◀ CD]

1. You'll be asked two questions.
2. We were charged a lot of money for a very small bedroom.
3. She was given a new bicycle for her birthday.
4. They were lent $ 1 000 US.
5. I was offered a new job.
6. He was promised an important increase in salary.
7. She was proposed to replace him.
8. I hope they will be sent some help.
9. We were shown the way to the station.
10. Richard was taught English and Russian.
11. I was told he was ill.
12. The doctor was sent for.

B 3   OBSERVACIONES

■ Los verbos con dos objetos o complementos pueden requerir <u>doble voz pasiva.</u> Un cierto número de verbos que –tanto en inglés como en español– expresan la idea de dar *algo* a *alguien* pueden tener dos objetos o complementos. En inglés pueden construirse de dos maneras distintas:

A partir de la frase: **I sent Peter a letter** (= **I sent a letter to Peter**). *Envié una carta a Peter.*

      (*verbo + objeto o complemento directo + objeto o complemento indirecto*)

se pueden formar dos construcciones de voz pasiva:

1. **Peter was sent a letter.** *A Peter le fue enviada una carta (o Se le envió una carta a Peter).*

Aquí el objeto o complemento indirecto **Peter** se convierte en sujeto de la voz pasiva.

2. **A letter was sent to Peter.** *Una carta le fue enviada a Peter.*

En este caso, el objeto o complemento directo **letter** es el sujeto.

La forma 1 es, en general, la más usada. Es importante recordar que la voz pasiva se emplea mucho más en inglés que en español. La forma 1 del inglés será normalmente traducida por el pronombre *le.*

■ **The doctor was sent for.** El complemento que es introducido por una preposición puede convertirse en el sujeto de la voz pasiva. El verbo conserva la preposición, en este caso, **for.**

B 4   TRADUCCIÓN

1. Se te harán dos preguntas.
2. Nos cobraron mucho dinero por una habitación muy pequeña.
3. Le regalaron una bicicleta nueva para su cumpleaños.
4. Les prestaron $1 000 dólares.
5. Me ofrecieron un nuevo trabajo.
6. Le prometieron un importante aumento de sueldo.
7. Ella fue propuesta para sustituirlo.
8. Espero que les envíen ayuda.
9. Nos mostraron el camino a la estación.
10. A Richard le enseñaron inglés y ruso.
11. Me dijeron que él está enfermo.
12. Mandaron buscar al doctor.

C 1 EJERCICIOS

A. Traduzca estas frases usando la doble posibilidad de formación de voz pasiva. Además, subraye la forma que se usa más frecuentemente.
1. Le ofrecí una grabadora a Betty. 2. Ella mandó una carta a sus padres. 3. Él le prometió algo a su hija. 4. Le prestamos nuestro departamento a Georges.
B. Traduzca y use **to get** cuando sea apropiado.
1. Él se mató en un accidente. 2. Dicen que ella trató de matarse. 3. Ella todavía no se casa. 4. Ella se casó hace un mes.

C 2 RESPUESTAS

A.
<u>1.</u> <u>Betty was offered a tape recorder;</u> a tape recorder was offered to Betty.
<u>2.</u> <u>His parents were sent a letter;</u> a letter was sent to his parents.
<u>3.</u> <u>His daughter was promised something;</u> something was promised to his daughter.
<u>4.</u> <u>George was lent our apartment;</u> our apartment was lent to George.

B.
1. He got killed in an accident. 2. It is said she tried to kill herself. 3. She is not yet married. 4. She got married a month ago.

C 3 TRADUCCIONES DEL PRONOMBRE IMPERSONAL *SE*

■ *Se*
1. Sobre el uso de *se* en la formación de la voz pasiva, ver B 3 y B 4.
2. El pronombre *se* es utilizado en las frases con sentido proverbial, donde usualmente se emplea el inglés **one**. Por ej.: **one never knows**, *nunca se sabe* (o *uno nunca sabe*).
3. Los pronombres personales **we, you, they** se traducen por el pronombre *se* tomando en cuenta tanto a la persona que habla como a la que recibe el mensaje. Por ej.:
Un estadounidense dirá:
    Here we drink beer... *aquí se bebe* (o *tomamos*) *cerveza.*
    pero si un estadounidense habla con un canadiense, dirá:
    You drink wine in Canada... *en Canadá se toma* (o *toman*) *vino.*
En cambio, hablando de personas indeterminadas:
    They drink a lot of beer in the U.S.A. *En EU se bebe* (o *toman*) *mucha cerveza.*

C 4 INSTITUCIONES Y ORGANISMOS ESTADOUNIDENSES

Las instituciones se basan en el federalismo y en la separación entre los poderes legislativo, ejecutivo y judicial. La Constitución de 1789 es el documento sobre el que se funda la nación.

■ EL EJECUTIVO

El *presidente* (**President** [prezədənt]) es elegido por un periodo de cuatro años y puede ser reelegido una sola vez. Vive en la *Casa Blanca* (**White House** [hwait haus]) en Washington, D.C. Sus amplios poderes hacen que el sistema estadounidense sea un sistema presidencial, equilibrado por el control efectivo ejercido tanto por el Congreso como por el poder local de los diferentes estados.

■ EL LEGISLATIVO

Está constituido por el *Congreso* (**the Congress** [ðə ka:ŋgrəs]) que se reúne en **Capitol Hill**, una célebre colina de Washington. Sus miembros pueden ser reelegidos las veces que quieran. Consta de dos cámaras:

• *La Cámara de Representantes* (**the House of Representatives** [ðə haus a:f reprizentətivz]); el número de representantes que cada estado tiene depende del número de habitantes. Actualmente, la cámara cuenta con 435 representantes.

• *El Senado* (**the Senate** [ðə senət]) cuenta con dos senadores por estado, es decir, un total de cien senadores. Éstos son elegidos para ocupar el puesto por un periodo de seis años; una tercera parte del total son reemplazados cada dos años, con lo que el Senado está en continua renovación.

■ EL JUDICIAL

• *La Suprema Corte* (**the Supreme Court** [ðə su:pri:m ko:rt]) es el órgano encargado de supervisar, en última instancia, las decisiones judiciales adoptadas por los estados y el apego de las leyes a la constitución. La Suprema Corte toma las decisiones finales en cuanto a la pena de muerte, el aborto, etc. Se compone de nueve jueces nombrados por el Congreso según *propuesta* (**nomination** [na:məneishən]) del Presidente. Sus puestos son vitalicios.

■ LOS PARTIDOS POLÍTICOS

Hay dos partidos principales:

• *Los Republicanos* (**the Republicans** [ðə ripʊblikənz]) frecuentemente designados con las iniciales **G.O.P. (Grand Old Party)**, cuyo símbolo es un *elefante,* **elephant.**

• *Los Demócratas* (**the Democrats** [ðə deməkrætz]) que tienen como emblema un *burro,* **donkey.**

D 1 JOBS [◀ CD]

Edward: Do you know who I met last week?
Sharon: I have no idea.
Edward: Charlie Baldwin. I met him by chance at the movies[1].
Sharon: How is he doing? I was told he passed his exam in July.
Edward: Yes, he did. And he was immediately offered a new job, with a much better salary. He was chosen among ten candidates. I didn't understand what his new position is. All I know is (that) he was appointed last month.
Sharon: Have you got his phone number? I want to invite him for the weekend.
Edward: Yes, I have his phone number and his address.

[1] En sus inicios, al cine se le llamaba **moving pictures**, *imágenes en movimiento.*

D 2 VIDA COTIDIANA · EMPLEOS
(continuación de la pág. 70)

hairdresser	[**her**dresər]	*peluquero, estilista*
journalist	[**ðʒe:**rnləst]	*periodista*
lawyer	[**lo:**iər]	*abogado*
manager	[**mæ**niðʒər]	*director, gerente*
mechanic	[məkæ**nik**]	*mecánico*
nurse	[ne:rs]	*enfermero*
postman	[**pəust**mæn]	*cartero*
receptionist	[risepshənəst]	*recepcionista*
secretary	[**sekr**əteri]	*secretario*
shopkeeper	[**sha:p**ki:pər]	*comerciante, tendero*
teacher	[**ti:**chər]	*profesor, maestro*
worker	[**we:r**kər]	*trabajador*

D 3 EMPLEOS

Edward: ¿Sabes con quién me encontré la semana pasada?
Sharon: No tengo idea.
Edward: Con Charlie Baldwin. Lo encontré por casualidad en el cine.
Sharon: ¿Cómo está? Me dijeron que aprobó su examen en julio.
Edward: Sí, lo aprobó, e inmediatamente le ofrecieron un nuevo trabajo, con un sueldo mucho mejor. Lo eligieron entre diez candidatos. No entendí cuál es su nuevo puesto. Todo lo que sé es que lo nombraron el mes pasado.
Sharon: ¿Tienes su número de teléfono? Quiero invitarlo para el fin de semana.
Edward: Sí, tengo su número telefónico y su dirección.

D 4 INSTITUCIONES ESTADOUNIDENSES
(continuación de C 4, pág. 217)

■ Cuando un nuevo presidente toma el cargo, presta juramento ante el presidente de la Suprema Corte, con lo que se simboliza la importancia de la ley por sobre las demás instancias políticas. El presidente toma posesión el día 20 de enero a las 12 horas.

■ Al Gobierno como un todo, es decir, a los secretarios de estado y altos funcionarios que rodean al presidente se les llama, en general, *la administración* (**the Administration** [ði ədminəstreishən]).

■ Recuerde: sucede con frecuencia que el presidente pertenece a un partido y el congreso, o al menos una de las dos cámaras, está dominado por el partido opositor.

CÁPSULA CULTURAL

¿Qué autor estadounidense ganador del Premio Nobel de Literatura en 1949 creó un lugar imaginario, Yoknapatawpha, como escenario de muchas de sus novelas?
(respuesta en la pág. 249).

A 1　PRESENTACIÓN [◀ CD]

El <u>participio pasado</u> o **past participle** (que funciona como una especie de adjetivo verbal) se construye de la siguiente manera:
- en los verbos regulares, es igual al pretérito: infinitivo + **-ed**
- en los verbos irregulares no termina en **-ed** sino tiene una forma especial en cada caso.

El <u>antepresente</u> o **present perfect** es una forma compuesta del pasado. Se construye con **to have** + participio pasado.

Por ej.:　**I have visited...**　　*He visitado ...*
　　　　　She has driven...　　*Ella ha conducido...*
- En la forma interrogativa: **have** + sujeto + participio pasado

　　Por ej.:　　**Have you visited ...?**　　　*¿Has visitado ...?*
- En la forma negativa: sujeto + **have** + **not** + participio pasado
　　Por ej.: **She has not driven ...**　*Ella no ha conducido ...*
- El **present perfect** es un tiempo muy ligado al presente simple. Se refiere a una acción pasada cuyas consecuencias se siguen sintiendo en la actualidad o expresa acciones pasadas que no pueden ser fijadas en el tiempo o cuya fecha no se conoce. Frecuentemente se traduce al español usando el antepresente: *he* + participio (terminaciones regulares *-ado, -ido*) o el pretérito simple. Por ej.: **I have been to England.** *He estado en Inglaterra* (o *Estuve en Inglaterra*).

Present perfect progressive: to have + been + gerundio (terminación **-ing**).
Present perfect en voz pasiva: **to have** + **been** + participio pasado.

A 2　APLICACIÓN [◀ CD]

1. I have been to the United States more than once.
2. She has seen many films.
3. He has bought two bicycles.
4. He has been hurt in a car accident.
5. What have you been doing lately?
6. I have been working all morning.
7. We have been allowed to park here.
8. She has bought a new dress.
9. I have never met this person.
10. This year she has been studying English.
11. Have you ever been at the Fords'?

A 3 OBSERVACIONES

■ **I have been to the United States more than once.** El **present perfect** se refiere a acciones realizadas en un momento pasado que no se precisa. (*ver también ejemplos* 2, 3, 4, 7 y 8).

■ Tenga cuidado: el antepresente se forma en español con el verbo auxiliar *haber: He estado en Chicago. He trabajado mucho.* En cambio, en inglés el **present perfect** siempre se construye con el auxiliar **to have: I have eaten a cake. I have been to Chicago.**

■ **What have you been doing lately?** El **present perfect progressive** alude a una acción pasada pero muy reciente.

■ **I have been working all morning.** De igual forma, el **present perfect progressive** se emplea para referirse a una acción que, aunque haya terminado, se sitúa en la misma unidad de tiempo en la que el hablante se encuentra. (*ver también ejemplo* 10).

■ **Have you ever been at the Fords'?** Note el uso idiomático del verbo **to be** en el sentido de *visitar un país* o *visitar a alguien.* Este uso sólo existe en el **present perfect** *(ver también ejemplo* 1). En pretérito simple se diría: **I went to the United States in 1995.** *Fui a los Estados Unidos de Norteamérica en 1995.*

■ **Have you ever been at the Fords'?** Note que *ever, jamás,* tiene un sentido positivo en las preguntas (*¿Alguna vez has estado en casa de los Ford?*) y en los giros idiomáticos: **if you ever meet him,** *si alguna vez lo encuentras* (o *te encuentras con él).*

■ **at the Fords':** *en casa de los Ford.* Las palabras *casa* u *hogar* se sobreentienden.

A 4 TRADUCCIÓN

1. He estado en los Estados Unidos de Norteamérica más de una vez.
2. Ella ha visto muchas películas (*o* filmes).
3. Él ha comprado dos bicicletas (*o* compró).
4. Él ha sido herido en un accidente de automóvil (*o* fue herido).
5. ¿Qué has estado haciendo últimamente? (*o* estuviste haciendo).
6. He estado trabajando toda la mañana (*o* estuve trabajando).
7. Nos han autorizado estacionarnos aquí (*o* parquearnos).
8. Ella ha comprado un vestido nuevo (*o* compró).
9. Nunca he conocido a esta persona.
10. Este año ella ha estado estudiando inglés.
11. ¿Alguna vez has estado en casa de los Ford?

B 1 PRESENTACIÓN

■ Además de los usos ya explicados en A 1, el **present perfect** es un tiempo verbal que suele ser utilizado como si fuera presente, en las construcciones donde se expresan acciones <u>comenzadas en el pasado y que se continúan en el presente.</u>

Por ej.: <u>*Hace diez minutos que estoy contigo.*</u> / **I have been with you <u>for</u> ten minutes.**
Él está con nosotros <u>desde</u> ayer. / **He has been with us <u>since</u> yesterday.**

· El **present perfect progressive** es frecuentemente empleado en estos casos para dejar bien clara la idea de duración.

   Ella espera desde hace varias horas (o Desde hace varias horas ella ha estado esperando). **She has been waiting for several hours.**

· En español, el pasado inmediato suele indicarse con la expresión *acabar de* + verbo en infinitivo. En inglés, esto se traduce así:

I have + just + participio pasado.

Por ej.: **I have just met Peter.** *Acabo de conocer a Peter.*

an hour and a half	[æn aur ænd ə hæf]	*una hora y media*
to complete	[tu: kəmpli:t]	*completar*
to finish	[tu: finish]	*terminar, completar*
a report	[ə ripo:rt]	*un informe o reporte*
for	[fo:r]	*durante, desde hace (también es por, para)*
since	[sins]	*desde (a partir de un punto o momento)*

B 2 APLICACIÓN [◀ CD]

1. I have been working here for seven years.
2. I have been working here since 1994.
3. How long have you been working here?
4. We have been here for ten minutes.
5. We have been waiting for an hour and a half.
6. How long have you known Peter?
7. I have known him for years.
8. She has been studying English for five years.
9. He has been studying English since last year.
10. I have just completed my report.
11. She has just left her office.
12. We have just finished our work.

B 3   OBSERVACIONES

■ **I have been working here for seven years. I have known him for years.**
En estos casos y en el ejemplo 6 **for** indica una duración. La forma progresiva
expresa claramente esta idea de duración.

■ Atención: **for** significa *durante*. En este caso se usa el tiempo pretérito,
que indica que la acción ya terminó. *Vea también las lecciones 14 (A 2) y 40 (A
1, A 2 y A 3).*

■ **since,** *desde* se refiere a un punto preciso en el tiempo, que puede ser:
· un siglo preciso:

> *desde el siglo* XIX, **since the 19th century**
> *desde el siglo pasado,* **since last century**

· un año o un mes determinados:

> *desde 1995,* **since 1995**   *desde junio pasado,* **since last June**

· un momento en particular: *desde ayer,* **since yesterday**

■ **How long have you been working here? = for how long.** Ambas expresiones
significan *(desde) hace cuánto tiempo,* o *desde hace cuánto, desde cuándo.*

■ Atención: **how long** puede significar *¿durante cuánto tiempo ...?* para indicar una
acción terminada, pero en ese caso se emplearía el pretérito que indicaría que la
acción ya concluyó (*ver Lección 40, A 2, A 3*). También existen las construcciones:

> **Have you been working here long?**
> **Have you known Peter long?**

Su sentido es similar al de los ejemplos 3 y 6: **long = for how long,** *desde hace
cuánto tiempo, desde cuándo.*

B 4   TRADUCCIÓN

1. He trabajado aquí por siete años.
2. He trabajado aquí desde 1994.
3. ¿Cuánto tiempo hace que trabajas aquí?
4. Estamos aquí desde hace 10 minutos.
5. Hemos estado esperando durante una hora y media.
6. ¿Desde hace cuánto (tiempo) conoces a Peter?
7. Lo conozco desde hace años.
8. Ella ha estado estudiando inglés por cinco años.
9. Él estudia inglés desde el año pasado.
10. Acabo de completar mi informe (*o* Acabo de terminar).
11. Ella acaba de irse de su oficina.
12. Acabamos de terminar nuestro trabajo.

C 1   EJERCICIOS

A. Traduzca: *hace, desde hace* (la acción se realiza desde hace algún tiempo).

1. Ellos han repetido lo mismo desde hace años.

2. Hace meses que espero su respuesta.

3. Está enfermo hace tres semanas.

4. Hace seis meses que ella espera ganar este partido.

B. Traduzca: *desde, desde cuándo* (la acción comenzó en un momento preciso y se continúa en el presente).

1. Él repite eso desde ayer en la tarde.

2. Él espera (*o* ha esperado) tu respuesta desde el 17 de junio...

3. Él está enfermo desde la semana pasada.

4. Desde el año pasado Agatha espera pasar este examen.

C. Traduzca: *¿desde hace cuánto tiempo? ¿desde cuándo?* [◀ CD]

1. ¿Cuánto hace que conoces a Valerie?

2. ¿Conoces a los Wood desde hace mucho tiempo?

3. ¿Has estado esperando por mucho tiempo?

4. ¿Hace mucho tiempo que estás aquí?

D. Traduzca: *acabar de...*

1. Ella acaba de obtener un aumento de salario.

2. Acabo de pasar una semana en Oregon.

C 2   RESPUESTAS

A. 1. They have been repeating the same thing for years.
   2. I have been waiting for their answer for months.
   3. He has been ill for three weeks.
   4. She has hoped to win this match for six months.

B. 1. He has been repeating that since yesterday evening.
   2. He has waited (*o* has been waiting) for your answer since June 17...
   3. He has been ill since last week.
   4. Agatha has hoped to pass this exam since last year.

C.   [◀ CD]
   1. How long have you known Valerie?
   2. Have you known the Woods long?
   3. Have you been waiting long?
   4. Have you been here long?

D. 1. She has just got an increase in her salary.
   2. I have just spent a week in Oregon.

C 3 MUSEOS E INSTITUCIONES CULTURALES

■ Algunos *museos* (**museums** [miuziːəmz]) estadounidenses gozan de fama mundial por su alta calidad. Por ejemplo, son célebres **the Metropolitan Museum, the Guggenheim Museum** y el **MOMA (Museum of Modern Art)**, los tres en Nueva York. En Chicago se puede disfrutar del **Art Institute** y, en Washington, de la **National Gallery of Art, the Holocaust Museum** y del **National Museum of Natural History.** Además de estas enormes instituciones, existen otros centros culturales como casas de personajes históricos e incontables museos dedicados a celebrar oficios, actividades y fechas históricas. Prácticamente cada ciudad ofrece a sus visitantes un museo de historia, otro de arte y una o varias casas de celebridades. Las grandes ciudades cuentan también con salas de conciertos y teatros.

■ En cuanto a las *bibliotecas* (**libraries** [laibreriz]), la oferta es muy atractiva. Las universidades de prestigio como Harvard, Yale, Stanford, MIT, Princeton y UCLA poseen ricos acervos que atraen a investigadores de todo el mundo. Sin duda, la biblioteca principal es la *del Congreso*, **The Library of Congress** en Washington D.C., que es la más grande del mundo. Además de las colecciones de libros, revistas, mapas y microfilmes, las grandes bibliotecas suelen ofrecer buenos servicios, como acceso a bancos de datos, facilidad en la consulta y el préstamo, horarios amplios y la posibilidad de reproducir los materiales consultados.

■ Las ciudades grandes como Nueva York, Los Ángeles, Washington, Chicago, Boston y Denver cuentan con *orquestas sinfónicas*, **symphony orchestras** de un alto nivel, cuyos directores suelen ser mundialmente reconocidos. Por otro lado, en el país hay unas 900 compañías de ópera que durante sus temporadas de conciertos invitan a cantantes a menudo muy famosos, como Plácido Domingo, Luciano Pavarotti o Jessye Norman. En las ciudades pequeñas que no pueden aspirar a tener una gran orquesta se forman bandas militares, orquestas de aficionados y *coros*, **singing groups** [siŋiŋ gruːpz] de todos los tipos.

■ En cuanto a compañías de danza, las ciudades grandes tienen grupos de excelente nivel. Por ejemplo, está el **New York City Ballet** y **the American Ballet Theatre**, por años dirigido por Mikhail Baryshnikov. En este compañía han bailado el propio Baryshnikov, Alicia Alonso y Fernando Bujones, entre otros bailarines reconocidos.

D 1 TELEVISION [◀ CD]

Patricia: Is there anything good on television tonight, Henry?
Henry: Not much. NBC has a documentary.
Patricia: Oh, really? About what?
Henry: Animals in Africa.
Linda: And what about CBS?
Henry: Programs about culture, painting and theatre.
Patricia: I suppose this local channel is all stupid comedy programs?
Henry: That's right.
Linda: There's a great concert on Channel Four.
Patricia and Henry: Good, let's watch that!

D 2 VIDA COTIDIANA · EL TEATRO

Algunos de los grandes dramaturgos estadounidenses son frecuentemente representados en el país y en el mundo entero. Entre ellos destaca Tennessee Williams, autor de *Un tranvía llamado deseo* (1947), considerada por algunos como la mejor obra teatral escrita por un estadounidense. Aborda la decadencia, la frustración y la obsesión sexual de los personajes, ubicados al sur del país. Con ella, Williams ganó el premio Pulitzer a la obra dramática más destacada del año. Arthur Miller, autor neoyorquino, escribió *La muerte de un comerciante* (1949), también ganadora del premio Pulitzer. En ella, un hombre que vive inmerso en la filosofía optimista que permea el país, se enfrenta con una realidad cotidiana mucho menos glamorosa. Otro destacado autor es Edward Albee, que escribió la obra en un acto *La historia del zoológico* (1959) y *Tres mujeres altas*, ganadora del premio Pulitzer en 1994.

D 3 TELEVISIÓN

Patricia: ¿Hay algo bueno en la televisión esta noche, Henry?
Henry: No mucho. En NBC hay un documental.
Patricia: ¿De veras? ¿Sobre qué?
Henry: Animales en África.
Linda: ¿Y en la CBS?
Henry: Programas sobre cultura, pintura y teatro.
Patricia: Supongo que todos los programas de ese canal local son comedias tontas. (¿No es cierto?)
Henry: Así es.
Linda: Hay un excelente concierto en el canal cuatro.
Patricia y Henry: ¡Bien, veámoslo!

D 4 VIDA COTIDIANA · LA REPRODUCCIÓN DE OBRAS DE ARTE

Algunos mecenas estadounidenses no han resistido la tentación de hacer reproducir fielmente, en su país, obras de arte o monumentos importantes de todas partes del mundo. Su objetivo es que sus compatriotas tengan la oportunidad de admirarlos "aun cuando no puedan salir de casa". Un ejemplo de ello es el monumento **The Cloisters** [ðə kloistərz] *los claustros*, una rama del Metropolitan Museum of Art. Gracias al millonario John D. Rockefeller Junior, varios claustros medievales españoles, italianos y franceses fueron reconstruidos piedra por piedra a orillas del río Hudson, en Nueva York.

CÁPSULA CULTURAL

¿Qué significa la expresión *Habeas Corpus?*
(*respuesta en la pág. 315*)

A 1   PRESENTACIÓN [◀ CD]

■ Muchos verbos ingleses <u>precisan</u> o <u>modifican</u> su sentido cuando van seguidos de ciertas preposiciones:

- **in**   indica *penetración, entrada*
- **out**   indica *movimiento de salida o retirada*
- **up**   indica *movimiento hacia arriba*
- **down**   indica *movimiento hacia abajo*
- **off**   indica *salida o separación*
- **away**   indica *alejamiento*
- **on**   indica *el hecho de vestir algo o traerlo*; también se refiere a la *continuación de algo*

Éstas se llaman preposiciones pospuestas.

to come in	*entrar*			
to show in	*hacer entrar*	**to move out**	[tu: mu:v aut]	*mudarse, cambiarse*
to let in	*permitir entrar*			
to go out	*salir*	**to take off**	[tu: teik o:f]	*despegar; quitarse*
to look up	*levantar los ojos*			
to put down	*poner, colocar*	**to go on,**		*continuar*
to be off	*partir, irse*	**to carry on**		
to run away	*huir, escapar*	**the end**	[ði end]	*el final*
to put on	*ponerse*	**frightened**	[**frait**nd]	*asustado*
to pass on	*pasar, hacer pasar*	**occasion**	[ə**kei**ʒən]	*ocasión*

A 2   APLICACIÓN [◀ CD]

1. Come in!
2. Let her in!
3. Let them in!
4. We'll go out in a minute.
5. They will move out at the end of the month.
6. He looked up.
7. Put your bag on the floor.
8. The plane is going to take off.
9. Off we go!
10. I must be off.
11. The frightened boy ran away.
12. She put on a new dress for the occasion.
13. Pass it on.
14. Go on! Carry on!

A 3 OBSERVACIONES

■ La preposición **in** (*ver Lección 24, A 3*) indica inmovilidad en un lugar. Por ej.: **to work in a room**, *trabajar en una habitación.* Pero si se coloca en posición pospuesta (después de un verbo), también puede señalar la entrada a un sitio: **Come in!** *¡Entra!*

Para dar la misma idea de inmovilidad sin recurrir al uso de un verbo, habría que usar la preposición **into** seguida de un complemento: **come into the room,** *entra a la habitación.*

■ **Let her in!** *¡Deja que ella entre!* La preposición pospuesta **in** es la que da su sentido principal a la oración. De hecho, es la que se traduce al español.

■ Compare las frases **look at me!** *¡mírame!* con **look up!** *¡mira hacia arriba!* En el primer caso, la preposición **at** sólo puede ser usada con un objeto o complemento, como **me**. Si no se pone complemento, la preposición carece de sentido y desaparece: **Look!** *¡Mira!* En contraste, la preposición pospuesta **up** forma una unidad inseparable con el verbo. Por eso se mantiene tanto en el infinitivo como en el imperativo: **to look up,** *mirar hacia arriba*; **look up!** *¡mira hacia arriba!*

■ **Off we go!** En este caso particular, el lugar de **off** al principio de la oración le da fuerza.

■ **The frightened boy ran away.** La preposición pospuesta **away** confiere su sentido principal a la oración (*alejamiento, huida*). Por su parte, el verbo indica la manera como esa acción se lleva a cabo. Compare con estos ejemplos:

He ran out.	*Él salió corriendo.*
The car drove away.	*El automóvil se alejó.*
He walked away.	*Él se alejó caminando.*

A 4 TRADUCCIÓN

1. ¡Entra!
2. ¡Deja que ella entre! (*o* ¡Déjala entrar!)
3. ¡Deja que entren! (*o* ¡Déjalos entrar!)
4. Saldremos en un minuto.
5. Ellos se mudarán a fin de mes.
6. Él miró hacia arriba.
7. Pon tu bolso en el piso.
8. El avión va a despegar.
9. ¡Vámonos! (*o* ¡Ya nos vamos!)
10. Debo irme (*o* Me tengo que ir).
11. El niño asustado huyó corriendo.
12. Ella se puso un vestido nuevo para la ocasión.
13. Pásalo.
14. ¡Continúa! ¡Sigue adelante!

B 1 PRESENTACIÓN

- El sentido del verbo **to get** depende directamente de la preposición que le sigue: **to get out**, *salir;* **to get up**, *levantarse.*

- En general, la preposición pospuesta <u>refuerza, precisa o modifica</u> el sentido del verbo. El conocimiento del sentido general de una preposición pospuesta ayuda a comprender el significado de las frases. Así, saber que la preposición **on** indica *continuación* permite comprender:

I must get on with my work. *Debo continuar con mi trabajo.*

Pero la manera de traducir cada expresión puede variar mucho dependiendo del contexto:

to get in		*entrar*
to get up		*levantarse*
to get out		*salir*
to get on		*continuar; llevarse bien*
to get down		*bajar*
to wake up	[tu: weik əp]	*despertarse*
to hurry up	[tu: heːri əp]	*apresurarse, apurarse*
to give up	[tu: giv əp]	*renunciar*
to slow down	[tu: sləu daun]	*disminuir la velocidad, aflojar el paso*
to turn down	[tu: teːrn daun]	*rechazar*
to look out, to watch out		*tener cuidado*
work	[weːrk]	*trabajo*
business	[**biz**nəs]	*negocio, trabajo*

B 2 APLICACIÓN [◀ CD]

1. Get in!
2. Get up!
3. Get out!
4. I must get on with my work.
5. They don't get on at all.
6. Let's get down to work.
7. Let's get down to business.
8. Wake up! Wake him up!
9. Hurry up!
10. I give up!
11. Slow down!
12. The offer was turned down.
13. Look out! Watch out!

B 3 OBSERVACIONES

■ La misma preposición puede usarse de manera normal o como parte del verbo, en posición pospuesta:

· sin cambiar su significado:

(prep. pospuesta)	**he ran up**	*subió corriendo*
(preposición)	**he ran up the stairs**	*subió corriendo las escaleras*
(prep. pospuesta)	**he got off**	*se bajó*
(preposición)	**he got off the bus**	*se bajó del autobús*

· cambiándolo:

on: cuando funciona como preposición significa *en.*
on: como preposición pospuesta puede indicar la *continuación de algo.*

■ Un verbo con preposición pospuesta puede ir seguido de una preposición que introduzca un complemento:
I must get on with my work. *Debo continuar con mi trabajo.*
Let's get down to work. *Pongámonos a trabajar.*
He looked up at me. *Él levantó los ojos para verme.*

■ La misma preposición pospuesta puede tener varios significados. Por ej.:
get up significa *levantarse*; **to hurry up**, *darse prisa*; **to give up**, *renunciar a algo.*

■ Colocación del objeto o complemento de un verbo con preposición pospuesta:

· si se trata de un pronombre, se coloca entre el verbo y la preposición pospuesta:

Put it down! *¡Ponlo!* (o *¡Deposítalo!*); **Let her in!** *¡Deja que ella entre!* (o *¡Déjala pasar!*)

· si se trata de un sustantivo, debe ir antes o después de la preposición pospuesta:

Put your bag down o **Put down your bag.** *Deja tu bolso en el piso.*

B 4 TRADUCCIÓN

1. ¡Sube! o ¡Entra! *(en un auto, etc.)*
2. ¡Levántate!
3. ¡Sal!
4. Debo continuar con mi trabajo.
5. Ellos no se llevan nada bien.
6. Pongámonos a trabajar.
7. Hablemos de negocios (o Vamos a trabajar).
8. ¡Despiértate! ¡Despiértalo!
9. ¡Apúrate!
10. ¡Renuncio!
11. ¡Disminuye la velocidad!
12. La oferta fue rechazada.
13. ¡Atención! ¡Cuidado!

231

C 1 EJERCICIOS

A. Traduzca al español.

1. Let them in!
2. Carry on!
3. I want to go out.
4. When does the plane take off?
5. Look up!
6. The apartment is too small, we'll have to move out.
7. We must be off.
8. Why did he run away?

B. Traduzca al inglés. [◀ CD]

1. ¡Entra!
2. Pon tu bolso (en el piso).
3. ¡Continúa!
4. ¡Espera!
5. ¡Mira!
6. ¡Sal!
7. Despiértate.
8. Disminuye la velocidad.

C. Introduzca el objeto o complemento **her** con los verbos **to wait, to wake up, to listen, to let in** (observe cuándo se trata de una preposición normal y cuándo está pospuesta).

1. Wait_____! 2. Wake_____! 3. Listen_____! 4. Let_____!

D. Introduzca el objeto o complemento **her brother** después de los mismos verbos que empleó en el ejercicio anterior.

1. Wait_____! 2. Wake_____! 3. Listen_____! 4. Let_____!

C 2 RESPUESTAS

A.
1. ¡Déjalos entrar!
2. ¡Continúa!
3. Quiero salir.
4. ¿Cuándo despega el avión?
5. ¡Mira hacia arriba!
6. El departamento es muy pequeño, tendremos que mudarnos.
7. Debemos irnos.
8. ¿Por qué se fue corriendo?

B. [◀ CD]
1. Come in!
2. Put your bag down.
3. Go on!
4. Wait!
5. Look!
6. Go out!
7. Wake up.
8. Slow down.

C.
1. Wait for her!
2. Wake her up!
3. Listen to her!
4. Let her in!

D.
1. Wait for her brother!
2. Wake her brother up!
3. Listen to her brother!
4. Let her brother in (o Let in her brother)!

Nota: Observe que sólo cuando hay objeto o término de complemento se usan las preposiciones **for** y **at**: Wait for me! Look at this!

C 3 LOS MEDIOS DE COMUNICACIÓN

■ LA PRENSA ESCRITA

En el país existen unos 1 500 *periódicos* (**newspapers** [**nu:z**peipərz]) y, a pesar de la creciente influencia de la televisión, la prensa sigue teniendo un papel importante sobre la opinión pública. Muchas ciudades tienen su propio periódico pero también existen las grandes compañías cuyos diarios cuentan con lectores a nivel nacional e internacional. Entre estos periódicos se cuentan:

- **The Wall Street Journal**, que tiene una circulación diaria de más de 1 500 000 ejemplares;
- **The New York Times** (fundado en 1851), que tira diariamente alrededor de 900 000 ejemplares;
- **The Washington Post** (1877), con unos 600 000 ejemplares, que descubrió el escándalo Watergate y por ello fue determinante en la renuncia del presidente Nixon;
- **The Los Angeles Times**, con 1 300 000 ejemplares;
- **The Chicago Tribune**, con 1 200 000 ejemplares.

Una característica interesante de los periódicos estadounidenses es que sus suplementos dominicales pueden llegar a tener varios cientos de páginas.
Entre los *semanarios* (**weeklies** [**wi:**kliz]) títulos como **Time, Newsweek, US News** y **World Report** alcanzan audiencias internacionales.

■ LA TELEVISIÓN

La televisión es una gran industria en los Estados Unidos de Norteamérica. La *transmisión* (**broadcasting** [**bro:d**kæstiŋ]) de programas está asegurada gracias a cientos de estaciones locales privadas. Su programación es provista, al menos parcialmente, por las tres grandes *cadenas nacionales* (**national networks** [**næ**shnəl netwe:rkz]) que concentran el 60% de la audiencia nacional: **NBC (National Broadcasting Corporation), ABC (American Broadcasting Corporation)** y **CBS (Columbia Broadcasting System)**. Por los cambios de husos horarios, los programas cambian según los estados. Para satisfacer a los *anunciantes* (**advertisers** [**æd**vərtaizərz]) que las financian, las tres cadenas compiten por obtener la mayoría de espectadores durante las *horas de mayor audiencia* (**prime time** [praim taim]).

Existe una cadena pública independiente, la **PBS (Public Broadcasting System)** que concentra alrededor de un 3% de la audiencia. No tiene publicidad y se dedica a programas culturales. Es fundamentalmente financiada por donaciones, patrocinadores y fondos estatales.

Entre las cadenas de televisón por cable, la **CNN (Cable News Network)** transmite información 24 horas al día.

D 1 SHOPPING (1) [◀ CD]

Linda Jones: I'm going out shopping. Does anyone want anything?
Betty: I'll have that new dance CD.
Jim: And I'll have a new Walkman™.
Linda Jones: Very funny... I'm only going to the local store.
Betty: Then I'll have some chocolate.
Jim: And an orange juice for me, please.
AT THE STORE
Linda Jones: Two pounds of apples, two half gallons of milk, a chocolate bar and a carton of orange juice, please.
Mr. Smith: Certainly, Mrs. Jones. That'll be five dollars and a quarter[1], please.
Linda Jones: There you are. Thank you. Bye.
Ms. Smith: My pleasure. Goodbye.

[1] Sobre monedas estadounidenses, ver Lección 16, C 4.

D 2 VIDA COTIDIANA
EQUIPOS DE SONIDO Y DE COMPUTACIÓN

Es cada vez más común que las *tiendas*, **stores** ofrezcan una gama completa de *equipos de alta fidelidad*, **Hi-fi equipment** y *computadoras*, **computers**. He aquí algunas palabras útiles al respecto:

accessories, *accesorios*.
amplifier, *amplificador*.
CD (Compact Disc o **Disk)**, *disco compacto*.
CD player, *reproductor de discos compactos*.
DVD (Digital Video - Disc), *video disco*.
loudspeaker, *altavoz*.
switch on/ off (to), *encender/ apagar (un aparato eléctrico)*.
tuner, *sintonizador de radio*.

D 3   DE COMPRAS

Linda Jones: Voy a salir de compras. ¿Alguien quiere algo?

Betty: Yo quiero ese nuevo CD de música para bailar.

Jim: Y yo quiero un nuevo Walkman™.

Linda Jones: Muy chistoso... sólo voy a la tienda de la esquina.

Betty: Entonces quiero (un) chocolate.

Jim: Y un jugo de naranja para mí, por favor.

EN LA TIENDA

Linda Jones: Dos libras de manzanas, dos medios galones de leche, una barra de chocolate y un cartón de jugo de naranja, por favor.

Sra. Smith: Claro que sí, señora Jones. Serán cinco dólares con veinticinco centavos, por favor.

Linda Jones: Ahí tiene. Gracias. Hasta luego.

Sra. Smith: Encantada. Hasta luego.

D 4   VIDA COTIDIANA *(sigue)*

CDRom (Compact Disc Read Only Memory), *CD-ROM (disco compacto de memoria de sólo lectura).*

click a button, *presionar un botón.*

decoder, *descodificador.*

digital camera, *cámara digital.*

diskette, *disquete.*

laptop microcomputer, *computadora portátil.*

PC (personal computer), *PC (computadora personal).*

printer, *impresora;* **screen,** *monitor, pantalla;* **software,** *software.*

CÁPSULA CULTURAL

¿Qué significa la expresión **sunny side up**?

(respuesta en la pág. 276)

A 1 PRESENTACIÓN

■ Como sucede en español, en inglés los adverbios son palabras invariables que <u>modifican el sentido de un verbo</u>. Algunos adverbios de tiempo son: **never**, *jamás;* **always,** *siempre;* **often,** *a menudo;* **still**, *todavía.* Entre los adverbios de cantidad están: **almost**, *casi;* **hardly**, *apenas.* Todos ellos se colocan:

· en una oración afirmativa, <u>antes del verbo</u> al cual modifican:

  We often spend our vacations abroad.

  A menudo pasamos nuestras vacaciones en el extranjero.

· en una oración negativa o interrogativa, <u>entre el auxiliar</u> (**to be, to have, to do**) o el verbo defectivo (**I can**, etc.) <u>y el verbo:</u>

  We have never spent our vacations abroad.

  Nunca hemos pasado nuestras vacaciones en el extranjero.

  Do you always spend your vacations abroad?

  ¿Siempre pasas tus vacaciones en el extranjero?

always	[**o:l**weiz]	siempre
almost	[**o:l**məust]	casi
hardly	[**ha:rd**li]	apenas, casi
usually	[**iu:**ʒuəli]	habitualmente, normalmente
still	[stil]	todavía, aún
occasionally	[ə**kei**ʒnəli]	ocasionalmente, de vez en cuando
to complain	[tu: kəm**plein**]	quejarse
to succeed	[tu: sək**si:d**]	triunfar
to manage	[tu: **mæ**nidʒ]	lograr algo, triunfar; arreglárselas

A 2 APLICACIÓN [◀ CD]

1. He is always complaining.
2. She is often helped by her mother.
3. I can almost do it myself.
4. She can hardly believe it.
5. They have never succeeded.
6. He always manages to be late.
7. We often spend our vacations abroad.
8. We never have coffee for breakfast.
9. Do you often spend your vacations abroad?
10. Do you usually have coffee for breakfast?
11. We still see him occasionally.
12. He hasn't yet arrived (*o* He hasn't arrived yet).

A 3   OBSERVACIONES

■ **She can hardly...** Tenga cuidado con el uso de **hardly**, que puede significar *apenas, casi; difícilmente.* No lo confunda con **hard** (adjetivo o adverbio) que significa *difícil, duro, fuerte.*

■ **They have never succeeded.** En una oración interrogativa, **never** será sustituido por **ever**:

Have you ever seen him? *¿Alguna vez lo has visto?*

■ **To succeed** o **to manage**: ambos significan *triunfar, dar resultado.* El primero quiere decir *alcanzar el éxito* mientras el segundo significa *conseguir (hacer) algo.* Observe que se construyen de distinta manera:

to succeed in doing something; to manage to do something

■ **We never have coffee...** Observe que, a diferencia del ejemplo 5, **to have** no funciona aquí como verbo auxiliar sino como un verbo pleno con el sentido de *tomar.*

■ **Do you usually have coffee...?** **Usually** es un adverbio formado a partir del adjetivo **usual** + la terminación **-ly**. Esta manera de construir adverbios es frecuente. Otros ejemplos son: **real** ⇨ **really,** *ciertamente;* **sad** ⇨ **sadly,** *tristemente;* **happy** ⇨ **happily,** *felizmente,* etc.

■ **We still see him occasionally.** Note que **occasionally** se coloca al final de la oración. Esto es frecuente cuando se trata de adverbios largos (de más de tres sílabas).

■ *Todavía* se traduce **still** en oraciones afirmativas o interrogativas y **yet** en oraciones negativas. **Yet** puede colocarse entre el auxiliar y el verbo o después del verbo.

A 4   TRADUCCIÓN

1. Él siempre se está quejando.
2. A menudo su madre la ayuda.
3. Casi puedo hacerlo por mí mismo.
4. Ella apenas puede creerlo.
5. Ellos nunca han triunfado.
6. Él siempre se las arregla para llegar tarde.
7. A menudo pasamos nuestras vacaciones en el extranjero.
8. Nunca tomamos café en el desayuno.
9. ¿A menudo pasa (usted) sus vacaciones en el extranjero?
10. ¿Normalmente tomas café en el desayuno?
11. Todavía lo vemos de vez en cuando.
12. Él todavía no ha llegado.

B 1   PRESENTACIÓN

· <u>Los adverbios de lugar:</u> (**here**, *aquí;* **there**, *ahí;* **above**, *sobre;* **under**, *debajo*, etc.) en general se colocan al final de la oración: **I live here.**

· <u>Los adverbios</u> pueden acompañar:

   – <u>un verbo</u>: este es el caso de **here** en la oración **I live here**. *Vivo aquí.*

   – <u>un adjetivo</u>: es el caso del adverbio **very** en **He is very courageous**. *Él es muy valiente.*

   – <u>otro adverbio</u>: **They work very well.** *Ellos trabajan muy bien.*

· <u>Algunos adverbios pueden tener un comparativo:</u>

slow *lentamente*	**slower** *más lentamente*
far *lejos*	**farther** *más lejos*
well *bien*	**better** *mejor*

· Como sucede con algunos adjetivos, con ciertos adverbios se pueden formar oraciones que empiecen con **how**:

How often do you meet? *¿Qué tan a menudo ustedes se encuentran? (o se reúnen)*

then	[ðen]	*entonces*
to hurt	[tu: he:rt]	*lastimar*
hard	[ha:rd]	*duro; difícil*
slow	[sləu]	*lento*
slowly	[sləuli]	*lentamente*
badly	[bædli]	*gravemente; malamente*

B 2   APLICACIÓN [◀ CD]

1. Now I live here.
2. My parents live farther away from town.
3. We have never been there before.
4. I was already tired then.
5. He is very courageous, he works very hard.
6. You must work harder.
7. She works very well. She works better than me.
8. You speak too fast.
9. Can you speak slower, please?
10. Can you speak more slowly?
11. How often do you meet?
12. How badly was he hurt?

B 3 OBSERVACIONES

■ **Before** puede funcionar como:
- preposición: **He arrived before me.** *Él llegó antes que yo.*
- conjunción (con el sentido de *antes de que*).

I left before he arrived. *Me fui antes de que él llegara.*
- adverbio como en **We have never been there before.** *Nunca hemos estado ahí.*

■ **He is very courageous, he works very hard**: aquí **hard** funciona como adverbio que significa *fuerte, duro*. No se confunda con **hardly**, *apenas, casi; difícilmente*.

■ **fast** es:
- adjetivo: **My car is fast.** *Mi automóvil es rápido.*
- adverbio: **You speak too fast.** *Hablas demasiado rápido.*

■ Existen dos adverbios que significan *lentamente*: **slow** (que también puede funcionar como adjetivo con el sentido de *lento*) y **slowly**: **Can you speak more slowly?** (*ver también ejemplo 10*). Por lo tanto, existen dos comparativos para decir *más lentamente*: **slower** y **more slowly**.

■ **How badly was he hurt? Badly** es uno de los muchos ejemplos de formación de un adverbio a partir de un adjetivo, añadiendo la terminación **-ly**. El adverbio **badly** puede significar *mal* o indicar, como en este ejemplo, la gravedad de una situación. Por ej.: **it is badly done**, *está mal hecho*.

■ **Far** puede funcionar como adjetivo y como adverbio. Uno de sus comparativos es **farther**, como en **My parents live farther away from town.** El otro comparativo es **further**, que indica la continuación o duración de algo: **We can't go further with this discussion.** *No podemos ir más allá con esta discusión.*

B 4 TRADUCCIÓN

1. Ahora vivo aquí.
2. Mis padres viven más lejos de la ciudad.
3. Nunca hemos estado ahí.
4. En ese momento yo ya estaba cansado.
5. Él es muy valiente, trabaja muy duro.
6. Debes trabajar más duro.
7. Ella trabaja muy bien. Trabaja mejor que yo.
8. Hablas demasiado rápido.
9. ¿Puedes hablar más despacio, por favor?
10. ¿Puedes hablar más lentamente?
11. ¿Qué tan a menudo ustedes se encuentran? (*o se reúnen*)
12. ¿Qué tan malherido estaba?

C 1 EJERCICIOS

A. Coloque dentro de la oración el adverbio que está entre paréntesis (¡ponga atención al orden de las palabras!).

1. He is complaining (always).
2. I go to Washington (often).
3. We have coffee for breakfast (usually).
4. He hasn't arrived (yet).
5. They have succeeded (never).
6. I can believe you (hardly).

B. Formule preguntas que comiencen con **how** + adverbio.

1. He speaks English very well.
2. We live very far.
3. He was driving too fast.
4. They meet very often.
5. He was badly hurt.
6. Usually, she works very hard.

C 2 RESPUESTAS

A.
1. He is always complaining.
2. I often go to Washington.
3. We usually have coffee for breakfast.
4. He hasn't arrived yet (o He hasn't yet arrived).
5. They have never succeeded.
6. I can hardly believe you.

B.
1. How well does he speak English?
2. How far do we live?
3. How fast was he driving?
4. How often do they meet?
5. How badly was he hurt?
6. How hard does she usually work?

C 3 ALGUNOS ADVERBIOS COMUNES

again	[əgen]	*otra vez*
rarely	[**rerl**i]	*rara vez*
seldom	[**seld**əm]	*rara vez, casi nunca*
sometimes	[**sæm**taimz]	*algunas veces, a veces*
early	[**e:rl**i]	*temprano*
soon	[su:n]	*pronto*
backward	[**bæk**wərd]	*hacia atrás*
forward	[**fo:r**wərd]	*hacia adelante*
inside	[in**said**]	*interior, adentro, dentro*
outside	[aut**said**]	*exterior, afuera, fuera*
maybe	[**mei**bi:]	*quizá, tal vez, a lo mejor*
indeed	[in**di:d**]	*ciertamente, de verdad*
quite	[kwait]	*completamente, bastante*
only	[**əun**li]	*solamente, únicamente, nada más*
together	[tə**ged**ər]	*juntos*

C 4 WILLIAM SHAKESPEARE

■ En realidad se sabe poco sobre uno de los más grandes creadores de la literatura en lengua inglesa. Nace el 23 de abril de 1564 en **Stratford-upon-Avon**; es el tercer hijo de un rico comerciante. De los 5 a los 14 años asiste a la escuela local, donde aprende latín y nociones de griego y francés.

En 1582 se casa en Stratford con **Ann Hathaway**, ocho años mayor que él. En 1588 trabaja en Londres, donde su éxito como autor causa incomodidad en algunos círculos universitarios. De ahí en adelante, su reputación como actor y dramaturgo no dejará de aumentar.

En 1594 ingresa a la compañía teatral de **Lord Chamberlain,** llamada **Lord Chamberlain's Men.** Para 1596 ya ha acumulado fortuna y hacia 1601 compra una hermosa casa en Stratford. En 1603, el rey Jacobo I (sucesor de Isabel I) otorga a la compañía **Lord Chamberlain's Men** el título de *Comediantes del rey.* Shakespeare se instala en el *Teatro del Globo* (del cual es accionista) y hacia 1609 trabaja también en el **Blackfriars Theatre.** En 1613 se retira a Stratford, donde vive como un burgués acaudalado. Muere el 23 de abril de 1616.

■ Shakespeare escribió alrededor de 40 obras teatrales que van del drama histórico (las series de los Ricardos y Enriques) a la comedia (**The Taming of the Shrew,** *La fierecilla domada),* pasando por la tragedia (**Julius Caesar).** Es difícil ubicar muchas de sus obras dentro de las categorías clásicas de comedia y tragedia. Las escenas cómicas y de graciosos rayan a veces en lo trágico, fundamentalmente expresado en sus obras maestras más pulidas (**Hamlet,** de 1602; **Othello,** de 1604; **Macbeth,** de 1605 y **King Lear,** de 1606). La poesía más pura, el heroísmo y los sentimientos nobles conviven con el realismo más sórdido, el vicio y el crimen.

Ese teatro de ruido y pasión, de risa y melancolía, habitado por reyes locos, fantasmas, traidores, hadas, héroes y doncellas puras tenía todos los elementos para agradar al público isabelino. Éste, proveniente de todos los estratos sociales, revoltoso, ingenuo y supersticioso, estaba dispuesto a aceptar todas las convenciones teatrales (por ejemplo, que los papeles femeninos fueran interpretados por jovencitos). Era un público apasionado de la poesía y el exotismo, ávido de conocimiento y que asistía al teatro buscando satisfacer todas sus emociones y su doble afición por lo cómico y lo trágico.

D 1 MY ENGLISH IS NOT VERY GOOD [◀ CD]

Antonio: Can you speak slower, I mean, more slowly, please? I don't understand English very well. I've only studied it for two years, and this is my first trip to the United States.

Pat: I think you are doing very well. Your English is much better than my Spanish. You know, I only learned it at school. That was twenty years ago and I didn't work at it very hard. I've had almost no opportunity to speak Spanish ever since.

Antonio: Today, if you want to succeed in business, it's more useful to speak English than Spanish.

Pat: But it's not enough. English-speaking people should also learn Spanish, French or German ...

Antonio: Now you're speaking too fast again! Could you repeat please?

D 2 VIDA COTIDIANA
PRINCIPALES OBRAS DE SHAKESPEARE

El teatro y la poesía de Shakespeare, al igual que la traducción King James de la Biblia, han jugado un papel fundamental en la evolución de la lengua inglesa, estableciendo referencias culturales compartidas hoy en día en todo el mundo angloparlante.

<u>DRAMAS HISTÓRICOS</u>, ENTRE LOS CUALES FIGURAN:

King Henry IV, *Enrique IV.* **King Henry V,** *Enrique V.*
The Famous History of the Life of King Henry VIII, *Enrique VIII.*
The Life and Death of King John, *(Vida y muerte de) El rey Juan.*
The Tragedy of King Richard II, *La tragedia del rey Ricardo II.*
The Tragedy of King Richard III, *La tragedia del rey Ricardo III.*

<u>TRAGEDIAS</u>, ENTRE ELLAS:

Antony and Cleopatra, *Antonio y Cleopatra.* **Coriolanus,** *Coriolano.*
Hamlet, Prince of Denmark, *Hamlet, príncipe de Dinamarca.*
Julius Caesar, *Julio César.* **King Lear,** *El rey Lear.*
Macbeth, *Macbeth.* **The Merchant of Venice,** *El mercader de Venecia.*
Othello, the Moor of Venice, *Otelo, el moro de Venecia.*
Romeo and Juliet, *Romeo y Julieta.* **The Tempest,** *La tempestad.*

D 3 MI INGLÉS NO ES MUY BUENO

Antonio: ¿Puedes hablar más despacio, es decir, más lentamente, por favor? No entiendo muy bien el inglés. Sólo lo he estudiado durante dos años y éste es mi primer viaje a los Estados Unidos de Norteamérica.

Pat: Creo que lo estás haciendo muy bien. Tu inglés es mucho mejor que mi español. Sabes, sólo lo estudié en la escuela. Eso fue hace veinte años y no me dediqué muy seriamente a ello. Casi no he tenido oportunidad de hablar español desde entonces.

Antonio: Actualmente, si uno quiere tener éxito en los negocios, es más útil hablar inglés que español.

Pat: Pero no es suficiente. Los angloparlantes también deberíamos aprender español, francés o alemán...

Antonio: ¡Otra vez estás hablando muy rápido! ¿Podrías repetirlo por favor?

D 4 VIDA COTIDIANA *(sigue)*

FANTASÍAS Y COMEDIAS, POR EJEMPLO:

All's Well that Ends Well, *Todo está bien si bien acaba.*
As you like it, *Como gustéis.*
The Comedy of Errors, *La comedia de las equivocaciones.*
Measure for Measure, *Medida por medida.*
The Merry Wives of Windsor, *Las alegres comadres de Windsor.*
A Midsummer Night's Dream, *Sueño de una noche de verano.*
Love's Labour Lost, *Trabajos de amor perdidos.*
Much Ado About Nothing, *Mucho ruido para nada.*
The Taming of the Shrew, *La fierecilla domada.*
Two Gentlemen of Verona, *Dos caballeros de Verona.*
The Winter's Tale, *El cuento de invierno.*

CÁPSULA CULTURAL

¿Qué es un **donut** o **doughnut**?
(respuesta en la pág. 277.)

A 1   PRESENTACIÓN

- **who**   [hu:]   pronombre relativo sujeto *que*
- **who(m)**   [hu:m]   pronombre relativo objeto o complemento *quién, que, de quién, por quién*
- **which**   [hwich]   pronombre relativo sujeto y objeto o complemento *cuál, que, el que*
- **that**   [ðæt]   pronombre relativo sujeto y objeto o complemento *que*

mechanic	[məkænik]	*mecánico*
newspaper	[niu:zpeipər]	*periódico*
physician	[fəzishən]	*médico*
prescription	[priskripshən]	*receta*
fellow	[feləu]	*tipo, sujeto*
theater *(EU)*, **theatre** *(GB)*	[θi:ətər]	*teatro*
relative	[relətiv]	*pariente*
fiancé	[fi:ansei]	*prometido*
furniture	[fe:rnichər]	*muebles, mobiliario*
auction	[o:kshən]	*subasta*
evidence	[evədəns]	*evidencia, prueba*
quite	[kwait]	*completamente, bastante*
quietly	[kwaiətli]	*tranquilamente, silenciosamente*
to fix	[tu: fiks]	*arreglar*
to mention	[tu: menshən]	*mencionar*
to tour	[tu: tur]	*visitar*
to write out	[tu: rait aut]	*redactar*
to prove (+ adj.)	[tu: pru:v]	*mostrarse, resultar*

A 2   APLICACIÓN [◀ CD]

1. I know a mechanic who will fix this in no time.
2. The newspapers didn't mention the name of the fellow who was arrested.
3. I'll call the physician who wrote out your prescription.
4. He was invited to dinner by a relative (whom) he had not seen for years.
5. Do you remember the lady with whom we toured Argentina? (*o* the lady we toured Argentina with?)
6. Why didn't you sell me the furniture (which) you got rid of at the auction?
7. He gave evidence which proved quite useful to the police.
8. We have two children and a dog that travel with us.

A 3   OBSERVACIONES

■ **Who, which, that** son <u>pronombres relativos con función de sujeto</u>. **Whom** (que a veces se reduce a **who**), **which, that** son <u>pronombres relativos con función de objeto o complemento</u>. Los pronombres relativos se refieren a un palabra dicha antes (antecedente) que puede ser una persona (**who, whom**), una cosa o un animal (**which**) o, de manera indistinta, una persona, una cosa o un animal (**that**).

■ El uso de **that** es obligatorio en los siguientes casos:
     1. cuando el relativo comprende antecedentes mixtos (por ej.: personas y animales): **We have two children and a dog that travel with us.**
     2. después de **only, all, first, last** y todos los superlativos.

■ <u>Todos los pronombres relativos con función de objeto o complemento</u> pueden ser omitidos: **Why didn't you sell me the furniture (which) you got rid of at the auction?** *(ver también ejemplos 4 y 5)*. Sin embargo, si el relativo que se va a omitir está unido a una preposición, al eliminarlo, la preposición se coloca después del verbo: **Do you remember the lady with whom we toured Argentina?** (**the lady we toured Argentina with?**) *(ver también ejemplo 6)*. La preposición debe colocarse en el lugar donde se encontraría si introdujera el objeto o complemento del verbo. Por ej.:
     we came here on a red bus puede convertirse en
     the red bus on which we came here o
     the red bus (which) we came here on.
En el primer caso, **on** introduce el complemento u objeto **a red bus**. Por eso, como en la tercera oración se elimina el pronombre relativo **which**, **on** debe colocarse al final de la oración, como si se fuera a construir otra vez la primera oración pero invirtiendo sus partes. Compare:
we came here on a red bus y **the red bus we came here on.**

■ La forma reducida **who** en lugar de **whom** (como objeto o complemento) no se usa nunca después de una preposición.

A 4   TRADUCCIÓN

    1. Conozco a un mecánico que lo arreglará en muy poco tiempo.
    2. Los periódicos no mencionaron el nombre del sujeto que fue arrestado.
    3. Llamaré al médico que hizo tu receta (*o* escribió).
    4. Él fue invitado a cenar por un pariente a quien no había visto en años.
    5. ¿Recuerdas a la señora con quien visitamos Argentina?
    6. ¿Por qué no me vendiste los muebles de los que te deshiciste en la subasta?
    7. Él dio pruebas que resultaron bastante útiles a la policía.
    8. Tenemos dos niños y un perro que viajan con nosotros.

B 1 PRESENTACIÓN

PRONOMBRES RELATIVOS
- **of which,** *del cual, de la cual, de los cuales, de quien, cuyo*
- **whose** [hu:z], *de los cuales, de quién, de quiénes, cuyo, cuyos*

- **all that,** *todo eso (que)*
- **what,** *que, lo que* – **which,** *que, lo que, lo cual*

bar	[ba:r]	*bar*	**single**	[singəl]	*(uno) solo;*
villages	[vilidʒəz]	*pueblos*			*soltero(a)*
church	[che:rch]	*iglesia*	**huge**	[hiu:dʒ]	*enorme*
mountain	[mauntn]	*montaña*	**delicious**	[dilishəs]	*delicioso*
iron	[airən]	*hierro*	**to bear**	[tu: ber]	*aguantar,*
cross	[kro:s]	*cruz*			*apoyarse en*
cottagge	[ka:tidʒ]	*cabaña*	**to climb**	[tu: klaim]	*escalar, subir,*
					trepar
roof	[ru:f]	*techo*	**to cost**	[tu: ko:st]	*costar*
storm	[sto:rm]	*tormenta*	**to spoil**	[tu: spoil]	*estropear,*
apple	[æpəl]	*manzana*			*arruinar*
uncle	[ʌŋkəl]	*tío*	**to damage**	[tu: dæmidʒ]	*dañar*
sailor	[seilər]	*marinero*	**to publish**	[tu: pʌblish]	*publicar*
love	[lʌv]	*amor*	**to realize**	[tu: ri:əlaiz]	*darse*
actors	[æktərz]	*actores*			*cuenta de*

B 2 APLICACIÓN [◀ CD]

1. There was not a single bar in the villages through which we drove.
2. We'll climb up the highest mountain, the top of which bears a huge iron cross.
3. Here's our cottage, the roof of which was damaged by the storm.
4. This is the apple tree whose apples you found so delicious.
5. My uncle is a sailor whose love for the sea cost him a lot.
6. Her fiancé, whose parents have a lovely country house, would like to have their wedding party there.
7. All that was said at that meeting should be published.
8. He didn't realize what was happening.
9. The actors were speaking too quickly, which spoiled most of our fun.

B 3 OBSERVACIONES

■ **of which,** *del cual, de la cual, de los cuales, de quien, cuyo*: se usa para referirse a cosas y se coloca después del objeto que es poseído:

... **the house the roof of which**... ...*la casa cuyo techo*...

■ **whose** [hu:z], *de los cuales, de quién, de quiénes, cuyo, cuyos*: esta construcción recuerda la del posesivo. El objeto poseído se coloca, sin artículo, después del pronombre relativo:

... **a sailor whose love for the sea**... ...*un marinero cuyo amor por el mar*...

En general, **whose** se usa para referirse a personas, pero en el inglés contemporáneo también se le emplea para reemplazar a **of which**:

... **the tree whose apples**... ...*el árbol cuyas manzanas*..

■ **what,** *que, lo que*: relaciona un verbo y su objeto o complemento:

He didn't realize what was happening. *Él no se dio cuenta de lo que estaba pasando.*

Did she realize what happened? *¿Se dio ella cuenta de lo que pasó?*

■ **which,** *que, lo que, lo cual*: recupera, después de una coma, la idea expresada por una frase anterior:

They spoke quickly, which spoiled our fun.

Ellos hablaron rápido, lo que arruinó nuestra diversión.

B 4 TRADUCCIÓN

1. No hubo ni un solo bar en los pueblos por los que pasamos en auto.
2. Escalaremos la montaña más alta, en cuya cima hay una enorme cruz de hierro.
3. Aquí está nuestra cabaña, cuyo techo fue dañado por la tormenta.
4. Este es el manzano cuyas manzanas encontraste tan deliciosas.
5. Mi tío es un marinero cuyo amor por el mar le ha costado mucho.
6. A su prometido, cuyos padres tienen una preciosa casa de campo, le gustaría hacer ahí su fiesta de boda.
7. Todo lo que se dijo en esa reunión debería publicarse.
8. Él no se dio cuenta de lo que estaba pasando.
9. Los actores estaban hablando demasiado rápido, lo que arruinó la mayor parte de nuestra diversión.

C 1 EJERCICIOS

A. Traduzca sin omitir el pronombre relativo.

1. Los amigos que vienen esta noche.
2. El hombre con quien estabas hablando es mi hermano.
3. El auto de techo negro es de Peter.
4. El accidente que vi ...
5. Las personas a quienes ellos reciben cada martes...

B. Omita el pronombre relativo cuando sea posible hacerlo.

1. All that glitters is not gold.
2. I know the people who came.
3. I met the people whom you received last summer.
4. I saw the fellow whose friend is Peruvian.
5. She has a dog and a son that always play together.
6. The car which we drove was fast.
7. These are the only fruit-trees that we have left.

C 2 RESPUESTAS

A.

1. The friends who are coming tonight.
2. The man to whom you were speaking is my brother.
3. The car the roof of which (whose roof) is black is Peter's.
4. The accident that I saw...
5. The people that (whom) they receive on Tuesdays...

B.

1. All that ...
2. I know the people who came.
3. ... the people (who) you received...
4. ... the fellow whose friend...
5. ... a dog and a son that...
6. The car (which) we drove...
7. ... the only fruit-trees (that) we have left.

C 3 PRONUNCIACIÓN [◀ CD]

· Recuerde que:

1. Las sílabas finales **-tion, -(s)sion, -cian**, entre otras, se pronuncian [shən] (la ə debe pronunciarse muy suavemente). Además, la sílaba que debe acentuarse siempre es la que precede a la final.

2. El plural en **-es** se pronuncia [iz] despúes de los sonidos [s], [sh], [ks], [ch] y [dʒ]:

auction	[**o:k**shən]	boxes	[**ba:k**siz]
mention	[**ment**shən]	brushes	[**brɐsh**iz]
passion	[**pæsh**ən]	churches	[**che:r**chiz]
physician	[fə**zi**shən]	cottages	[**ka:**tidʒiz]
prescription	[pris**krip**shən]	crosses	[**kro:**siz]

C 4 GRANDES AUTORES ESTADOUNIDENSES

■ La literatura estadounidense alcanzó su pleno desarrollo en el siglo XIX, con figuras como **Edgar Allan Poe**, cuyos cuentos de terror influyeron decisivamente en autores estadounidenses, europeos y latinoamericanos. Su excelente manejo del suspenso y la riqueza sicológica de sus personajes, casi siempre perturbados, marcaron un momento decisivo en la literatura universal. Algunos de sus cuentos más conocidos son "El corazón delator", "El pozo y el péndulo" y "Los crímenes de la calle Morgue"; su poema más famoso es **"The Raven"**[ðì reivən], *"El Cuervo"*, que con intensa sonoridad narra la experiencia sobrenatural de un amante. Otro autor destacado del siglo XIX fue **Walt Whitman**, uno de los más grandes poetas estadounidenses. Sobre su libro **Leaves of Grass**, *Hojas de hierba*, el propio Whitman dijo: "Quien toca este libro, toca a un hombre". José Martí lo dio a conocer en español desde 1887, cuando la libertad moral y literaria proclamada por Whitman despertaba escándalo en su propio país.

■ **William Faulkner,** novelista de gran fuerza, plasmó en su obra la dura realidad del sur del país y el conflicto entre blancos y negros. Creó un lugar imaginario, Yoknapatawpha, en el que situó un gran número de novelas; ganó el Premio Nobel en 1949. Entre los autores contemporáneos, las novelas y cuentos de **Joyce Carol Oates** (1938-) son de gran fuerza y crudeza, en tanto **Toni Morrison** (1931-) es vocera de la experiencia de los negros. Su novela **Beloved** aborda el conflicto de una madre que prefiere asesinar a su hija antes que verla crecer como esclava. El Premio Nobel de Literatura le fue concedido en 1993, evento significativo porque marcó la primera vez que una mujer de raza negra lo obtuvo. Los cuentos de **Raymond Carver**, fallecido en 1988, concentran misterio y un ojo agudo que describe críticamente la realidad a partir de un lenguaje sencillo.

■ **Vladimir Nabokov**, ruso de nacimiento pero naturalizado estadounidense, escribió la mayor parte de su obra en inglés. Entre sus novelas destaca *Lolita* (1955), considerada una obra maestra de la literatura contemporánea. Con gran profundidad sicológica y un estilo muy elegante, el autor narra la obsesión de un hombre maduro por una jovencita. Por su parte, **T. S. Eliot**, nacionalizado inglés, es uno de los más grandes poetas del siglo XX. Sus largos poemas "La tierra baldía" y "Los cuatro cuartetos" son actualmente disfrutados y estudiados por millones de lectores en el mundo.

D 1 AT THE BAR [◀ CD]

Jack: How about a drink in a bar?
David: Which one?
Jack: The one at the corner of the street.
David: Fine.
Barbara: Gentlemen, can I help you?
Jack: Yes, please, I'd like a beer.
David: And I'll have a whiskey, please.
Barbara: Here you are, that'll be three dollars twenty, please.
Jack: It's my round. It's on me.
David: Thanks, Jack.

D 2 VIDA COTIDIANA

LOS BARES

· Una palabra muy común y familiar es **booze** [bu:z]: designa todas las bebidas alcohólicas. En consecuencia, **boozer** se refiere a quien toma en exceso, lo que en español familiar correspondería a *borracho, bebedor*.

ALGUNAS EXPRESIONES ÚTILES Y FAMILIARES:

■ **DONT'S!** *¡LO QUE NUNCA SE DEBE HACER!*
To be (a bit) high, a bit tipsy, *estar "animado" o "alegre" por el efecto del alcohol.*
To be drunk, intoxicated, (término "oficial") *estar borracho o intoxicado.*
To be completely drunk, dead drunk, as drunk as a fiddler, *estar completamente borracho.*
■ **DO'S** *LO QUE RECOMIENDAN HACER LOS BUENOS MODALES*
It's on me this time! *¡Esta vez va por mi cuenta!*
It's my round! *¡Es mi turno (de invitar)!*
No, it's on the house! *¡No, es cortesía de la casa!*

D 3 EN EL BAR

Jack: ¿Qué tal una copa en el bar?
David: ¿En cuál?
Jack: El que está en la esquina de la calle.
David: Muy bien.
Barbara: Caballeros, ¿puedo ayudarlos?
Jack: Sí, por favor, quiero una cerveza.
David: Y yo tomaré un whisky, por favor.
Barbara: Aquí tienen, son tres dólares con veinte centavos.
Jack: Es mi turno. Yo invito.
David: Gracias, Jack.

D 4 VIDA COTIDIANA

LOS BARES *(sigue)*

Como consecuencia de la mentalidad puritana, el consumo de bebidas alcohólicas sigue siendo reducido en ciertos medios estadounidenses. Por ejemplo, en algunos condados está prohibida por la ley la venta y consumo de alcohol "el día del Señor" (domingo). Asimismo, en varios estados se prohíbe que los jóvenes menores de 21 años adquieran o consuman alcohol en lugares públicos.

Por otro lado, en muchos bares no es necesario dejar *propina,* **tip** pero los *clientes regulares o parroquianos,* **locals** con frecuencia invitan una bebida al *barman* o persona que sirve las bebidas. En algunos bares no existe la figura del *mesero(a), camarero(a),* o *mozo(a),* **waiter** o **waitress** pero en casi todos se ofrecen juegos de mesa para los clientes, por ejemplo, *dominó,* **dominoes,** *billar,* **pool** o el clásico juego de *dardos,* **darts** para practicar el tiro al blanco.

CÁPSULA CULTURAL

¿Cuáles son los términos correctos para pedir una carne *roja o poco cocida, término medio o al punto o muy cocida?*
(*respuesta en la pág. 275*).

A 1 PRESENTACIÓN

- **what** (+ sustantivo)! *iqué, cuál!*
- **how** (+ adjetivo o adverbio)! *iqué, cuán!*
- **such** (con verbo + sustantivo)! *itan, tal!*
- **so** (con verbo + adjetivo o adverbio)! *itan, tanto!*

pity	[**p**iti]	*lástima, pena*
character	[**kær**əktər]	*carácter; personaje*
cook	[kuk]	*cocinero*
dinner	[**di**nər]	*cena*
fuss	[fɐs]	*escándalo*
garden	[**ga:**rdn]	*jardín*
lovely	[**lɐ**vli]	*encantador, precioso*
strange	[streindʒ]	*extraño*
surprised	[sər**praizd**]	*sorprendido*
unexpected	[ɐnik**spek**təd]	*inesperado*
to make a fuss	[tu: meik ə fɐs]	*hacer un escándalo*

A 2 APLICACIÓN [◀ CD]

1. What a pity!
2. What a lovely garden!
3. What a strange idea!
4. What a nice dinner!
5. How nice!
6. How nice of you!
7. She's such a good cook!
8. He's such a character!
9. They made such a fuss about it!
10. I was so surprised!
11. It's so unexpected!
12. He's been working so much (so hard)!

A 3   OBSERVACIONES

■ **Las exclamaciones.** Existen tres tipos de oraciones exclamativas:
- aquéllas cuyo núcleo es un sustantivo: se forman con **what**
- aquéllas cuyo núcleo es un adjetivo: se forman con **how**
- aquéllas que acompañan a un verbo: se forman con **such, so**

1) **What** + sustantivo: tenga cuidado de no olvidar el artículo en singular:
> **What a pity!**
2) **How** + adjetivo (o adverbio):
> **How stupid of him!** *¡Qué tonto de su parte!*

■ Atención:
- **What a pity it is! How nice she is!** Si en las formas exclamativas con **what** y con **how** aparece un verbo, éste va después del sujeto de la exclamación.

- Con **what** pueden aparecer uno o varios adjetivos:

What a lovely garden! What a nice little boy!

- Las formas exclamativas con **how** pueden llevar adjetivo, sustantivo y verbo. Por ej.:

> **how** + adjetivo + sustantivo (+ verbo)
> **How pleasant an evening (we had)!**
> *¡Qué tarde tan agradable (pasamos)!*

Observe, en este caso, la presencia del artículo antes del sustantivo singular (y la colocación de sujeto + verbo al final de la oración).

A 4   TRADUCCIÓN

1. ¡Qué lástima!
2. ¡Qué precioso jardín!
3. ¡Qué extraña idea! (*o* ¡Qué idea tan extraña!)
4. ¡Qué agradable cena!
5. ¡Qué agradable!
6. ¡Qué amable es usted! (*o* ¡Qué amable de su parte!)
7. ¡Es tan buena cocinera! (*o* ¡Ella cocina tan bien!)
8. ¡Es un personaje tal!
9. ¡Hicieron tanto escándalo a causa de eso!
10. ¡Yo estaba tan sorprendido!
11. ¡Es tan inesperado!
12. ¡Él ha estado trabajando tan duro (tan fuerte)!

B 1 PRESENTACIÓN

· Variaciones sobre un mismo tema:

funny	[fɐni]	*gracioso, divertido*
life	[laif]	*vida*
story	[**sto:**ri]	*historia, cuento*
to have fun	[tu: hæv fɐn]	*divertirse*
to tell stories	[tu: tel **sto:**riz]	*contar cuentos*

· Observación:

Como ya se habrá dado cuenta es muy difícil (de hecho, es prácticamente imposible) traducir literalmente un idioma. Esto se aprecia, sobre todo, al traducir las exclamaciones. Al hacerlo se debe dar un mayor énfasis a determinada parte de la oración (por ejemplo, destacar el sustantivo, el verbo, el adjetivo o el adverbio). La traducción jamás puede considerarse absoluta o fija. Por ejemplo, *qué, cuán, cuánto, tanto, tan* pueden traducirse, según el caso, como **how, so, such** o **what.**

B 2 APLICACIÓN [◀ CD]

1. It's so late!
2. How late you are!
3. It's so funny!
4. How funny it is!
5. What a funny story!
6. It's such a funny story!
7. He told us such a funny story!
8. What a funny story he told us!
9. I never heard such a funny story!
10. We didn't know he could be so funny!
11. I've never had so much fun in my life!
12. I've never had such fun in my life!

B 3 OBSERVACIONES

■ <u>Exclamaciones</u> con **such** y **so**:

Se usan en las oraciones que incluyen un verbo, el cual generalmente se coloca al principio de la oración. **So** lleva como núcleo un adjetivo (o un adverbio) en tanto **such** se refiere a un sustantivo (no olvide añadir el artículo singular).

> **It's so funny!**
> *¡Es tan gracioso!*
> **It's such a funny story!**
> *¡Es una historia tan graciosa!*
> **We didn't know he could be so funny!**
> *¡No sabíamos que él pudiera ser tan gracioso!*
> **He told us such a funny story!**
> *¡Él nos contó una historia tan graciosa!*

■ Observación: Note que existe una gran variedad de formas para expresar la exclamación (*ver A 1 y B 1*). Asimismo, recuerde que según sea su interés, puede destacar en una situación dada el sustantivo, el adjetivo o el adverbio.

B 4 TRADUCCIÓN

1. ¡Es tan tarde!
2. ¡Qué tarde llegas!
3. ¡Es tan gracioso!
4. ¡Qué gracioso es!
5. ¡Qué graciosa historia!
6. ¡Es una historia tan graciosa!
7. ¡Él nos contó una historia tan graciosa!
8. ¡Qué graciosa historia nos contó él!
9. ¡Nunca había oído una historia tan graciosa!
10. ¡No sabíamos que él pudiera ser tan gracioso!
11. ¡Nunca me había divertido tanto en mi vida!
12. ¡Nunca en mi vida me había divertido tanto!

C 1 EJERCICIOS

A. Traduzca al inglés. [◀ CD]
    1. ¡Qué triste es!   4. ¡Qué triste historia!
    2. ¡Es tan triste!   5. ¡Qué triste es esta historia!
    3. ¡Qué triste!

B. Traduzca al español.
    1. How expensive his car is!   3. His car is so expensive!
    2. What an expensive car he has!   4. He has such an expensive car!

C. Convierta el siguiente ejemplo en una oración exclamativa.
We spent an enjoyable evening with them.

D. Forme una exclamación que destaque la o las palabras en negritas.
    1. They've bought a **lovely** house.
    2. They've bought a lovely **house**.
    3. They've bought a lovely house.

C 2 RESPUESTAS [◀ CD]

A.
    1. How sad it is!   4. What a sad story!
    2. It's so sad!   5. How sad this story is!
    3. How sad!

B.
    1. ¡Qué caro es su auto!   3. ¡Su auto es tan caro!
    2. ¡Qué auto tan caro tiene!   4. ¡Él tiene un auto tan caro!

C.
What an enjoyable evening we spent with them! *o* We spent such an enjoyable evening with them! *o* How enjoyable the evening we spent with them was! *o* The evening we spent with them was so enjoyable!

D.
    1. How lovely the house they've bought is!
    2. What a lovely house they've bought!
    3. They've bought such a lovely house!

C 3 HISTORIAS DE DETECTIVES

En el terreno de las historias de detectives y de espionaje, la literatura en lengua inglesa ofrece multitud de autores cuyos heroicos personajes fascinan a lectores de todas las edades. He aquí algunos ejemplos:

■ EDGAR ALLAN POE (1809 -1849). Sin que puedan catalogarse claramente como historias de detectives, algunos cuentos de Poe parecen anunciar este género. En ellos, el detective Auguste Dupin interpreta pistas y resuelve crímenes a partir de la deducción. En 1841 Poe publicó "**The Murders in the Rue Morgue**", *Asesinatos en la calle Morgue* en el que por primera vez aparece Dupin y, usando una lógica indiscutible, soluciona el caso. El mismo personaje habría de aparecer en otros cuentos de Poe.

■ ARTHUR CONAN DOYLE (1859 -1930). Nació en Escocia y estudió medicina, profesión que ejerció hasta 1890. En 1887 publicó **A Study in Scarlet**, *Estudio en escarlata* cuyo héroe es **Sherlock Holmes**, un detective privado tranquilo e infalible, fácilmente reconocible por su pipa y su gorra. Lo acompaña en sus aventuras el fiel **Doctor Watson**, quien es al mismo tiempo el narrador de todas ellas. Conan Doyle alcanzó la fama desde 1891. En 1893, luego de publicar 23 *cuentos* (**short stories** [sho:rt sto:riz]) sobre el detective, decidió matarlo. Las intensas protestas de los lectores obligaron a Conan Doyle a "resucitarlo" en 1905 y a retomar sus aventuras hasta 1927.

■ AGATHA CHRISTIE (1890 -1976). Agatha Miller, mejor conocida como Christie (apellido de su primer marido) publicó en 1920 su primera novela, **The Mysterious Affair of Styles**. A esta obra, previamente rechazada por seis editores, siguió **The Murder of Roger Ackroyd**, *El asesinato de Roger Ackroyd* con la que alcanzó la fama en 1926. Agatha Christie creó dos personajes: **Hercule Poirot**, un anciano policía belga y **Miss Marple**, una anciana soltera que investiga sobre los crímenes en el lugar mismo de los hechos, que casi siempre es un pueblo pequeño y tranquilo. Entre 1920 y 1976, la autora escribió 87 novelas traducidas a más de cien idiomas, cuyas ventas ascienden a cientos de millones de copias.

■ Otros autores famosos son los ingleses **Gilbert Keith Chesterton**, creador del Padre Brown (detective que es al mismo tiempo sacerdote), **Dorothy Sayers**, cuyo personaje **Lord Peter Wimsey** es un aristócrata e **Ian Flemming**, "padre" del famoso **James Bond**. Entre los estadounidenses figura **Raymond Chandler**, quien dio vida a Phillip Marlowe, un detective rudo del área de Los Ángeles.

D 1 CAN YOU STAY FOR LUNCH? [◀ CD]

Mark: What a nice surprise! I'm so glad to see you! It's been such a long time!

Sally: We were driving through[1] town, so we thought...

Mark: What a good idea! Can you stay for lunch? Then we could show you the town.

Bill: Sorry, but we have to be in Dallas tonight.

Mark: What a pity Alice is not here! She'll be sorry! She already missed you last time.

Sally: We've brought a present for her. Please give it to her on her birthday.

Mark: How nice of you! Do come in and have a cup of coffee. At least you could rest for a while.

Bill: Thank you, with pleasure[2].

[1] **Through** = *a través*. **To drive through** = *atravesar en automóvil*.

[2] **Pleasure** se pronuncia [**ple**ʒər].

D 2 VIDA COTIDIANA

HOME, SWEET HOME* (*HOGAR, DULCE HOGAR*)

En inglés hay varias expresiones que incluyen la palabra **home**, lo que revela la importancia que los estadounidenses dan al hogar:

There's no place like home. *No hay otro lugar como el hogar.*

Home is where the heart is. *El hogar está donde están las personas que uno ama* (lit. *El hogar está donde está el corazón.*)

Make yourself at home. *Siéntete como en tu casa.*

Nothing to write home about. *Nada extraordinario, nada del otro mundo.* (lit. *Nada (tan importante) que amerite escribir a casa.*)

To be homesick. *Estar nostálgico, extrañar la familia o el país.*

To be a home town person. *Ser una persona sencilla*

To be somebody's homeboy. *Ser el íntimo amigo de alguien.*

To see somebody home. *Acompañar a alguien a casa.*

* **home** = *hogar, casa*

D 3 ¿PUEDEN QUEDARSE A COMER?

Mark: ¡Qué agradable sorpresa! ¡Estoy tan contento de verlos! ¡Ha pasado tanto tiempo!

Sally: Atravesábamos la ciudad en auto, así que pensamos...

Mark: ¡Qué buena idea! ¿Pueden quedarse a comer? Después podríamos mostrarles la ciudad.

Bill: Lo siento, pero tenemos que estar en Dallas esta noche.

Mark: ¡Qué lástima que Alice no esté aquí! ¡Lo va a lamentar tanto! La vez pasada tampoco pudo verlos.

Sally: Trajimos un regalo para ella. Por favor dáselo en su cumpleaños.

Mark: ¡Qué amables! Entren y tomen una taza de café. Al menos podrían descansar un rato.

Bill: Gracias, con gusto.

D 4 VIDA COTIDIANA

Para los estadounidenses de clase media, tener una *casa propia* (**to own your home** o **to be a homeowner** [tu: əun iur həum, tu: bi: ə **həum**əunər]), bonita y ubicada en un lugar agradable es un objetivo muy preciado En general, en los suburbios residenciales las casas están rodeadas de césped y no las dividen cercas altas. Esto obedece, al menos en parte, a un principio generalizado según el cual los vecinos se deben tener confianza e incluso, llevar una amistad.

Un gran número de hogares estadounidenses cuentan con *aire acondicionado*, **air conditioning** y con mosquiteros que impiden la entrada de insectos. En contraste, cuando la temperatura baja se colocan protectores en los vidrios pues las tormentas de nieve pueden causar destrozos. Asimismo, en muchos estados es indispensable tener *calefacción*, **central heating** pues el frío invernal puede ser en exceso riguroso.

CÁPSULA CULTURAL

¿Cuántas barras tiene la bandera de los Estados Unidos de Norteamérica? (*respuesta en la pág. 299*)

Conteste con a, b, c, o d (solamente hay una respuesta correcta para cada pregunta).

21. How _____ times did you see him?
    a) much
    b) often
    c) long
    d) many

22. She is _____ taller than her sister.
    a) so
    b) much
    c) too
    d) more

23. You _____ leave now.
    a) may not
    b) may to
    c) are not allowed
    d) not many

24. I _____ born in Chile.
    a) am
    b) was
    c) did
    d) have

25. He _____ this position last month.
    a) is appointed
    b) has appointed
    c) was appointing at
    d) was appointed to

(ver respuestas correctas en la pág. 344)

26. She has been _____ five years.
    a) to study since
    b) studying
    c) studying for
    d) studied since

27. I must get _____ my work.
    a) about on
    b) down in
    c) away up
    d) on with

28. Do you _____ coffee for breakfast?
    a) have usually
    b) usually have
    c) have usually had
    d) usually had

29. He is the boy _____ father you met.
    a) of whom
    b) who the
    c) whose
    d) which

30. I never heard _____ funny story!
    a) so
    b) such
    c) such a
    d) how

(ver respuestas correctas en la pág. 344)

A 1 PRESENTACIÓN

⌐· El tiempo correspondiente al antecopretérito español se forma en inglés con el auxiliar **to have** en tiempo pasado, es decir, **had** + el verbo en participio pasado. Se le llama pretérito perfecto, **past perfect**. ⌐

He had phoned her.	*Él la había llamado.*
He had not phoned her.	*Él no la había llamado.*
He hadn't phoned her.	*Él no la había llamado.*
Had he phoned her?	*¿Él la había llamado?*
Hadn't he phoned her?	*¿No la había (él) llamado?*

⌐
· La forma progresiva del pretérito perfecto, **past perfect continuous** indica una acción que duró un cierto tiempo. Se construye con esta fórmula:

> **had been** + verbo + **-ing**

She had been shopping the whole afternoon.
Ella había estado de compras toda la tarde. ⌐

· Observación: en español, para formar el antecopretérito sólo se puede usar el auxiliar *haber*; en inglés, para el pretérito perfecto solamente se emplea el auxiliar **to have**.

to admit	[tu: ədmit]	*admitir, reconocer*
to shop	[tu: sha:p]	*hacer las compras*
to lock	[tu: la:k]	*cerrar con llave*
to pay attention	[tu: pei ətenshən]	*poner o prestar atención*
to do on purpose	[tu: du: a:n pe:rpəs]	*hacer (algo) a propósito*

A 2 APLICACIÓN [◀ CD]

1. We had seen her before.
2. He had not phoned us before.
3. We had never met them before.
4. I didn't know he had worked for them.
5. I only knew he had been in the army.
6. I must admit he had told us in advance.
7. When we arrived, the train had already left.
8. We wanted to help, but he had already done it.
9. She was tired, because she had been shopping the whole afternoon.
10. The door was locked, and I'm sure he had done it on purpose.
11. He had said it so many times that we didn't pay attention.

A 3   OBSERVACIONES

■ **I didn't know he had worked for them.** Note la ausencia de **that.** Cuando **that** funciona como conjunción puede ser suprimida en este tipo de oraciones. Decir **I didn't know that he had worked for them** es igualmente correcto aunque menos frecuente, sobre todo en la lengua hablada (*ver también ejemplos 5 y 6*).

■ El pretérito perfecto **he had worked** indica la anterioridad de un hecho con respecto a otro en el pasado, en este caso, **I didn't know.**

■ **I only knew he had been in the army.** Note que **only** se coloca entre el sujeto y el verbo. Algo similar sucede con:

yo sólo pienso (que)...	**I only think (that) ...**
yo sólo quiera..	**I only want ...**
yo sólo deseo...	**I only wish ...**
yo sólo espera..	**I only hope ...**

En contraste, cuando se usa con **to be,** el adverbio **only** debe colocarse después del verbo. Pero cuando se usa con los verbos defectivos **can, must** y **may, only** debe colocarse entre éstos y el verbo principal.

Él es sólo un muchacho...	**He's only a boy...**
Sólo estoy diciendo que...	**I'm only saying that...**
Sólo puedo decir...	**I can only say...**

■ **...he had told us in advance.** *...él nos había dicho con anticipación.*

· en inglés no aparece el complemento u objeto directo "qué nos dijo", por lo que no tiene que traducirse. Si el original dijera **he had told us about it in advance**, habría que traducir *él nos lo había dicho con anticipación.*

· cuando aparece **to ask** sucede algo similar: *¿Por qué no les preguntas?* **Why don't you ask them?**

A 4   TRADUCCIÓN

1. La habíamos visto antes.
2. Él no nos había hablado por teléfono antes.
3. Nunca antes los habíamos encontrado.
4. Yo no sabía que él había trabajado para ellos.
5. Sólo sabía que él había estado en el ejército.
6. Debo admitir que él nos lo había dicho con anticipación.
7. Cuando llegamos, el tren ya se había ido.
8. Queríamos ayudar, pero él ya lo había hecho.
9. Ella estaba cansada porque había estado de compras toda la tarde.
10. La puerta estaba cerrada con llave y estoy seguro de que él lo había hecho a propósito.
11. Él lo había dicho en tantas ocasiones que no pusimos atención.

B 1 PRESENTACIÓN

· El **past perfect** se traduce al español por el *antecopretérito*, su tiempo correspondiente: *había* + participio del verbo (*-ado, -ido*). El **past perfect continuos**, sobre todo el que se forma con **-ing**, se traduce *había estado* + gerundio del verbo. De igual modo, el **present perfect** se suele traducir por un *antepresente: he, has, ha, hemos* + participio del verbo (*-ado, -ido*):

He had worked for them for several years.
Él había trabajado para ellos durante varios años.
He had been working for them since the war.
Él había estado trabajando para ellos desde la guerra.

· La acción comenzó hace tiempo en el pasado y duró hasta el momento al cual uno se refiere. Otro ejemplo:

I have been here for 5 minutes. *He estado aquí desde hace 5 minutos.*
I had been there for 5 minutes. *Había estado ahí durante 5 minutos.*

to occur	[tu. əke:r]	*ocurrir (suceder); ocurrirse (tener una idea)*
wounded	[wu:ndəd]	*herido (también es participio pasado de* **to wound,** *herir)*
marriage	[mæridʒ]	*matrimonio, casamiento*
spy	[spai]	*espía*
difficulties	[difikəltiz]	*dificultades*
difficult	[difikəlt]	*difícil*
same	[seim]	*mismo*
probably	[pra:bəbli]	*probablemente*

B 2 APLICACIÓN [◀ CD]

1. When I first met him, he had been in Mexico for a year.
2. He had worked for them for several years.
3. He had been working for them since the war.
4. He hadn't been the same since his marriage.
5. It hadn't occurred to me that he could be a spy.
6. He had had a difficult time in the army.
7. He had been wounded in the war.
8. He had had difficulties getting a new job.
9. That's probably why he had accepted their offer.
10. When I first met him, he had probably been a spy for years.

B 3   OBSERVACIONES

■ When I first met him... es similar a **When I first arrived...** *cuando llegué por primera vez.*

■ He had been working for them since the war. **For** indica una duración, en tanto que **since** se refiere a un punto de partida.

■ It hadn't occurred to me that he could be a spy. **To occur** significa *suceder, producirse* pero también, como en este ejemplo, *ocurrírsele a alguien una idea.* Note que en el pretérito **occurred** se duplica la **r** final. Esto es normal tratándose de un verbo que termina en una sola vocal seguida de una sola consonante y cuya última (o única) sílaba va acentuada: **to shop** ⇨ **shopped; to admit** ⇨ **admitted.** De igual manera, cuando estos verbos se construyen con **-ing,** su consonante final se repite: **to get** ⇨ **getting.**

■ He had had a difficult time... Tanto en el **past perfect** como en el **present perfect** (**he has had**), el verbo **to have** se conjuga consigo mismo (**had had**) de manera normal.

■ He had had a difficult time in the army. De manera general, **army** designa al ejército pero en su sentido más preciso (cuando empieza con mayúscula) **Army** se refiere al *Ejército (por tierra)* en oposición a **the Navy,** *la Marina* y **the Air Forces,** *la Fuerza Aérea.*

■ He had been wounded in the war. **To be wounded,** *ser (o estar) herido* por arma de fuego o por arma blanca. Este verbo se debe distinguir de **to be hurt** y **to be injured** (resultar herido en un accidente automovilístico, etc.).

■ He had had difficulties getting a new job. La expresión **to have difficulties** va seguida de un verbo con terminación en **-ing.**

B 4   TRADUCCIÓN

1. Cuando lo conocí, él había estado en México durante un año.
2. Él había trabajado para ellos durante varios años.
3. Él había estado trabajando para ellos desde la guerra.
4. Él no había sido el mismo desde su matrimonio.
5. No se me había ocurrido que él podía ser un espía.
6. Él había pasado tiempos difíciles en el ejército.
7. Él había sido herido en la guerra.
8. Él había tenido dificultades para obtener un nuevo trabajo.
9. Probablemente por eso, él había aceptado la oferta de ellos.
10. Cuando lo conocí, probablemente había sido espía durante años.

C 1 EJERCICIOS

A. Traduzca. [◀ CD]
1. Estoy seguro de que ella lo había hecho a propósito.
2. Nunca antes lo habíamos visto.
3. Él había tenido dificultades antes.
4. Yo no había puesto atención.
5. Él ya se había ido cuando llegamos.
6. Él había aceptado dos días antes.
7. Él había estado trabajando para ellos durante dos años.

B. Complete con **since** o **for** y traduzca.
1. She had been listening_____hours.
2. They had been watching TV_____5 o'clock.
3. He had been borrowing money_____his marriage.
4. We had been walking_____a long time.
5. I had been working with them_____the war.
6. He had been sick_____a week.

C 2 RESPUESTAS

A. [◀ CD]
1. I'm sure she had done it on purpose.
2. We had never seen him before.
3. He had had difficulties before.
4. I hadn't paid attention.
5. He had already left when we arrived.
6. He had accepted two days before.
7. He had been working for them for two years.

B.
1. **for:** *Ella había estado escuchando por horas.*
2. **since:** *Ellos habían estado viendo TV desde las 5 PM.*
3. **since:** *Desde su matrimonio, él había estado pidiendo dinero prestado.*
4. **for:** *Habíamos estado caminando por mucho tiempo.*
5. **since:** *Yo había estado trabajando con ellos desde la guerra.*
6. **for:** *Él había estado enfermo por una semana.*

C 3   LA SALUD

■ Cuando uno se *siente mal* (**feel sick** [fi:l sik]) en el extranjero es importante tanto ser capaz de describir la dolencia (*ver pág. 268*) como conocer el funcionamiento de los sistemas de salud. En los Estados Unidos de Norteamérica hay pocos *médicos generales* (**general practitioners, GP**), dado que las especialidades médicas ofrecen mejores perspectivas económicas. Normalmente los médicos no hacen visitas a domicilio, por lo que los pacientes deben hacer una cita o pedir un turno y luego trasladarse al *consultorio* (**office** [a:fɔs] o **clinic** [klinik]). Existen infinidad de hospitales públicos y privados; tanto los médicos especialistas como los *cirujanos* (**surgeons** [se:rðʒənz]) suelen trabajar en uno o varios de ellos, además de atender a los enfermos en su consultorio particular. Para ingresar a un hospital privado, el paciente debe mostrar una tarjeta de crédito que asegure el pago de los servicios.

■ El sistema de seguridad social estadounidense cubre tanto a las personas mayores de 65 años como a algunos *discapacitados*, **handicapped**, a través del programa **Medicare** y, en otros casos, a las personas de escasos recursos (programa **Medicaid**). En el caso de los ciudadanos comunes, los gastos médicos suelen ser cubiertos por las empresas donde éstos trabajan o por los propios pacientes, que contratan un *seguro médico* (**health insurance plan** [helθ inshurəns plæn]) o pagan los gastos de una atención particular. Normalmente, los seguros médicos establecen normas que los asegurados deben seguir para recibir la cobertura de los gastos. Por ejemplo, deben acudir con ciertos médicos o ser atendidos en determinados hospitales. En los últimos tiempos se ha añadido otra restricción: algunas compañías cobran más por los seguros de los fumadores, con lo que las empresas que los pagan a veces exigen a sus empleados que dejen de fumar. En general, los seguros médicos no suelen cubrir medicinas, lentes ni tratamientos dentales.

■ Una recomendación práctica para los turistas que están en tratamiento médico o usan lentes es llevar consigo una receta y la fórmula química de los componentes de los medicamentos. En caso necesario, les servirá para encontrar un remedio equivalente o el repuesto de unos lentes rotos o perdidos.

D 1 TAXIS [◀ CD]

Frank: Taxi! Excuse me, are you free?

Taxi driver: Sure. Where do you want to go?

Frank: To the suburbs, please.

Taxi driver: I'm afraid I won't be able to take all those passengers and their bags as well.

Jane: That's all right. We'll take a second taxi.

Frank: How much will it cost to go to the suburbs, more or less?

Taxi driver: About twenty dollars if the traffic is not too bad.

Frank: Fine. Right, Jane, I'll take the kids and you take your sister. We'll meet at our friends' house.

D 2 VIDA COTIDIANA

ALGUNAS PALABRAS Y EXPRESIONES ÚTILES SOBRE LA SALUD

ambulance	[**æ**mbiələns]	*ambulancia*
blood test	[blɛd test]	*análisis de sangre*
blood type	[blɛd taip]	*tipo de sangre*
cold	[kəuld]	*resfriado o resfrío*
condom	[**ka:**ndəm]	*preservativo, condón*
cough	[ko:f]	*tos*
diabetic	[daiəbetik]	*diabético*
fever	[**fi:**vər]	*fiebre*
heart attack	[ha:rt ətæk]	*ataque cardíaco*
injury	[**i**nðʒəri]	*herida*
medicine	[**me**dəsən]	*medicamento, medicina*
pain	[pein]	*dolor*
pregnant	[**pre**gnənt]	*embarazada*
sanitary napkin	[sænəteri **næ**pkin]	*toalla sanitaria*
sick, ill	[sik, il]	*enfermo*
surgery	[**se:**rðʒəri]	*cirugía*
syringe	[sərinðʒ]	*jeringa*
tooth decay	[tu:θ **di**kei]	*caries*
to throw up, to vomit	[tu: θrəu ɐp , tu: va:mət]	*vomitar*
vaccine	[væk**si:**n]	*vacuna*
vein	[vein]	*vena*

D 3 TAXIS

Frank: ¡Taxi! Perdone, ¿está libre?
Conductor de taxi: Claro. ¿A dónde quiere ir?
Frank: A los suburbios, por favor.
Conductor de taxi: Temo que no podré llevar a todos esos pasajeros con su equipaje.
Jane: Está bien. Tomaremos un segundo taxi.
Frank: ¿Cuánto costará ir a los suburbios, más o menos?
Conductor de taxi: Unos veinte dólares si el tráfico no está demasiado mal (*o* cargado)
Frank: Magnífico. Bien, Jane, yo llevaré a los niños y tú lleva a tu hermana. Nos encontraremos en casa de nuestros amigos.

D 4 VIDA COTIDIANA

LOS NOMBRES DE ALGUNAS CALLES

Además de las *calles* (**streets** [stri:tz]) y las *avenidas* (**avenues** [ævənu:z]), en una ciudad usted puede encontrar:

alley	[æli]	*callejón*
crescent	[kresnt]	*calle en forma de media luna*
crosswalk	[kro:swo:k]	*cruce o paso peatonal*
intersection	[intərsekshən]	*cruce, intersección*
lane	[lein]	*camino; carril*
one way street	[wɛn wei stri:t]	*calle de un solo sentido*
square	[skuer]	*plaza (cuadrada)*
traffic circle	[træfik se:rkəl]	*glorieta, rotonda*
sidewalk	[saidwo:k]	*acera*

CÁPSULA CULTURAL

¿De qué época datan los primeros grandes almacenes estadounidenses? (*respuesta en la pág. 291*).

A 1 PRESENTACIÓN

■ **some** (adjetivo indefinido o indeterminado): *unos (as); un poco*
  some difficulties, some money
· **some** (pronombre indefinido o indeterminado): *un poco; algunos (as)*
  I want some. *Quiero un poco.*
· **some** se usa en oraciones afirmativas y en interrogaciones cuando se espera una respuesta afirmativa.
■ **any** (adjetivo indefinido o indeterminado): *cualquier (a); nada; ningún (a)*
I don't want any. *No quiero ninguno.*
· **any** se usa en oraciones negativas y en interrogaciones cuando no se sabe si la respuesta será afirmativa o negativa.
■ **no**, *no, ningún*
  no money, no cigarettes, *ningún dinero, ningunos cigarrillos*
■ **a little**, *un poco, un poco de*
a little milk, *un poco de leche*   **just a little,** *sólo un poco*

milk	[milk]	*leche*
biscuits	[**bis**kitz]	*panecillos de sal o bizcochos*
party	[**pa:**rti]	*fiesta*
orange	[**a:**rindʒ]	*naranja*
juice	[dʒu:s]	*jugo*
grapefruit	[**greip**fru:t]	*toronja o pomelo*
just	[dʒɐst]	*sólo, justo*
to forget	[tu: fˈrget]	*olvidar*

A 2 APLICACIÓN [◀ CD]

1. I must buy some milk.
2. I thought I had some left.
3. Do you want some milk?
4. Yes, please, just a little; just a little milk.
5. Have you got any biscuits left?
6. No, I haven't got any (biscuits) left.
7. Don't forget to buy some for the party.
8. I'm sorry, I have no orange juice.
9. But I have some grapefruit juice.
10. Do you want some?
11. May I have some, please?
12. Just a little, please.

A 3 OBSERVACIONES

■ Tenga cuidado con la pronunciación de:
    biscuits [biskɪtz]   **orange** [aːrindʒ]   **juice** [dʒuːs]

■ **I have some left.** Se construye con el participio pasado (**left**) del verbo **to leave,** *dejar.* Se traduce al español *me queda un poco.*

■ **Do you want some milk?** Se utiliza **some** porque se espera una respuesta afirmativa: *sí.*

■ **...just a little** sólo puede ir seguido de un singular.

■ **Have you got any biscuits left?** también se podría decir **Do you have any biscuits left?** porque no se sabe si la respuesta será afirmativa o negativa.

■ **No, I haven't got any (biscuits) left.** El sustantivo **biscuits** entre paréntesis indica que **any** puede funcionar como adjetivo o como pronombre.

■ **Don't forget to buy some for the party. Party** puede referirse a *una reunión de amigos, una recepción elegante, una velada, una fiesta* o *una cena.* De hecho, puede aplicarse a toda ocasión en que la gente se divierte en grupo. **Party** significa también *grupo de personas.*

■ **I'm sorry, I have no orange juice.** Al igual que **some** y **any, no** puede preceder un sustantivo singular o plural: **I have no oranges.** *No tengo naranjas.*

■ **May I have some, please?** Aquí, **may I** funciona como una fórmula de cortesía con la que se pide una autorización.

A 4 TRADUCCIÓN

1. Debo comprar un poco de leche.
2. Pensé que me quedaba un poco.
3. ¿Quieres un poco de leche?
4. Sí, por favor, sólo un poco; sólo un poco de leche.
5. ¿Te queda algún bizcocho?
6. No, no me queda ninguno (*o* no me queda ningún bizcocho).
7. No olvides comprar algunos para la fiesta.
8. Lo siento, no tengo jugo de naranja.
9. Pero tengo un poco de jugo de toronja (*o* pomelo).
10. ¿Quieres un poco?
11. ¿Me da un poco, por favor?
12. Sólo un poco, por favor.

B 1   PRESENTACIÓN

■ El antefuturo *habré amado* (poco común) se construye con **shall have** para la primera persona del singular y del plural o con **will have** para las otras personas gramaticales (la contracción **'ll have** sirve para todas las personas) + el participio pasado del verbo.

We'll have finished it. *Lo habremos terminado.*

■ Pronombres de cantidad: **much,** *mucho* (precede un sustantivo singular)
   many, *muchos* (precede un sustantivo plural)
   lots of, *muchos, un montón, gran número, gran cantidad* (precede indistintamente sustantivos singulares o plurales)

■ **little,** *un poco* (se usa con singular)
       little money, *poco dinero*
       I have very little left. *Me queda muy poco.*

■ **few,** *pocos (de)* (se usa con plural)
       few friends, *pocos amigos*
       I have very few, *tengo muy pocos*

■ **none,** (pronombre) *ninguno (a), ningunos (as)*
       I have none. *No tengo ninguno.*

check *(EU);*	[chek]	*cheque*
cheque *(GB)*		
presents	[**pre**zntz]	*regalos*
thing	[θiŋ]	*cosa*
to wonder	[tu: **wen**dər]	*preguntarse*

B 2   APLICACIÓN [◀ CD]

1. We'll have spent very little money.
2. We won't have spent much money.
3. We won't have used many checks.
4. We'll have used few checks.
5. It's a good thing we spend so little.
6. Jim has bought lots of presents.
7. I always tell him he spends too much.
8. I wonder how he has managed to spend so much.
9. I asked him if he had any money left.
10. He told me he had none left.
11. It's a good thing he is leaving in a few days.
12. He won't have spent much time here.

B 3 OBSERVACIONES

■ **We'll have spent very little money.** No confunda **a little money,** *un poco de dinero* con **little money,** *poco dinero.*

■ **We won't have spent much money. Much** se usa, sobre todo, en oraciones negativas. En una oración afirmativa se diría: **He spends a lot of money** o **He spends lots of money.**

■ **We'll have used few checks.** No confunda **few,** *pocos* + plural con **a few,** *algunos.*

■ **... we spend so little:** note que en inglés el verbo aparece en modo indicativo, a diferencia del español, donde se emplea el subjuntivo: *que gastemos tan poco.*

■ **... lots of presents. Lots of** puede usarse para introducir un singular o un plural: **lots of money, lots of presents. A lot of** introduce un singular o un plural que no lleve **s: a lot of people, a lot of children** (aunque también es correcto decir: **lots of people, lots of children**).

■ **I wonder how he has managed to spend so much.** Cuando *tanto* se refiere a un sujeto plural, su correcta expresión en inglés es **so many: He has many friends.** *Él tiene muchos amigos.* — **I didn't know he had so many.** *Yo no sabía que tenía tantos.*

■ **... he is leaving in a few days.** Note que la forma **-ing** del presente indica aquí una acción futura.

■ **He won't have spent much time here. To spend** significa *gastar (dinero)* o *pasar (un tiempo).*

B 4 TRADUCCIÓN

1. Habremos gastado muy poco dinero.
2. No habremos gastado mucho dinero.
3. No habremos usado muchos cheques.
4. Habremos usado pocos cheques.
5. Es bueno que gastemos tan poco.
6. Jim ha comprado muchos regalos (*o* un montón de regalos).
7. Siempre le digo que gasta demasiado.
8. Me pregunto cómo se las ha arreglado para gastar tanto.
9. Le pregunté si le había quedado algo de dinero.
10. Me dijo que no le había quedado nada.
11. Es bueno que él se vaya en pocos días.
12. No habrá pasado mucho tiempo aquí.

C 1 EJERCICIOS

A. Complete con **some, any, no, none**.

1. I didn't want ___.
2. He had ___ tickets.
3. I still have a few cigarettes, but I have ___ cigars left.
4. They are all his. Personally, I have___.
5. I don't think he wants ___.
6. May I have ___ please?

B. Traduzca.

1. Él lo habrá gastado antes del fin de semana.
2. Ella nos habrá olvidado.
3. Ella habrá manejado durante 6 horas.
4. Llamaremos por teléfono cuando él haya llegado.

C 2 RESPUESTAS

A. 1. any   2. some   3. no   4. none   5. any   6. some

B. 1. He'll have spent it before the end of the week (*o* before the weekend).
2. She'll have forgotten us.
3. She'll have driven for 6 hours.
4. We'll phone when he has arrived. (Tenga cuidado: después de la conjunción **when**, *cuando* no debe usarse el tiempo futuro y, por tanto, tampoco el antefuturo.)

C 3 EXPRESIONES

■ **Never had so few done so much for so many.** *Nunca tantos debieron tanto a tan pocos.* (Winston Churchill dijo lo anterior refiriéndose al heroísmo de los pilotos ingleses de la Fuerza Aérea Real a principios de la Segunda Guerra Mundial).

■ Observe el uso de **any**: en una frase afirmativa, **any** puede significar *cualquier, cualquiera*: **come any day**, *ven cualquier día.*

■ Palabras que se forman con **some**
- **somebody** *alguien*
- **someone** *alguien*
- **something** *algo*
- **somewhere** *(en) algún lugar, (en) alguna parte*

■ Palabras que se forman con **any**:
- **anybody, anyone,** *alguien* y en una oración afirmativa, *cualquiera*: **anybody (anyone) could do it,** *cualquiera podría hacerlo*
- **anything,** *algo, cualquier cosa, lo que sea*
- **anywhere,** *cualquier parte, cualquier lugar, donde sea*

C 4 LA COCINA ESTADOUNIDENSE

■ Además de las famosas **hamburgers** [hæmbe:rgərz], *hamburguesas,* **hot dogs** [ha:t do:gz], *perros calientes o panchos* y **pizzas** [pi:tsəz], en todos los puntos del país se puede disfrutar de cocina de alta calidad. Como ejemplo están los varios cortes de carne de res, casi siempre cocinada a la parrilla o a la **barbecue.** Entre ellos gozan de especial popularidad el **T-bone steak,** *filete y entrecot con hueso en forma de T* (de ahí el nombre del corte) y el **sirloin steak,** *solomillo.* La carne puede pedirse **rare** [rer], *roja o poco cocida;* **medium** [mi:diəm], *término medio* o **well done** [wel dɛn], *muy cocida.* Para quienes gustan de la carne de cerdo está el jamón Virginia, horneado con rebanadas de piña, o las **barbecued spareribs,** *costillas de cerdo a la barbecue.* El pollo se suele comer empanizado y frito, mientras el pavo es una carne muy consumida, sobre todo en la fiesta del Día de Acción de Gracias.

■ Los mariscos también cuentan con muchos adeptos que gustan de consumir **clam,** *almeja,* que se toma en sopa o empanizada. La *langosta,* **lobster** y los *camarones,* **shrimps** son platos refinados que se pueden disfrutar en ambas costas, oeste y este.

■ Otros platillos favoritos son los **hash browns** o **hash brown potatoes,** *papas ralladas,* doradas con cebolla en la sartén y el *arroz silvestre,* **wild rice** que muchas veces se acompaña con nuez de la India, zanahoria y apio. Los panes suelen ser variados, entre ellos están el pan blanco, el pan integral y el de maíz.

■ En cuanto a postres, el dicho **"As American as apple pie"**, *Tan estadounidense como el pay de manzana* es representativo de la importancia que ese pueblo confiere a los postres. Algunos de los más renombrados son los **chocolate brownies** (pastelillos de chocolate revuelto con nuez), el **pecan pie** (pie de nuez), el **pumpkin pie** (pay de calabaza o zapallo), los **muffins** (panecillos redondos dulces) el **cheesecake** (pay de queso con frutas) y las **doughnuts** o **donuts** (donas o rosquillas). Además, existen ricos helados de infinidad de sabores.

■ Conviene recordar que el **lunch** [lɛnch], *comida de mediodía* se sirve alrededor de las 12:00 p.m. y el **dinner** [dinər], *cena* (que allá es la comida principal), entre las 6:00 y 7:00 p.m.

D 1   AT THE COFFEE SHOP [◀ CD]

Waitress: Good morning, can I help you?

James: Yes, please, a table for four, and we'd like some coffee.

Waitress: Do you want cream with your coffee?

James: No, thank you. I'd rather have it black. May I have some orange juice, please?

Waitress: Sorry, we have none left. But we have grapefruit juice. Help yourself to the biscuits. Do you want anything else[1]?

Karen: May I have some more coffee? It's delicious. Have you got any butter to go with the biscuits?

Waitress: Certainly. What about the children? What will they have?

Karen: They usually have milk, please, and orange juice.

Waitress: Sorry, madam, but we have no orange juice left.

[1] **Else** = *otra cosa;* **anything else** = *alguna otra cosa*

D 2   VIDA COTIDIANA

LOS HUEVOS

· Si en el restaurante le preguntan:

How would you like your eggs?
¿Cómo te gustarían los huevos?

· usted puede responder:

fried	[fraid]	*frito(s)*
o **sunny-side up**		(literalmente, *con el lado del sol hacia arriba*)
scrambled	[skræmb'ld]	*revuelto(s)*
soft-boiled	[so:ft boild]	*pasado(s) por agua*
hard-boiled	[ha:rd boild]	*duro(s)*

276

D 3 EN LA CAFETERÍA [1]

Camarera o mesera: Buenos días. ¿Puedo ayudarles?

James: Sí, por favor, una mesa para cuatro y (también) quisiéramos un poco de café.

Camarera o mesera: ¿Quiere crema para su café?

James: No gracias, lo prefiero negro. ¿Me puede dar un poco de jugo de naranja, por favor?

Camarera o mesera: Lo siento, no nos queda nada. Pero tenemos jugo de toronja (o pomelo). Tomen (ustedes mismos) los bizcochos. ¿Quieren algo más?

Karen: ¿Me puede dar un poco más de café? Está delicioso. ¿Tiene un poco de mantequilla para acompañar los bizcochos?

Camarera o mesera: Desde luego. ¿Y los niños? ¿Qué van a tomar?

Karen: Ellos suelen tomar leche, por favor, y jugo de naranja.

Camarera o mesera: Lo siento, señora, pero ya no tenemos jugo de naranja.

[1] **Coffee shop:** no traduzca literalmente por *cafetería*. En los Estados Unidos de Norteamérica la **coffee shop** es un lugar donde se venden bebidas no alcohólicas (té, café, jugos de frutas, etc.) y donde, a veces, también se ofrecen galletas, pasteles, sándwiches, comidas ligeras (**snacks**) o, incluso, comidas completas.

D 4 VIDA COTIDIANA

COFFEE SHOP O COFFEE HOUSE

· Para acompañar el café, puede elegir tomar en el desayuno:

donut / doughnut	[dɔunɐt]	*rosquilla, dona dulce*
hash browns	[hæsh brauns]	*papas y cebolla doradas en la sartén*
muffin	[mɐfən]	*panecillo redondo dulce*
pancake, hotcake	[pænkeik, ha:tkeik]	*hot cakes*

CÁPSULA CULTURAL
¿Qué significan las expresiones **American plan** y **European plan**? (*respuesta en la pág. 324*).

A 1 PRESENTACIÓN

■ El <u>pospretérito</u> se forma en inglés con el auxiliar **would** (para todas las personas gramaticales) seguido de un verbo en infinitivo sin la partícula **to**:
I would do it. *Yo lo haría.*   **You would do it.** *Tú lo harías,* etc.

• se contrae **I'd** [aid], **you'd, he'd, she'd,** etc. y en la forma negativa: **wouldn't** [**wu**dnt].

• en español, el elemento de la frase que indica una suposición o condición se expresar con *si* + subjuntivo en pretérito. En cambio, en inglés se pone en <u>pretérito y va precedido de **if**.</u>

  If he asked.   **If she knew.**

  Si él pidiera.   *Si ella supiera.*

• para traducir el verbo *deber* en pospretérito se debe emplear **ought to** o **should** para todas las personas gramaticales:

ought to [o:t tu:] o **should** [shud] para todas las personas.

You should come.   *Deberías venir. (como idea)*

You ought to come.   *Deberías venir. (como obligación)*

• **might** [mait] es el pretérito de **may**.

to apologize	[tu: **pa**:l'dʒaiz]	*disculparse*
kind	[kaind]	*tipo, clase*
to call on	[tu: ko:l a:n]	*visitar*
to suit	[tu: su:t]	*convenir, parecer bien*
to refuse	[tu: rifiu:z]	*rehusar (o rehusarse), negarse a*

A 2 APLICACIÓN [◀ CD]

1. If I were you, I would refuse.
2. If I were younger, I would learn how to play tennis.
3. If I had more money, this is the kind of car I would buy.
4. We would like to do it if we had more time.
5. You would be surprised if I told you.
6. I wouldn't be surprised if he asked for money.
7. Would it be simpler if he went with you?
8. Wouldn't it be better if we apologized?
9. You wouldn't believe that if you knew him.
10. We could call on them if it suits you.
11. I'd like you to do it.
12. We ought to apologize (*o* we should apologize).

A 3 OBSERVACIONES

■ **If I were you, I would refuse.** En teoría, **were** se usa para todas las personas gramaticales, incluida la primera. En la práctica, a menudo se dice **if I was you**, lo que resulta más familiar; **were** siempre se usa para las demás personas (**if you were,** etc.) (*ver también ejemplo 2*).

■ **If I was younger, I would learn how to play tennis.** Observe la expresión idiomática *aprender a* + verbo:

    to learn how to + *verbo*

    to play tennis, *jugar tenis;* **to play cards,** *jugar a la baraja o las cartas*

■ **Wouldn't it be better if we apologized?**

    to apologize, *disculparse, pedir perdón*

    to apologize for something, *disculparse por algo*

    to apologize to somebody for something, *disculparse con alguien por algo*

■ **We could call on them if it suits you.** Tenga cuidado de no confundir **to call on somebody,** *visitar a alguien, pasar a ver a alguien* con **to call somebody,** *llamar a alguien* y con **to call somebody on the phone,** *llamar a alguien por teléfono.*

■ De igual manera, distinga **if it suits you** de **if it suited you** que en español sería diferenciar *si te parece bien* de *si te pareciera bien.*

■ **I'd like to apologize.** Observe la construcción de **I'd like,** similar a la de **to want** (**I want you to do it**).

A 4 TRADUCCIÓN

1. Si yo fuera tú, me rehusaría.
2. Si yo fuera más joven, aprendería a jugar tenis.
3. Si yo tuviera más dinero, este es el tipo de auto que compraría.
4. Nos gustaría hacerlo si tuviéramos más tiempo.
5. Te sorprenderías si te (lo) dijera.
6. No me sorprendería que él pidiera dinero.
7. ¿Sería más sencillo si él se fuera contigo?
8. ¿No sería mejor si nos disculpáramos?
9. No creerías eso si lo conocieras.
10. Podríamos visitarlos si te parece bien.
11. Me gustaría que lo hicieras.
12. Deberíamos disculparnos.

B 1   PRESENTACIÓN

■ El <u>antepretérito de subjuntivo</u>, por ejemplo, *hubiéramos venido si lo hubiéramos sabido* se forma en inglés con :

>   **would** + **have** + participio pasado.

· La oración que comienza con **if** se escribe en pretérito perfecto: **we would have come if we had known.**

· Contracciones:

We would have come — We'd have come. *Hubiéramos venido.*
She would have bought — She'd have bought. *Ella hubiera comprado.*
If we had had — If we'd had. *Si hubiéramos tenido.*

yo hubiera podido, hubieras podido	**I could have, you could have,** etc.
él hubiera podido venir o	**he could have come**
podría haber venido	
yo debería haber	**I should have** *o* **I ought to have,** etc.
ella debería haber venido	**she ought to have come**
ella debería haber venido	**she should have come**

to notice	[tu: nəutəs]	*notar, darse cuenta*
to enjoy	[tu: inʤɔi]	*disfrutar*
castle	[**kæ**səl]	*castillo*
stay	[stei]	*estadía, estancia*
expensive	[ik**spen**siv]	*caro*
guest house	[gest haus]	*pensión, casa de huéspedes*

B 2   APLICACIÓN [◀ CD]

1. We would have come if we had known.
2. We would have visited the castle if we had had more time.
3. I would never have noticed it if you hadn't shown it to me.
4. We wouldn't have enjoyed our stay so much without you.
5. We wouldn't have done it if it hadn't been for the kids.
6. It wouldn't have been so expensive if you had stayed in a guest house.
7. She'd have bought it if it'd been less expensive.
8. It would have been easier if Mary could have phoned.
9. She ought to have come (*o* she should have come).
10. You should have tried (*o* you ought to have tried).
11. I could have caught it.
12. They could have won.

B 3 OBSERVACIONES

■ **It would have been easier...** Tenga cuidado con la pronunciación de **it'd been** [ited bi:n], contracción de **it had been**, *había sido*.
Compare con

> **it'd be** [itedbi:], contracción de **it would be**, *sería*
>
> e **it'd have been** [itedəvbi:n], *hubiera sido*.

■ **If she could have phoned,** *si ella hubiera podido hablar por teléfono.* Recuerde que el verbo defectivo **can** no posee participio pasado. Por tanto, para poner esta oración en pretérito, se puede hacer un juego lingüístico usando el infinitivo **phone** sin **to**, poniéndolo en pasado: **have phoned...**

■ Asimismo se puede utilizar **to be able to**:

if she had been able to phone

• Observación: tenga cuidado de traducir correctamente **she could phone**, pues puede significar *ella podía hablar por teléfono* o *ella podría hablar por teléfono.*

Por otro lado, **she could have phoned** puede significar *ella hubiera podido hablar por teléfono* o *ella habría podido hablar por teléfono.*

• El antecopretérito del español *ella había podido hablar por teléfono* se traduce por el **past perfect continuous** continuo del inglés: **she had been able to phone.**

B 4 TRADUCCIÓN

1. Hubiéramos venido si hubiéramos sabido.
2. Hubiéramos visitado el castillo si hubiéramos tenido más tiempo.
3. Nunca me hubiera dado cuenta si tú no me lo hubieras mostrado.
4. Sin ti no hubiéramos disfrutado tanto nuestra estancia.
5. No lo hubiéramos hecho si no hubiera sido por los niños.
6. No hubiera sido tan caro si te hubieras quedado en una pensión.
7. Ella lo habría comprado si hubiera estado menos caro.
8. Habría sido más fácil si Mary hubiera llamado por teléfono.
9. Ella debió haber venido (*o* Ella hubiera debido venir).
10. Deberías haber tratado (*o* Hubieras debido tratar).
11. Yo lo hubiera podido atrapar.
12. Ellos hubieran podido ganar.

C 1 EJERCICIOS

A. Traduzca.

1. Si yo fuera más joven jugaría rugby.

2. Me gustaría comprar este automóvil.

3. Podríamos visitarlos el lunes.

4. Me gustaría que ella viniera.

5. Deberíamos preguntarles.

B. Ponga en inglés en el tiempo correspondiente al antepretérito de subjuntivo (recuerde que se forma con **would have** + participio pasado. *Ver lección 33, B1*). [◀ CD]

1. I'd buy it if I had more money.

2. You wouldn't believe it if you knew Jim.

3. They could do it if they had time.

C 2 RESPUESTAS

A. 1. If I was (*o* were) younger, I'd play rugby.

2. I'd like to buy this car.

3. We could call on them (*o* visit them) on Monday.

4. I'd like her to come.

5. We ought to (*o* we should) ask them.

B. [◀ CD]

1. I'd have bought it if I'd had more money.

2. You wouldn't have believed it if you had known Jim.

3. They could have done it if they'd had time.

C 3 EXPRESIONES EN POSPRÉTERITO

■ **would you mind** + verbo en **-ing?**
¿te importaría que... ?

■ **would you mind if I... ?**
¿te importaría si yo... ? (o que yo...)

■ **would you be so kind as to... ?**
¿serías tan amable de... ?

■ **what would you like to have... ?**
¿qué te gustaría tomar... ?

■ **would you like me to... ?**
¿te gustaría que yo... ?

C 4 RESTAURANTES

■ En general, los restaurantes de *comida rápida* (**fast -food** [fæstfu:d]) son muy populares y los estadounidenses están muy habituados a ellos. Los precios son económicos y la comida suele conservar la misma calidad en cualquier punto del país. La persona que atiende el pedido de comida en un **fast -food** preguntará **for here or to go?**, *¿para comer aquí o para llevar?* pues estos restaurantes suelen ofrecer ambas opciones. De hecho, muchos de ellos cuentan con el servicio **drive thru**, *servicio en el automóvil*, con lo que el cliente incluso se ahorra el tiempo de bajarse del automóvil: desde el interior pide lo que desea comer, más adelante paga en la caja y recibe la comida debidamente empacada.

■ Otra opción para comer son las **coffee shops** [ko:fi sha:pz], especie de cafeterías pero con un servicio más variado. En ellas se puede disfrutar de una comida completa a cualquier hora del día y a un precio razonable. Por su parte, los **delicatessen** [delikətesən] sirven especialidades europeas y enormes sándwiches al gusto acompañados o no de abundantes ensaladas. También ofrecen la opción de comer ahí o de llevar la comida a casa.

■ Las **steak houses** ofrecen un servicio sencillo y familiar. Se especializan en carnes a la parrilla que los clientes pueden acompañar con cerveza. Como su nombre lo indica, los **family restaurants** [fæmli restəra:ntz] son ideales para comer en un ambiente relajado. Existen muchas "cadenas" de este tipo de restaurantes, entre ellas **Denny's**, **Pizza Hut**, **Friendly's**, etc. Estos establecimientos se encuentran al borde de las carreteras así como en las ciudades y los suburbios.

En ocasiones el menú se exhibe a la puerta, lo que permite a los clientes saber qué tipo de comida pueden encontrar y a qué precio. Los **bar and grill** brindan un servicio de cierto lujo y comida de buena calidad a precios relativamente económicos. Se trata de restaurantes de primera clase en donde los platillos de la cocina internacional son interpretados según el gusto estadounidense.

■ Por supuesto, además de los ya mencionados hay un sinnúmero de restaurantes de gran categoría. En las grandes ciudades usted contará con un enorme abanico de posibilidades, desde comida oriental, alemana, mexicana, india, italiana, internacional, mariscos, carnes, etc. Las opciones son muy extensas. Si no sabe por dónde comenzar, puede pedir recomendaciones en su hotel.

D 1 SHOPPING (2) [◀ CD] (*ver pág. 234*)

Ann: Where did you get that beautiful dress?

Kim: In that new department store that has just opened on High Street.

Ann: It must be very expensive. I prefer to go to the shopping center in our area.

Kim: I know it's much cheaper, but the quality is not the same. Besides, you can get all you want downtown.

Ann: That's true but our local main street is not too bad. You can get all the essentials.

Kim: Yes, but when you want to spoil yourself, you know, give yourself a treat[1], you have to look further.

Ann: I suppose so.

[1] treat [tri:t] *gusto, placer.*
this is my treat, *éste es mi gusto (compare con D 2 en la pág. 168).*

D 2 VIDA COTIDIANA

EXPRESIONES ÚTILES PARA USAR EN UNA TIENDA

¿A qué hora cierra la tienda?
What time does the store close?

¿Qué marca de... me recomienda?
What brand of... do you recommend?

¿Cuánto tiempo llevaría arreglar este vestido?
How long would it take to alter this dress?

Por el momento sólo estoy mirando.
I'm just looking for now.

¿Dónde puedo encontrar un vendedor?
Where can I find a salesperson?

¿Dónde puedo encontrar el departamento de damas?
Where can I find the ladies' department?

D 3   DE COMPRAS (2)

Ann: ¿Dónde conseguiste ese hermoso vestido?

Kim: En ese gran almacén que acaba de abrir en High Street.

Ann: Debe ser muy caro. Yo prefiero ir al centro comercial de nuesta zona.

Kim: Sé que es mucho más barato, pero no es la misma calidad. Además, puedes conseguir todo lo que quieras en el centro de la ciudad.

Ann: Eso es cierto pero la calle principal de nuestra zona no está tan mal. Puedes conseguir todo lo esencial.

Kim: Sí, pero cuando quieres consentirte, tú sabes, darte un gusto, tienes que ir más allá.

Ann: Sí, supongo (que sí).

D 4 VIDA COTIDIANA

TIENDAS

shoe store	*zapatería*
bakery	*panadería*
delicatessen	*charcutería, fiambrería*
D.I.Y. (do-it-yourself)	*bricolaje*
dry cleaner's	*tintorería*
health food shop	*tienda de alimentos naturales*
launderette	*lavandería automática*
candy store	*dulcería*
stationery store	*papelería*
tobacconist's shop	*tabaquería*

CÁPSULA CULTURAL

¿A qué género de música petenecieron las estrellas Louis Armstrong, Duke Ellington y Charlie Parker?

(*respuesta en la pág. 307*).

A 1 PRESENTACIÓN

■ El estilo indirecto, **reported speech,** consiste en relatar las palabras que alguien dijo. Por ejemplo:

it's raining, *está lloviendo* está en <u>estilo directo</u> en tanto que
he says it's raining, *él dice que está lloviendo* es <u>estilo indirecto.</u>

· En español, cuando uno refiere la pregunta *¿viene Juan?,* ésta se convierte en <u>estilo indirecto</u>: *ella pregunta si Juan viene.* Note el cambio en el orden de los elementos, pues la presentación natural de la interrogación <u>verbo - sujeto</u> se convierte en <u>sujeto - verbo.</u>

· En inglés se aprecia el mismo cambio en el orden del sujeto y el auxiliar:

Is it raining?	**She asks if it is raining.**
Have you seen him?	**He asks if you have seen him.**
Will you drive there?	**She asks if you will drive there.**

En ocasiones desaparece el auxiliar **do** (excepto en la forma negativa):

Do you work hard?	**He asks if you work hard.**
Don't you know him?	**He asks if you don't know him.**

to mean	[tu: mi:n]	*significar*
to imagine	[tu: imædʒən]	*imaginar, imaginarse*
coat	[kəut]	*abrigo, sobretodo*

A 2 APLICACIÓN [◀ CD]

1. "What does this word mean?"
2. He doesn't understand what it means.
3. "Where is my coat?"
4. She wonders where her coat may be.
5. "How does she do it?"
6. He can't imagine how she does it.
7. "Why didn't you ask her?"
8. He doesn't know why you didn't ask her.
9. "When will you leave?"
10. She's asking him when he will leave.
11. "What did I do with it?"
12. He doesn't remember what he did with it.

A 3 OBSERVACIONES

■ **She wonders where her coat may be.** Aquí, **to wonder** corresponde a *preguntarse*. Frecuentemente se construye con **whether** [hweðər], *si acaso*.

    I wonder whether he'll come. *Me pregunto si acaso él vendrá.*

■ **"Why didn't you ask her?"** Observe la construcción de **to ask:**

    Pregúntale a mi hermana. **Ask my sister.**

    Pedir información, **to ask for information.**

■ **He doesn't know why you didn't ask her.** El verbo **didn't** se conserva en estilo indirecto porque introduce una frase negativa. Compare con:

    Why did you ask her?

    He doesn't know why you asked her.

■ **"When will you leave?"** Recuerde que el tiempo futuro se puede usar (tanto en estilo directo como indirecto) después de **when** cuando éste funciona como adverbio interrogativo, es decir, cuando significa *¿en qué momento?* Es imposible usar el futuro cuando **when** tiene el sentido de *cuando.* Por ejemplo, en una oración como:

    We'll leave when he is ready.

    Nos iremos cuando él esté listo.

■ **He doesn't remember what he did with it.** Observe la construcción directa de **to remember:**

I remember it.	*Lo recuerdo.*
I remember him.	*Me acuerdo de él.*

A 4 TRADUCCIÓN

1. "¿Qué significa esta palabra?"
2. Él no entiende lo que significa.
3. "¿Dónde está mi abrigo (*o* sobretodo)?"
4. Ella se pregunta dónde puede estar su abrigo (*o* sobretodo).
5. "¿Cómo lo hace ella?"
6. Él no puede entender cómo ella lo hace.
7. "¿Por qué no le preguntaste a ella?"
8. Él no sabe por qué no le preguntaste a ella.
9. "¿Cuándo te irás?"
10. Ella le está preguntando a él cuándo se irá.
11. "¿Qué hice con eso?"
12. Él no se acuerda qué hizo con eso.

B 1   PRESENTACIÓN

- Cuando uno cita palabras que fueron dichas en el pasado, tanto en inglés como en español es necesario observar la <u>concordancia de tiempos</u>, es decir, referir las palabras en tiempo pasado.

Por ej.: **"It is very easy to do" she said.**
> *"Es muy fácil hacerlo", dijo ella.*

> **She <u>said</u> it <u>was</u> very easy to do.**
> *Ella <u>dijo</u> que <u>era</u> muy fácil hacerlo.*

- Frecuentemente se omite la conjunción **that** en construcciones como **He said that ..., She answered that...,** etc.

- Recuerde: **Have they been here long?**
> *¿Han estado aquí mucho tiempo?*

- Regrese a la Lección 26 para repasar el uso del **present perfect.**

to build	[tu: bild]	*construir*
to claim	[tu: kleim]	*afirmar, reclamar; pretender*
to let know	[tu: let nəu]	*hacer (o dejar) saber, avisar*
whether	[**hwe**ðər]	*si acaso*

B 2   APLICACIÓN [◀ CD]

1. "It is very easy to do", she answered.
2. She answered it was very easy to do.
3. "I can build it myself", he told me.
4. He told me he could build it himself.
5. "I have enough money", he claimed.
6. He claimed he had enough money.
7. "Have they been here long?" he asked.
8. He asked if they had been here long.
9. "I will let you know", he said.
10. He said he would let us know.
11. "When will you leave?", she asked them.
12. She asked them when they would leave.

B 3 OBSERVACIONES

■ Note que en todas las oraciones escritas en <u>estilo indirecto</u> se ha suprimido la conjunción **that**. Es perfectamente correcto decir y escribir:
She answered that it was very easy to
pero es más frecuente formar la oración sin **that**.

■ **"I have enough money", he claimed.** Note que **enough** [inɐf] se coloca:
— después del adjetivo, adverbio o verbo:
it is big enough, he works hard enough, he earns enough, etc.
— antes o después del sustantivo:
I have enough money o **I have money enough**.

■ **"Have they been here long?" he asked.** Observe el empleo del **present perfect** (*ver Lección 26*). **Long** funciona aquí como un adverbio que corresponde a **for a long time**, *por un tiempo largo, desde hace mucho tiempo*. Es el mismo significado en **How long have you been here?** *¿(Desde hace) cuánto tiempo has estado aquí?*

■ **He asked if (o whether) they had been here long.** **Whether,** *si acaso* se emplea cuando no se sabe si la respuesta será afirmativa o negativa.

■ **"I will let you know", he said.** El verbo **to let** se usa para formar el imperativo (**let us go!**, *ver Lección 19*) pero también puede significar, como en este caso, *dejar, permitir (permitir que lo sepan)*. En ambos casos va seguido del infinitivo sin **to**.

B 4 TRADUCCIÓN

1. "Es muy fácil hacerlo", contestó ella.
2. Ella contestó que era muy fácil hacerlo.
3. "Puedo construirlo yo mismo", me dijo él.
4. Él me dijo que podía construirlo él mismo.
5. "Tengo suficiente dinero", afirmó él.
6. Él afirmo que tenía suficiente dinero.
7. "¿Han estado aquí mucho tiempo?", preguntó él.
8. Él preguntó si habían estado aquí mucho tiempo.
9. "Les haré saber", dijo él.
10. Él dijo que nos haría saber.
11. "¿Cuándo se irán?", les preguntó ella.
12. Ella les preguntó cuándo se irían.

C 1 EJERCICIOS

A. Ponga las siguientes oraciones en estilo indirecto empezando con **she says** o con **he asks**, según sea el caso. Cuando se trate de una interrogación, tenga cuidado de invertir el orden de las palabras. Recuerde que en las oraciones afirmativas el orden no cambia.

1. "The weather is fine".
2. "Is it far?"
3. "What does this word mean?"
4. "I can do it myself."

B. Ponga las siguientes oraciones en estilo indirecto comenzando con **she said** o con **he asked** según sea el caso.

1. "It's very easy to do".
2. "They have been here for a long time".
3. "When will you send it?"
4. "Have you got enough?"

C 2 RESPUESTAS

A.
1. She says the weather is fine.
2. He asks if it is far.

B.
1. She said it was very easy to do.
2. She said they had been here for a long time.

3. He asks what this word means.
4. She says she can do it herself.

3. He asked when you would send it *o* when you will send it.
4. He asked if you had got enough (*o* if you have got enough).

C 3 FORMAS DE EXPRESAR EL VERBO *DECIR* [◀ CD]

to say something to somebody		*decir(le) algo a alguien*
to tell somebody something		*decir(le)* o *contar(le) a alguien algo*
to claim	[tu: kleim]	*afirmar; reclamar*
to declare	[tu: dikler]	*declarar* (similar a **to state**)
to emphasize	[tu: **emf**əsaiz]	*enfatizar, recalcar* (similar a **to stress**)
to point out	[tu: point aut]	*señalar, hacer notar* (en el sentido de *hacer una observación*)
to repeat	[tu: ri**pi:**t]	*repetir*
to shout	[tu: shaut]	*gritar*
to state	[tu: steit]	*exponer, afirmar*
to stress	[tu: stres]	*poner énfasis en*
to stammer	[tu: **stæm**ər]	*balbucear*
to stutter	[tu: **stʌt**ər]	*tartamudear, balbucear*
to utter	[tu: **ʌt**ər]	*pronunciar*
to whisper	[tu: **huis**pər]	*susurrar*

C 4   GRANDES ALMACENES ESTADOUNIDENSES

■ Tal vez el antecedente más claro de un *gran almacén* (**department store** [di**pa:rt**mənt sto:r]) lo constituye la tienda francesa Bon Marché, que para la década de 1860 estaba dividida en varios departamentos. Entre 1860 y 1870 se inició en los Estados Unidos de Norteamérica un proceso lento por medio del cual varias tiendas especializadas se convirtieron en almacenes que vendían los más variados productos. Las primeras características distintivas de estas nuevas tiendas fueron la venta de ropa ya confeccionada para caballero y el hecho de que los precios de las mercancías estaban claramente exhibidos. Esta nueva manera de vender pronto fue imitada por otros establecimientos especializados. Una de las primeras tiendas en ser reconocidas como un gran almacén fue **Macy & Company**, en la ciudad de Nueva York, originalmente dedicada a la venta de vajillas y cristalería.

■ Varios factores económicos y sociales contribuyeron al éxito casi inmediato de los grandes almacenes. La rápida concentración de gente en las ciudades, el surgimiento de una clase media propensa a la influencia de la publicidad, el desarrollo de procesos de fabricación en serie y la comercialización de inventos que facilitaban las operaciones comerciales (como el teléfono y la luz eléctrica) provocaron que en las primeras décadas del siglo xx las grandes tiendas mantuvieran un crecimiento sostenido. En las últimas décadas, algunas estrategias de venta han sido copiadas de estos establecimientos y aplicadas en supermercados y tiendas generales: por ejemplo, ahora muchos supermercados ofrecen ropa, muebles y línea blanca. Ello ha aumentado la competencia y, por tanto, ha despertado la fuerza creativa de los grandes almacenes, que buscan no perder su lugar en el mercado. Su presencia es creciente en los suburbios de las ciudades y en países de casi todo el mundo.

■ Desde 1920 muchos grandes almacenes se han convertido en verdaderas cadenas comerciales que poseen varias tiendas. Por ejemplo, **Sears Roebuck & Company** fundada en Chicago a fines del siglo xix, alcanzó gran parte de su fuerza actual funcionando como una "tienda por correo" en las zonas rurales: enviaba a los hogares catálogos ilustrados de productos que los clientes podían solicitar por correo. En los años veinte y treinta aumentó considerablemente el número de sus puntos de venta. Actualmente opera en muchos países y cuenta con varios cientos de tiendas. Otra cadena importante, **J.C. Penney**, incluso contaba con un canal de televisión por cable.

D 1 TYPICAL DISHES [◀ CD]

Brian: What sort of a restaurant are we going to, Mark?

Mark: It's what you call a typical coffee shop, Brian. Linda said it's the best in town.

Brian: Good, but what do they have to eat?

Mark: Well, French fries and then you can have anything else you want.

Brian: Like what?

Mark: Like hot dogs, bacon and eggs, hamburgers, etc.

Brian: Sounds delicious. And what can we drink?

Mark: Well, most people drink coffee, but you can have sodas, milk or even mineral water.

Brian: Hey, I need a beer!

Mark: Well, if they have a license, you can have a beer.

Brian: I sure hope they have a license.

D 2   VIDA COTIDIANA

MEAT (CARNE)

· Ésta puede servirse:

bien cocida	**well done**	[wel dɐn]
cocida	**medium**	[miːdiəm]
poco cocida	**underdone**	[ɐndərdɐn]
muy poco cocida	**rare**	[rer]

·Puede prepararse:

horneada	**baked**
asada a la parrilla	**barbecued**
estofada, en su jugo	**braised**
frita	**fried**
asada a la parrilla o a las brasas	**grilled**
asada al horno	**roasted**
guisada	**stewed**
rellena	**stuffed**

D 3 COMIDA TÍPICA

Brian: ¿A qué clase de restaurante vamos, Mark?

Mark: A lo que se llamaría una cafetería típica, Brian. Linda dijo que es la mejor de la ciudad.

Brian: Bien, pero ¿qué hay de comer?

Mark: Bueno, papas a la francesa y luego cualquier otra cosa que quieras comer.

Brian: ¿Cómo qué?

Mark: Como perros calientes o panchos, huevos con tocino, hamburguesas, etc.

Brian: Suena delicioso. ¿Y qué podemos tomar?

Mark: Bueno, la mayoría de la gente toma café pero puedes tomar gaseosas, leche o aun agua mineral.

Brian: Oye, ¡yo necesito una cerveza!

Mark: Bueno, si tienen licencia (para ello), podrás tomar una cerveza.

Brian: Ciertamente espero que tengan licencia.

D 4 VIDA COTIDIANA

HERBS AND SPICES	[herbz: ænd spaisiz]	*HIERBAS AROMÁTICAS Y ESPECIAS*
garlic	[**ga:**rlik]	*ajo*
basil	[**beiz**əl]	*albahaca*
cinnamon	[**sin**əmən]	*canela*
chervil	[**che:**rvəl]	*perifollo*
chives	[chaivz]	*cebollinos, cebollines*
cumin	[**kɐ**mən]	*comino*
tarragon	[**tær**əgən]	*estragón*
ginger	[**dʒin**dʒər]	*jengibre*
mint	[mint]	*menta*
paprika	[pə**pri:**kə]	*pimentón dulce*
parsley	[**pa:**rsli]	*perejil*
saffron	[**sæf**rən]	*azafrán*
thyme	[taim]	*tomillo*

CÁPSULA CULTURAL

¿Qué es el **Bill of Rights**?

(*respuesta en la pág. 61*)

A 1   PRESENTACIÓN

■ En inglés, el <u>subjuntivo</u> es menos empleado que en español.
Sólo tiene una forma, en tiempo presente, que se construye con infinitivo sin **to**.

· El subjuntivo se usa:

– en las expresiones o fórmulas hechas:
God save the Queen! *¡Que Dios salve a la reina!*
– para expresar un sugerencia o una propuesta.

· El tiempo pretérito puede tomar el sentido de subjuntivo, sobre todo después de **I wish**, *quiero, quisiera*; **I'd rather**, *preferiría.*

■ Los auxiliares **may** y **should** sirven también para construir el <u>subjuntivo</u> en tiempos compuestos.

· **may** puede expresar *deseo, casualidad, finalidad;*

· **should** puede expresar *temor* o *sugerencia.*

to afford	[tu: 'fo:rd]	*tener los medios para hacer algo*
to bless	[tu: bles]	*bendecir*
to wish	[tu: wish]	*desear*
advance	['dvæns]	*avance*
date	[deit]	*fecha*
discussion	[diskɐsh'n]	*discusión, debate*
estate	[isteit]	*propiedad, bien raíz*
however	[hau'v'r]	*sin embargo, por más ... que*
mutual	[**miu:**chu'l]	*mutuo*
possible	[**pa:**s'b'l]	*posible*
so that	[s'u ðæt]	*para que*
God	[ga:d]	*Dios*

A 2   APLICACIÓN [◀ CD]

1. God bless you!
2. It's important that she attends this meeting.
3. They insist that he accept their offer.
4. I wish he were with us.
5. I wish it were possible.
6. It's about time you stopped that discussion.
7. I'd rather you didn't choose this date.
8. However rich they may be, they can't afford to buy this estate.
9. We wish that she may succeed.
10. He'll book in advance so that he may attend the concert.
11. We arrived early so that she should not worry.

A 3 OBSERVACIONES

■ **God bless you!** se utiliza sobre todo como fórmula de cortesía o después de un estornudo. También existen las expresiones **God save the Queen!** *¡(Que) Dios salve a la reina!* o **Long live the Queen!** *¡Que la reina viva muchos años!*

■ **Goodbye,** *adiós* es contracción de **God be with you!** *¡(Que) Dios esté contigo!*
If this be true... *si esto es* (o *fuera*) *cierto* (esta expresión es propia del lenguaje jurídico).
If need be... *si hace* (o *hiciera*) *falta.*

■ **It's important that she attend this meeting.** Observe que la "**s**" de la tercera persona desaparece (*ver también ejemplo 3*).

■ **I wish he were with us.** Were (pretérito plural de **to be**) funciona como subjuntivo para todas las personas gramaticales (*ver también ejemplo 5*).

■ **It's about time you stopped that discussion.** Después de **I wish,** *deseo, quiero, quisiera*; **it's about time,** *ya es hora de que*; **I'd rather (I would rather),** *preferiría* a veces se encuentran pretéritos con sentido de subjuntivo. Las tres expresiones describen un deseo que no se realiza (*ver también ejemplos 4, 5 y 7*).

■ **However...** they may be, *por más... que* o *por muy... que.* **However** significa también *mientras, sin embargo, a pesar de ello.* **To afford,** *tener los medios (económicos), permitirse.*
I can't afford it, *no tengo los medios para ello, mis posibilidades no me lo permiten.*

A 4 TRADUCCIÓN

1. ¡(Que) Dios te bendiga!
2. Es importante que ella asista a esta reunión.
3. Ellos insisten en que él acepte su oferta.
4. Yo quisiera que él estuviera con nosotros.
5. Yo quisiera que fuera posible.
6. Ya es hora de que paren esa discusión.
7. Preferiría que no escogieras esta fecha.
8. Por muy ricos que sean, no tienen los medios para comprar esa propiedad.
9. Deseamos que ella triunfe.
10. Él reservará por adelantado para poder asistir al concierto.
11. Llegamos temprano para que ella no se preocupara.

B 1 PRESENTACIÓN

■ Como se vio en el ejercicio A 1, <u>el presente de subjuntivo</u> es poco empleado en inglés mientras que el <u>pretérito</u> y el <u>subjuntivo compuesto</u> (con **may** y **should**) se usan sobre todo en la lengua escrita.

■ En contraste, muchas construcciones inglesas corresponden al subjuntivo español, que es muy usado en nuestra lengua. Entre ellas destacan:

· el <u>indicativo</u> después de <u>conjunciones</u>: **before**, *antes de* o *antes que;* **unless,** *a no ser que, a menos que;* **till** (contracción de **until**), *hasta que;* **provided,** *siempre que* o *siempre y cuando.*

· la <u>proposición infinitiva</u>: **to want** + objeto o complemento + **to** + verbo en infinitivo (*ver Lección 19, B3*).

· la <u>forma -ing</u> del verbo, que puede llamarse "<u>sustantivo verbal</u>" (*ver Lección 35, B 3 y 39, B 1*), con algunos verbos como **to mind**, *importar, tener inconveniente.*

to accompany	[tu: əkæmpəni]	*acompañar*
to stand	[tu: stænd]	*estar de pie; soportar*
to apply for	[tu: əplai fo:r]	*solicitar algo; postularse (para algo)*
polite	[pəlait]	*cortés, de buenos modales*
personal (*adj.*)	[pe:rsnəl]	*personal*
else	[els]	*más, demás; otro*
to check	[tu: chek]	*revisar, controlar*
to mind	[tu: maind]	*importar; ocuparse de; no tener inconveniente en*
to take care of	[tu: teik ker a:v]	*cuidar a, ocuparse de*

B 2 APLICACIÓN [◀ CD]

1. Tell him to call at my office before he leaves.
2. They won't accept unless you really insist.
3. She will accompany us though she is very tired.
4. We must prepare the meeting before they arrive.
5. I will wait here till he comes back.
6. He will be very polite though he can't stand them.
7. You must not expect them to agree with you.
8. She wants me to apply for this job.
9. I'd like him to propose something else.
10. We'd like you to check whether he is right (or wrong).
11. Do you mind my asking you a personal question?

B 3 OBSERVACIONES

■ **Tell him to call at my office before he leaves. To call at,** *pasar por un lugar.* Atención: **to call on somebody** significa *pasar a ver a alguien.*
Before he leaves, *antes de que se vaya;* también puede decirse **before leaving,** *antes de partir* o *de irse.* En este caso, **before** no funciona como conjunción sino como preposición *(ver Lección 39, A3).*

■ **She will accompany us though she is very tired. Though** [ðəu], *aunque,* equivale a **although** [ɔ:lθəu] *(ver también ejemplo 6).*

■ **I will wait here till he comes back. Till,** *hasta que,* equivale a **until** pero se usa más frecuentemente.

■ **He will be very polite though ...** Polite, *cortés, de buenos modales* es el antónimo de *maleducado, grosero,* **rude** [ru:d].

■ **You must not expect them to agree with you.** Recuerde: se trata de una oración infinitiva. Después de **to expect,** *esperar, anticipar algo;* **to want,** *querer algo;* **I'd like (I would like),** *me gustaría o quisiera* sigue un <u>objeto o complemento, sujeto de un verbo en infinitivo</u> *(ver Lección 19, B 3).* En este mismo caso vea también los ejemplos 8, 9 y 10.

■ **I'd like him to propose something else. Something else** significa *otra cosa.* De igual manera, **somebody else** se traduce *otra persona, alguien más* y **somewhere else,** *otro lugar.*

■ **Do you mind my asking you a personal question? To mind,** *tener inconveniente, importar.* En lugar del subjuntivo, después de este verbo sigue una construcción cuya forma es la del gerundio (en **-ing**) aunque no sea ésa su función. Se trata del sustantivo verbal que significa *el hecho de hacer algo.* Puede utilizarse junto con un adjetivo posesivo.

B 4 TRADUCCIÓN

1. Dile que pase por mi oficina antes de que se vaya.
2. No aceptarán a menos que realmente insistas.
3. Ella nos acompañará aunque está muy cansada.
4. Debemos preparar la reunión antes de que ellos lleguen.
5. Esperaré aquí hasta que él regrese.
6. Él será muy cortés aunque no los soporta.
7. No debes esperar que ellos estén de acuerdo contigo.
8. Ella quiere que me postule para este trabajo.
9. Me gustaría que él propusiera otra cosa (*o* Quisiera que él propusiera otra cosa).
10. Nos gustaría que revisaras si él está en lo correcto (o no).
11. ¿Te importa que te haga una pregunta personal?

C 1 EJERCICIOS

A. Traduzca (pretérito con sentido de subjuntivo). [◀ CD]
1. Ya es hora de que regrese.
2. Preferiríamos que él no contestara esa pregunta.
3. Ella preferiría que te quedaras a su lado (o con ella).
4. ¡Quisiera que te quedaras con nosotros!

B. Traduzca (tiempos equivalentes al subjuntivo del español).
1. Quiero que los acompañes a la estación.
2. Quieren que yo verifique si él sabe manejar (o no).
3. Ella quisiera que la llevaras allá.
4. ¿No te importa si me voy ahora?

C 2 RESPUESTAS

A. [◀ CD]
1. It's about time he came back.
2. We'd rather he didn't answer that question.
3. She'd rather you stayed with her.
4. I wish you stayed with us!

B.
1. I want you to accompany them to the station.
2. They want me to check whether he can drive (or not).
3. She would like you to take her there.
4. Do you mind my leaving now?

C 3 CONJUNCIONES QUE EXPRESAN SUBORDINACIÓN

• Indican una condición o una suposición:

if, *si;* **unless,** *a menos que*
in case, *en caso de que*
provided, *siempre que, siempre y cuando*
whether, *si acaso, si...*

• Indican una concesión o restricción:

though, *aunque*
however, *como sea*

• Indican finalidad:

for fear that, *por miedo de que*
lest, *no sea que, a menos que*
so that, *para que*
that, *que (con el fin de que)*

• Indican causa:

as, *como, a medida que*
because, *porque*
since, *dado que, puesto que*

• Indican tiempo:

after, *después*
before, *antes*
as, *en el momento en que*
as long as, *en tanto que, mientras que*
as soon as, *tan pronto como*
once, *una vez que*
till, *hasta que*
when, *cuando*
whenever, *siempre que*

■ Atención: en inglés, después de las conjunciones de tiempo el verbo debe ponerse en presente, en contraste con el español, donde se pone en subjuntivo.

C 4 LA BANDERA ESTADOUNIDENSE

Desde la antigüedad, las banderas son símbolos que representan un grupo de personas, por ejemplo, una tribu o un país. Se cree que las primeras banderas fueron usadas por los chinos algunos cientos de años antes de Cristo.

■ LA BANDERA ESTADOUNIDENSE

La primera versión de la bandera de los Estados Unidos de Norteamérica tenía 13 *barras o rayas* (**stripes** [straipz]) rojas y blancas en forma alternada: representaban las 13 colonias estadounidenses originales. En la parte superior izquierda de la insignia lucía la bandera de Gran Bretaña, llamada la **Union Jack**. La bandera estadounidense actual fue adoptada oficialmente el 14 de junio de 1777: constaba de 13 barras horizontales de las cuales siete eran rojas y seis, blancas. La **Union Jack** fue sustituida por 13 *estrellas* (**stars),** cada una de cinco puntas: hoy tiene 50 estrellas que simbolizan los actuales estados de la unión americana. Los colores también tienen un significado: el blanco simboliza la pureza y la inocencia; el rojo, el valor y el azul, la justicia.

■ EL HIMNO NACIONAL ESTADOUNIDENSE

El himno estadounidense, **the Star-Spangled Banner** (que puede traducirse como *La bandera salpicada de estrellas)*, fue compuesto en 1814 por el abogado Francis Scott Key pero fue sólo hasta 1931 que se convirtió en el himno nacional *(ver también pág. 95)*. Otra marcha militar famosa es **The Stars and Stripes Forever,** que alude a las estrellas y a las barras blancas y rojas. Se trata de una composición de John Philip Sousa (1854-1932), autor de unas 150 marchas, algunas de las cuales suelen ser interpretadas por las bandas de música militar. En sus composiciones destacan otras melodías célebres como **Semper Fidelis** (1888) y **The Washington Post** (1889). Por otro lado, **The Battle Hymn of the Republic,** *Canto de guerra de la República,* también conocido como **John Brown's Body** fue el himno de los soldados de la Unión (norte del país) durante la *Guerra Civil* o *Guerra de Secesión* (**American Civil War).**

■ OTRAS MELODÍAS NACIONALES

Una melodía que inflama el fervor patriótico de los estadounidenses y que, de hecho, suele ser considerada una especie de "segundo himno nacional" es **God Bless America**, *Que Dios bendiga a los Estados Unidos de Norteamérica.* Fue compuesta por Irving Berlin (1889-1989), uno de los compositores más famosos dentro del país y cuyas obras están muy presentes en la memoria de los estadounidenses.

D 1   AT THE POST OFFICE [◀ CD]

Burt: Excuse me, Madam, is there a Post Office near here, please?
Lady: Yes, there's one right at the end of the street.
Burt: Thank you.
Lady: Not at all.
Burt: I want to buy some stamps please, and to send a package.
Clerk: Go to window number four, sir.
Burt: Thanks.
Clerk: You're welcome.
Burt: I want to send a letter to the United States and this package to London, please.
Clerk: Sure, sir. Forty cents for the letter and one dollar for the package.
Burt: Thank you very much.
Clerk: Welcome.

D 2   VIDA COTIDIANA · EN LA OFICINA DE CORREOS

directory	[dərektəri]	*directorio (telefónico)*
collect call *(EU)*	[kɔlekt koːl]	*llamada de cobro revertido (por cobrar)*
reverse charge call	[riveːrs chaːrdʒ koːl]	*llamada de cobro revertido*
zip code *(EU)*	[zip kəud]	*código postal*
(zip: zone of improved postage)		
postal code *(GB)*	[pəustl kəud]	*código postal*
envelope	[envələup]	*sobre (para envío de cartas)*
form	[foːrm]	*forma*
registered letter	[redʒəstərd letər]	*carta registrada*
to pick-up	[tuː pik ʌp]	*levantar (el auricular)*
toll free number	[təulfriː nʌmbər]	*número gratuito*
general delivery	[dʒenrəl diliveri]	*lista de correos, poste restante*
charge	[chaːrdʒ]	*precio, costo (de la comunicación)*

D 3 EN LA OFICINA DE CORREOS

Burt: Perdone, señora, ¿hay alguna oficina de correos cerca de aquí?
Mujer: Sí, hay una al final de esta calle.
Burt: Gracias.
Mujer: De nada.
Burt: Quiero comprar algunas estampillas, por favor, y enviar un paquete.
Empleado: Vaya a la ventanilla número cuatro, señor.
Burt: Gracias.
Empleado: De nada.
Burt: Quiero enviar una carta a los Estados Unidos de Norteamérica y este paquete a Londres, por favor.
Empleado: Desde luego, señor. (Son) cuarenta centavos por la carta y un dólar por el paquete.
Burt: Muchas gracias.
Empleado: De nada.

D 4 VIDA COTIDIANA

SISTEMA COMÚNMENTE USADO PARA DELETREAR ALGO EN UNA LLAMADA INTERNACIONAL (*ver también pág. 152*).

A	Alpha	G	Golf	N	November	T	Tango
B	Bravo	H	Hotel	O	Oscar	U	Uniform
C	Charlie	J	Juliet	P	Papa	V	Victor
D	Delta	K	Kilo	Q	Quebec	W	Whiskey
E	Echo	L	Lima	R	Romeo	X	X ray
F	Foxtrot	M	Mike	S	Sierra	Y	Yankee
						Z	Zulu

CÁPSULA CULTURAL

¿Qué evento importante para la historia estadounidense sucedió en 1787? (*respuesta en la pág. 61*)

A 1 PRESENTACIÓN

■ Algunos verbos ingleses frecuentemente empleados van seguidos de otro verbo y se construyen con <u>infinitivo sin **to**</u>. Sobre todo, se trata de:

1) los auxiliares **shall, should, will, would.**

2) los defectivos **can, may, must.**

3) el verbo **to let:**

   ➪ en los casos en que contribuye a la formación del imperativo (*ver Lección 19*):
   Let us begin. *Comencemos.*

   ➪ cuando significa *dejar, permitir:*
   Please, let me do it. *Por favor, déjame hacerlo.*

4) **to make,** *hacer.*

5) **to have,** en el sentido de *tener.*

6) las expresiones **I had better,** *sería mejor que yo...* y
I had rather o **I would rather,** *preferiría* también van seguidas de infinitivo sin **to.**

to introduce	[tu: intrədu:s]	*presentar (a una persona)*
to post, to mail	[tu: pəust, tu: meil]	*enviar por correo*
to warn	[tu: wo:rn]	*advertir*
to write	[tu: rait]	*escribir*
a couple of	[ə kʌpəl a:v]	*un par de, una pareja de*

A 2 APLICACIÓN [◀ CD]

1. Let me do it for you!
2. Why didn't he let us help him?
3. Let me introduce my brother to you.
4. I'll make them study it.
5. She'll make him understand.
6. It will make you feel better.
7. I'll have him write a report.
8. We'll have George post it to you (o mail it to you).
9. I won't have him say it again.
10. We'd better hurry.
11. You'd better warn him.
12. I'd rather stay there a couple of days more.

A 3 OBSERVACIONES

■ **I'll make them study it.** To make + infinitivo sin to indica una acción más directa o una intervención más personal que **to have** + infinitivo sin **to**, que frecuentemente tiene el sentido de *hacer de modo que (ver también ejemplos 5, 6, 7 y 8).*

■ **We'll have George post** (o **mail) it to you.** Con el sentido de que *él lo hará* se puede decir: **we'll have it posted** (o **mailed) by George.**

■ **I won't have him say it again.** En este caso, **I won't have him** significa *no aceptaré, no lo toleraré.* Compare con **I won't have it said that...,** *no dejaré que se diga, no quiero que se diga, no permitiré que sea dicho.*

■ **We'd better hurry.** Recuerde que **we'd** es la contracción de **we had better.**

■ **You'd better warn him.** To warn es *advertir* o *avisar de un peligro.* En cambio, *avisar* en el sentido de *hacer saber* se dice **to inform, to let know:**
Please let me know by return mail.
Avísame (o *hazme saber) a vuelta de correo.*

■ **I'd rather stay there a couple of days more.** Observe que **there** cumple la misma función que una preposición pospuesta e indica el resultado de una acción, en tanto que el verbo señala la manera como dicha acción se lleva a cabo. También se diría:
She'd rather walk there. *Ella preferiría caminar (hasta) allá.*

■ **I'd rather stay there a couple of days more.** I'd **rather** es contracción de **I had rather** o **I would rather.** Atención: la fórmula *preferiría que* + sujeto + verbo en pretérito de subjuntivo se construye en inglés:
I'd rather + sujeto + verbo en pretérito.
Preferiría que él viniera. **I'd rather he came.**

A 4 TRADUCCIÓN

1. ¡Déjame hacerlo por ti!
2. ¿Por qué él no nos dejó ayudarlo?
3. Déjame presentarte a mi hermano.
4. Haré que ellos lo estudien (o los haré estudiarlo).
5. Ella lo hará entender.
6. Eso hará que te sientas mejor (o te hará sentir mejor).
7. Haré que escriba un informe.
8. Haremos que George te lo envíe por correo.
9. No toleraré que él lo diga otra vez.
10. Sería mejor que nos apresuráramos.
11. Sería mejor que le advirtieras (o le avisaras).
12. Preferiría quedarme ahí un par de días más.

B 1   PRESENTACIÓN

- **to need,** *necesitar* frecuentemente se comporta como un verbo defectivo en los giros idiomáticos negativos:

He needn't do it. *Él no necesita hacerlo* (o *no hace falta que lo haga*).

- de igual manera, **to dare,** *atreverse, osar* se convierte en el defectivo **dare** en los giros idiomáticos negativos y en la expresión **I dare say**. *Me atrevo a decir.*

- En esos casos, estos verbos presentan las características distintivas de los defectivos: su forma negativa se obtiene añadiéndoles **not**; carecen de **s** en la tercera persona del singular.

- En la lengua hablada contemporánea, a menudo **to help** va seguido de infinitivo sin **to** (sin embargo, no se comporta como un verbo defectivo).

- Los <u>verbos de percepción</u> **to see, to hear** pueden ir seguidos de infinitivo sin **to** o de verbo con terminación en **-ing** (en este último caso sirve para precisar el momento cuando se lleva a cabo la acción).

■ *por qué* + infinitivo = **why** + infinitivo

to fall (fell, fallen)	[tu: fo:l]	*caer*
to fight	[tu: fait]	*luchar*
to postpone	[tu: pɔst**pəun**]	*posponer, aplazar*
to steal	[tu: sti:l]	*robar*
measure	[meshər]	*medida*
actually	[**æk**chuæli]	*en realidad*
so	[səu]	*así, tan*

B 2   APLICACIÓN [◀ CD]

1. He needn't phone today.
2. She needn't worry.
3. I dare not ask him.
4. I dare say you are right.
5. Please, help me do it!
6. We didn't actually see him steal it.
7. Bob saw him fall.
8. They heard him walk away.
9. I heard him say so.
10. Why take the train?
11. Why not postpone the meeting?

B 3   OBSERVACIONES

■ **I dare not ask him. To dare** significa también *desafiar, retar.* Cuando se usa en este sentido, va seguido de infinitivo sin **to** y no se comporta como defectivo:

He dared me to do it o **he challenged me to do it.**

Él me retó a hacerlo o *él me desafió a hacerlo.*

■ **Please, help me do it! Por supuesto, también se puede decir **help me to do it.**

■ **We didn't actually see him steal it.** Tenga cuidado con la traducción de **actually.** Aunque se parece al español *actualmente,* no tiene ese significado sino *en realidad, de hecho.*

Atención:

· *actualmente* se dice **currently, at present, now.**

· también tenga cuidado con la traducción de **presently**: en inglés estadounidense se usa sobre todo con el sentido de *actualmente* y en inglés británico, como *en un momento, enseguida.*

■ **We didn't actually see him steal it.** Note la construcción de **to steal, stole, stolen,** *robar:* **to steal something from somebody.**

■ **They heard him walk away. To walk away,** *alejarse caminando.* Observe que la preposición pospuesta **away** da la idea principal de la acción (alejamiento), lo que puede traducirse por un verbo (*alejarse*), mientras que el verbo indica la manera como esa acción se lleva a cabo (*caminando*). De igual modo:

He ran away.   *Él huyó corriendo.*

She drove away.   *Ella se alejó (en automóvil).*

■ **I heard him say so.**   Observe el empleo de **so.** De modo similar se usa en:

Do you think so?   *¿Piensas eso? (o ¿piensas así?).*

I think so.   *Pienso eso (o lo pienso, o pienso así).*

B 4   TRADUCCIÓN

1. No es necesario que él llame por teléfono hoy.
2. No es necesario que ella se preocupe (*o* ella no necesita preocuparse).
3. No me atrevo a preguntarle a él.
4. Me atrevo a decir que tienes razón (*o* que estás en lo correcto).
5. ¡Por favor, ayúdame a hacerlo!
6. En realidad, no lo vimos robándolo.
7. Bob lo vio (a él) caer.
8. Ellos lo oyeron alejarse caminando.
9. Lo oí decirlo.
10. ¿Por qué tomar el tren?
11. ¿Por qué no aplazar la reunión? (*o* ¿Por qué no posponer la reunión?)

C 1 EJERCICIOS

A. Traduzca. [◀ CD]

1. Déjeme decirle algo.
2. ¿Estás seguro de que ella le hará entender?
3. Haré que Bob los llame por teléfono.
4. Sería mejor que aplazáramos la reunión (o pospusiéramos la reunión).
5. Preferiría reservar para el día 8.
6. ¡Vámonos!

B. Sustituya las siguientes construcciones inglesas por sus expresiones correspondientes con infinitivo sin **to** (el sentido de las oraciones puede cambiar ligeramente).

1. He doesn't need to phone today.
2. They obliged me to do it.
3. I'll have it sent by George.

C. Traduzca.

1. I warned him that I wouldn't have him repeat it.
2. Several people actually saw them run away.
3. I'd rather have the meeting postponed.
4. I've had several books stolen from me.
5. Did anybody see him fall?

C 2 RESPUESTAS

A. [◀ CD]

1. Let me tell you something.
2. Are you sure she'll make him understand?
3. I'll have Bob telephone them.
4. We'd better postpone the meeting.
5. I'd rather book for the 8th.
6. Let's go!

B.

1. He needn't phone today.
2. They made me do it.
3. I'll have George send it.

C.

1. Le advertí que no permitiría que lo hiciera otra vez.
2. De hecho, varias personas los vieron huir corriendo.
3. Preferiría posponer la reunión (o hubiera preferido posponer la reunión).
4. Me han robado varios libros.
5. ¿Alguien lo vió (a él) caer?

C 3 LA MÚSICA ANGLOSAJONA

JAZZ – ROCK AND ROLL – RHYHTM AND BLUES – RAP

Se dice que el jazz es la mayor contribución estadounidense a la cultura del siglo XX. Nació a principios de siglo en Louisiana como fruto del contacto entre un medio ambiente musical de blancos y la tradición africana conservada por los esclavos negros del sur de los Estados Unidos de Norteamérica. Desde Nueva Orléans, el jazz se extendió por Chicago y Nueva York, luego alcanzó el país entero y después, Europa. En la década de 1950 conquistó el mundo y, luego de varios años, logró dejar atrás las reservas y el menosprecio que muchos tenían respecto de sus orígenes. El jazz hunde sus raíces en el **blues**, la música surgida de las quejas de los trabajadores y músicos itinerantes negros, en el **gospel**, himnos religiosos cantados por negros y en el **ragtime**, forma musical más estructurada y con fuerte síncopa o contratiempo. Las características básicas del jazz son la improvisación colectiva e individual y el **swing** (balanceo rítmico difícil de definir pero fácil de experimentar).

■ Existen diferentes estilos de jazz entre ellos el **New Orleans**, el **Middle Jazz** o **Mainstream,** el **be bop** y el **modern jazz.** En ellos se han producido obras maestras que han llevado a la fama a creadores geniales como **Louis Armstrong, Duke Ellington, Charlie Parker, Miles Davis** y **John Coltrane.**

■ La calidad artística de los cantantes femeninos y masculinos de jazz (como **Louis Armstrong, Bessie Smith, Billie Holiday** y **Ella Fitzgerald**) ha dejado una huella decisiva en la canción moderna. Sin embargo, fueron el **Rock and Roll** y el **Rhythm and Blues,** descendientes del jazz, los ritmos que a partir de la década de 1950 conquistaron definitivamente a la juventud de todo el mundo. Cantantes como **Elvis Presley** y grupos ingleses como los **Beatles** o los **Rolling Stones** causaron una verdadera revolución en el gusto musical contemporáneo.

■ Actualmente, esta música ha penetrado el mundo entero, en parte gracias a la primacía del inglés como lengua internacional y en parte debido al carácter rítmico de ese idioma. Asimismo, en su aceptación ha influido la capacidad musical anglosajona de integrar otras tradiciones musicales, evolucionar técnica y tecnológicamente y adaptarse a los distintos contextos sociales. El éxito de la música **rap** es un ejemplo más de esta fuerte adaptabilidad musical.

D 1   MUSIC [◀ CD]

Sally: This last number is very hard to play. It's actually more difficult on the piano than on the guitar. Sam will never be ready[1] for the show. I can't make him understand that he has a problem with the rhythm.

Jill: You needn't worry, as the show is going to be postponed.

Sally: How do you know?

Jill: George told me he heard Bill say so. It makes me feel better too. I still need to work on that song. I could do with a couple of weeks more.

Sally: I can't believe it. Why didn't he let us know? We'd better make sure. Why not phone Bill and ask him?

Jill: Let's call him now.

[1] **to be ready** = *estar listo*

D 2   VIDA COTIDIANA

TÉRMINOS MUSICALES

En inglés, las notas musicales se designan con letras:

A [ei]	**B** [bi:]	**C** [si:]	**D** [di:]	**E** [i:]	**F** [ef]	**G** [dʒi:]
LA	*SI*	*DO*	*RE*	*MI*	*FA*	*SOL*

bemol	**flat**
sostenido	**sharp**
una orquesta (de música clásica)	**an orchestra**
banda, grupo musical	**a band**
una canción	**a song**
cantar	**to sing (sang, sung)**
un fragmento musical	**a number, a tune**

☞ Atención

tocar el piano	**to play the piano**
tocar la guitarra	**to play the guitar**
sé tocar el piano	**I can play the piano**

☞ <u>Tenga cuidado</u> con la ortografía de la palabra **rhythm** [rɪðəm], *ritmo*.

D 3 MÚSICA

Sally: Este último número es muy difícil de tocar. De hecho, es más difícil en el piano que en la guitarra. Sam nunca estará listo para el concierto. No puedo hacerle entender que tiene un problema con el ritmo.
Jill: No necesitas preocuparte pues el concierto va a ser pospuesto.
Sally: ¿Cómo lo sabes?
Jill: George me dijo que oyó a Bill decirlo. Eso también hace que yo me sienta mejor. Todavía necesito trabajar esa canción. Me hacen falta un par de semanas más.
Sally: ¡No puedo creerlo! ¿Por qué no nos avisó? Haríamos bien en confirmar. ¿Por qué no llamamos a Bill por teléfono y le preguntamos?
Jill: Hablémosle ahora.

D 4 VIDA COTIDIANA

INSTRUMENTOS DE MÚSICA

acordeón	**accordion**	*piano vertical*	**upright piano**
batería	**drums**	*piano de cola*	**grand piano**
clarín; corneta	**bugle**	*piano de media cola*	**baby-grand**
clarinete	**clarinet**	*saxofón*	**saxophone**
clavecín	**harpsichord**	*gran tuba circular*	**sousaphone**
contrabajo; bajo	**bass**	*tambor*	**drum**
corno	**horn**	*trombón*	**trombone**
guitarra	**guitar**	*tuba*	**tuba**
arpa	**harp**	*violín*	**violin; fiddle**
oboe	**oboe**	*violonchelo, chelo*	**cello**
piano	**piano**	*xilófono*	**xylophone**

CÁPSULA CULTURAL

¿A qué ciudad estadounidense se le da el sobrenombre **"the Big Apple"**? (*respuesta en la pág. 93*)

A 1 PRESENTACIÓN

■ Para traducir *hacer que* + verbo existen varias opciones en inglés. Además de **to make** y **to have,** puede usarse:

· **to get**

to get somebody to do something, *hacer que alguien haga algo*

· **to cause**

to cause something to happen, *hacer que algo suceda* o *algo se produzca*
to cause somebody to do something, *hacer que alguien haga algo*

· recuerde también las siguientes expresiones comunes:

to send for somebody, *mandar llamar (o buscar) a alguien, hacer venir a alguien*
to keep somebody waiting, *hacer esperar a alguien*

to laugh	[tu: læf]	*reír*	**mind**	[maind]	*mente*
to deliver	[tu: dilivər]	*entregar*	**delay**	[dilei]	*retraso*
to fail	[tu: feil]	*fracasar, reprobar (un examen)*	**campaign**	[kæm**pein**]	*campaña (publicitaria, etc.)*
to advise	[tu: ədvaiz]	*aconsejar*	**return**	[rite:rn]	*retorno*
to catch	[tu: kæch]	*atrapar, coger, pescar*	**mail**	[meil]	*correo*
eventually	[**iven**chuəli]	*finalmente, con el tiempo*			

A 2 APLICACIÓN [◀ CD]

1. It always makes me laugh.
2. That'll make him change his mind.
3. What makes you think so?
4. I'll have John do it. He'll enjoy it.
5. I'll have him deliver it to your hotel.
6. I'll make him do it whether he likes it or not.
7. We'll get her to find one for you.
8. The delay caused the campaign to fail.
9. Please let us know your address by return mail.
10. I would advise you to send for a doctor.
11. I'm sorry I kept you waiting.
12. He eventually got caught.

A 3 OBSERVACIONES

■ **That'll make him change his mind. To change one's mind,** *cambiar de opinión.* **To make up one's mind, to make one's mind up,** *decidirse.*

■ **What makes you think so?** Note que **what** funciona aquí como sujeto.

■ **I'll have John do it. He'll enjoy it.** Observe que **to enjoy something** se traduce como *disfrutar algo.* Por ej.: **Did you enjoy the film?** *¿Disfrutaste la película?*

■ **I'll have him deliver it to your hotel.** El verbo **to deliver** se traduce *entregar* mientras que *entrega* se dice **delivery.**

■ **I'll make him do it whether he likes it or not.** En este caso, **to make** tiene un sentido fuerte, como de *obligar, forzar.*

■ **We'll get her to find one for you. To get somebody to do something,** *hacer que alguien haga algo* (usando el convencimiento, etc.)

■ **The delay caused...** Tenga cuidado con el uso de **delay** que significa *retraso:*

un plazo o *periodo de tiempo* se dice	**a period of time**
un plazo o *término*	**time-limits**
comprar a plazos	**to pay in installments**
entregar dentro del plazo	**to meet the deadline**

· **deadline** [**ded**lain], *fecha límite, plazo de entrega*

■ **The delay caused the campaign to fail. To fail** es *fracasar* pero *fracaso* se dice **failure** [feiliər].

■ **I would advise you to send for a doctor.** Recuerde que **to send for somebody** se traduce *mandar buscar, mandar llamar* o *hacer venir* (ver pág. 214). En cambio, *ir a buscar* (*algo* o *a alguien*) se puede decir **to go and fetch.**

■ **He eventually got caught. Eventually** también significa *eventualmente,* aunque casi siempre se usa con el sentido de *finalmente, a fin de cuentas.*

A 4 TRADUCCIÓN

1. (Eso) siempre me hace reír.
2. Eso hará que él cambie de opinión.
3. ¿Qué te hace pensar eso?
4. Haré que John lo haga. Él lo disfrutará.
5. Haré que él lo entregue en tu hotel.
6. Haré que él lo haga, le guste o no.
7. Haremos que ella encuentre uno para ti.
8. El retraso causó que la campaña fracasara (*o* hizo).
9. Por favor haznos saber tu dirección a vuelta de correo.
10. Te aconsejaría que mandaras llamar a un doctor.
11. Lamento haberte tenido esperando.
12. Finalmente él fue capturado.

B 1 PRESENTACIÓN

- *hacer que* (alguien) *haga algo* (para alguien) o
  hacer que + verbo + complemento
  suele traducirse al inglés como:

> **to have** + sustantivo o pronombre + participio pasado del verbo

Por ej.: **to have one's car repaired,** *hacer reparar el automóvil*

■ Pronunciación:

Los verbos de tres sílabas terminados en **-ate** suelen tener dos acentos, en la primera y tercera sílabas: **to decorate, to demonstrate, to penetrate, to estimate,** etc.

to decorate	[tu: **dek**əreit]	*decorar*
to alter	[tu: **o:**ltər]	*alterar, modificar*
to serve	[tu: **se:**rv]	*servir*
suit	[**su:**t]	*traje*
specialist	[**spe**shələst]	*especialista*

Nota: Para evitar confusiones en la fonética de las palabras que tienen dos acentos, en este libro se indica sólo el acento principal.

B 2 APLICACIÓN [◀ CD]

1. I've had a new suit made.
2. I must have my car repaired.
3. Can you have it done for tomorrow?
4. I'll have it sent to you in the morning.
5. They want to have a new house built.
6. They have had their apartment decorated by a specialist.
7. You can have it delivered to your hotel.
8. You can have it altered, you know.
9. Have you had it checked?
10. Can't you have the date changed?
11. I'd like to have my beer served with the steak.
12. I must have my hair cut.

B 3 OBSERVACIONES

■ **I've had a new suit made. To make** significa:
- *hacer* en el sentido de *fabricar*
- *hacer* en el sentido de *forzar a alguien a hacer algo, hacer que se realice una acción*
- **to do** puede significar *hacer* en el sentido de *llevar a cabo un acción* (*ver A 2, ejemplo 6*):

    I'll make him do it. *Haré que él lo haga, lo obligaré a hacerlo.*
- **Can you have it done for tomorrow? To do** implica, además, el hecho de terminar una acción.

■ **I'll have it sent to you in the morning.** Compare con **I'll have somebody send it to you.**

■ **Can't you have the date changed?** Tenga cuidado de pronunciar correctamente **to change** [tu: cheindʒ], empleando el mismo sonido que en **danger** [deindʒər], *peligro*, y en **range** [reindʒ], *rango, gama.*

■ **I'd like to have my beer served with the steak.** En los restaurantes estadounidenses es recomendable especificar si uno desea que le sirvan la bebida al mismo tiempo que los alimentos.

■ **I must have my hair cut. Hair** es un sustantivo colectivo singular. **Her hair is black.** *Su cabello es negro.*
No se debe poner en plural, salvo cuando tenga el sentido de *pelos,* **hairs.**

■ **I must have my hair cut.** Para traducir al inglés la idea de *deber* o *tener que* se utiliza **must** o **to have to,** haciendo los cambios pertinentes en la construcción gramatical (*ver Lección 18*):
Tenemos que irnos. **We must leave, we have to leave.**

B 4 TRADUCCIÓN

1. Me mandé hacer un traje nuevo.
2. Debo mandar a reparar mi automóvil.
3. ¿Puede tenerlo terminado para mañana?
4. Haré que te lo envíen en la mañana.
5. Quieren mandar construir un casa nueva.
6. Han hecho que un especialista decore su departamento.
7. Usted puede hacer que se lo envíen a su hotel.
8. Puedes cambiar eso, ¿sabes? (*o* modificar).
9. ¿Hiciste que alguien lo verificara?
10. ¿No puede usted cambiar la fecha? (*o* ¿No puede hacer que cambien la fecha?)
11. Quisiera tomar mi cerveza junto con el filete (*o* Quiero que me sirvan mi cerveza....).
12. Debo hacer que me corten el cabello.

C 1 EJERCICIOS

A. Sustituya la expresión en voz activa por una en voz pasiva.
Por ej.: I'll have him send it to you. / I'll have it sent to you (by him).

1. I'll have him repair it.
2. We'll have them change it.
3. I'll have John deliver it tomorrow.
4. We'll have him write it for you.
5. I'll have him pay for it.

B. Traduzca.

1. Hemos hecho que decoren nuestro departamento.
2. Me aconsejaron mandar llamar un doctor.
3. Espero no haberte hecho esperar.
4. Él hará que lleven el traje a tu hotel.
5. ¿Qué te hace pensar que él fracasará?

C 2 RESPUESTAS

A.
1. I'll have it repaired (by him).
2. We'll have it changed (by them).
3. I'll have it delivered by John tomorrow.
4. We'll have it written for you (by him).
5. I'll have it paid for (by him).

B.
1. We've had our apartment decorated.
2. They advised me to send for a doctor.
3. I hope I haven't kept you waiting.
4. He'll have the suit delivered to your hotel.
5. What makes you think he will fail?

C 3 EXPRESIONES EN ESPAÑOL CON *HACER*

hacer un cheque	**to write out a check/ to make out a check**
hacerse una herida	**to hurt oneself**
hacerse una intervención quirúrgica	**to undergo surgery/ to be operated on/ to have an operation**
hacer un trato	**to make a deal**
hacer (mucho) dinero	**to make (a lot of) money**
hacerse el tonto	**to play the fool**
hacer, correr 70 millas por hora	**to do seventy miles [mailz] an hour**
hacer una visita	**to pay a visit**
hacerse famoso	**to become famous**

C 4 *HABEAS CORPUS*

■ Esta expresión latina significa "[debes] tener el cuerpo" e ilustra un principio tanto del derecho estadounidense como del británico, según el cual cualquier sospechoso detenido debe ser prontamente presentado ante un juez o ante un tribunal público que justifique su detención. Ello implica que existe un plazo de tiempo más allá del cual un ciudadano no puede ser mantenido en observación o retenido en prisión sin que una autoridad judicial determine su caso. Pasado ese plazo, debe concedérsele la libertad bajo caución. Dado que simboliza la protección de las libertades individuales y de los derechos de los ciudadanos, el *habeas corpus* evita los arrestos y detenciones arbitrarias.

■ Este principio tuvo su origen en el siglo XVI cuando la constitución inglesa lo dispuso para la protección de los ciudadanos contra pretendidos abusos de la corona. Luego, en 1679 fue votado como ley por el Parlamento Inglés y se instituyeron penas severas para el juez o autoridad que no cumpliera con él. Después, la Constitución estadounidense lo retomó en el **Bill of Rights** (*ver pág. 61*). Éste se compone de las diez primeras enmiendas a la constitución, aplicadas a partir de 1791: están destinadas a proteger los derechos de los ciudadanos de posibles violaciones por parte del Estado.

■ Con este mismo espíritu, la **Miranda Ruling** o **Warning** (decisión tomada en 1966 por la Suprema Corte de los Estados Unidos de Norteamérica) establece que antes de interrogar a un detenido, la policía debe informarle claramente que tiene el derecho de permanecer callado y que todo lo que diga podrá ser usado en su contra. Además, debe decirle que tiene el derecho de consultar a un abogado y de que éste se encuentre presente en cualquier interrogatorio. Asimismo, es obligatorio informarle que, en caso de no poder pagar uno, el estado le asignará un abogado de oficio. Si a un detenido no se le informa (por vía oral o escrita) que goza de los anteriores derechos, sus respuestas a cualquier tipo de pregunta no podrán ser usadas en su contra.

En la historia de los Estados Unidos de Norteamérica algunas veces ha sido suspendido el derecho del *habeas corpus*. La suspensión más importante fue decretada por Abraham Lincoln en 1861, a propósito de la Guerra de Secesión.

D 1   CAR REPAIRMENT [◀ CD]

Liz: The car's making a funny noise. If I were you, I'd take it to a garage to have it checked before we have the same problems as last year...

AT THE GARAGE

Kate: Can you have it repaired[1] today?

Repairman: I can't promise anything until we know what is wrong with it. I'll have a mechanic look at it this afternoon.

Liz: Can you have it done for tomorrow?

Repairman: If it's not too bad and if we are not too busy...

Kate: It can't be very bad. I had the car repaired last week...

Repairman: How many miles have you driven since then?

Kate: Almost one thousand.

Repairman: That's enough for anything to happen. Call me this evening around 6. I'll tell you if it can be done.

[1] Ver *hacer que alguien haga algo (Lección 37, A 1)*

D 2 VIDA COTIDIANA · AUTOMÓVILES

alternador	**alternator**
amortiguador	**shock absorber**
bombilla, foco	**bulb**
caja de cambios o velocidades	**gear box**
bujía	**spark plug**
pararse, ahogarse	**stall (to)**
capó, capote	**hood** *(EU)*
capó, capote	**bonnet** *(GB)*
carburador	**carburator** *(EU)*
carburador	**carburetter** *(GB)*
fuga de aceite	**oil leakage**
descomponerse, averiarse	**breakdown**
parabrisas	**windshield** *(EU)*
parabrisas	**windscreen** *(GB)*
parachoques, paragolpes	**bumper**
faro delantero	**headlight**
placa (de la matrícula), patente	**licence plate** *o* **number plate**
tanque lleno	**full tank**
faro trasero	**tail light**

D 3 REPARACIÓN DEL AUTOMÓVIL

Liz: El automóvil está haciendo un ruido extraño. Si yo fuera tú lo mandaría al taller mecánico para que lo revisaran antes de que tuviéramos los mismos problemas que el año pasado...

EN EL TALLER MECÁNICO

Kate: ¿Puede repararlo hoy?

Técnico: No puedo prometerle nada hasta que no sepamos qué es lo que está mal. Haré que esta tarde lo vea un mecánico.

Liz: ¿Podría tenerlo para mañana?

Técnico: Si no está muy mal y no estamos muy ocupados...

Kate: No puede estar muy mal. Tuve el automóvil en reparación la semana pasada...

Técnico: ¿Cuántas millas ha manejado desde entonces?

Kate: Casi mil.

Técnico: Es suficiente para que pase cualquier cosa. Hábleme en la tarde alrededor de la 6. Le diré si puede estar listo.

D 4 VIDA COTIDIANA · AUTOMÓVILES

cárter (del cigüeñal)	**crankcase**
llave del arranque o contacto	**ignition key**
biela	**connecting rod**
correa o banda del ventilador	**fan belt**
pinchazo, ponchadura (de neumático)	**puncture**
gato (para neumático)	**jack**
embrague, clutch	**clutch**
freno	**brake**
tubo de escape	**exhaust pipe**
radiador	**radiator**
remolcar	**(to) tow**
tanque	**tank**
espejo retrovisor	**rear-view mirror**
neumático de repuesto	**spare tire**
ventilador	**fan**
volante	**steering wheel**

CÁPSULA CULTURAL

¿Qué significa la expresión **toll-free number**?

(*respuesta en la pág. 85*)

A 1   PRESENTACIÓN

■ En español, con frecuencia una pregunta va seguida de las expresiones ¿(o) sí?, ¿(o) no?, ¿no es cierto? pues con ellas se busca una aprobación o una confirmación. En otros casos, en realidad las expresiones no cumplen la función de pregunta sino que el hablante las dice automáticamente, sin pensar.

· En inglés, algo parecido se logra <u>repitiendo el auxiliar y el sujeto</u>. Por ej.: **He won't come, will he?** *Él no vendrá, ¿o sí?*

· Cuando la oración original es <u>negativa</u>, el auxiliar se retoma en el mismo tiempo verbal, en forma <u>afirmativa</u> y viceversa; además, va seguido de un pronombre con función de sujeto. Si el sujeto de la oración es un <u>sustantivo</u>, se repite con el <u>pronombre</u> correspondiente:

Your friends won't come, will they? *Tus amigos no vendrán, ¿o sí?*

· Estas expresiones son usadas con frecuencia. Se les llama **"tag questions"** y los estadounidenses las emplean de manera automática.

to resign	[tu: rizain]	*renunciar*
ticket	[tikət]	*billete o boleto (de avión, teatro)*
boss	[ba:s]	*jefe, patrón*
glass (*pl.* **glasses**)	[glæs, glæsiz]	*vaso*
road	[roud]	*camino, carretera*
slippery	[slipəri]	*resbaloso*

A 2 APLICACIÓN [◀ CD]

1. It's not very warm, is it?
2. I'm not late, am I?
3. He is not complaining, is he?
4. You don't know her, do you?
5. He can't refuse, can he?
6. You haven't got the tickets, have you?
7. She hasn't lost it, has she?
8. You didn't resign, did you?
9. They won't come now, will they?
10. He wouldn't do it, would he?
11. The boss didn't dismiss them, did he?
12. The glass wasn't empty, was it?
13. The roads weren't too slippery, were they?
14. Linda won't marry him, will she?

A 3   OBSERVACIONES

■ **It's not very warm, is it?** Tenga cuidado de distinguir entre **warm**, que se aplica a una temperatura agradable y **hot**, que se refiere a una temperatura demasiado alta. Por ej.: **hot water faucet**, *llave o grifo de agua caliente.*

■ **He is not complaining, is he?** *Quejarse de algo* se dice **to complain about something**; **a complaint** es *una queja.*

■ **You didn't resign, did you?** To resign, *renunciar;* **resignation**, *renuncia.*

■ **The boss didn't dismiss them, did he?** To dismiss, *despedir, destituir.* Más familiarmente se dice **to fire** *(EU)* o **to sack** *(GB)*; **dismissal** es *despido.*

■ **Linda won't marry him, will she?** *Casarse, contraer matrimonio,* **to get married.**

matrimonio, **marriage;** *ceremonia de matrimonio,* **wedding**
la novia, **the bride;** *el novio,* **the bridegroom**
padrino o testigo, **the best man**
dama de honor, **the bridesmaid**
viuda, **a widow;** *viudo,* **a widower;** *huérfano,* **an orphan**
divorciarse, **to divorce;** *obtener un divorcio,* **to get a divorce**

■ Nota: observe que en la lengua hablada, a veces una oración negativa lleva un auxiliar igualmente negativo. Por ej.: *Ellos no vendrán ahora, ¿no?*

A 4 TRADUCCIÓN

1. No hace mucho calor, ¿o sí?
2. No estoy retrasado, ¿o sí?
3. Él no se está quejando, ¿o sí?
4. No la conoces, ¿o sí?
5. Él no se puede rehusar, ¿no es cierto?
6. No tienes los billetes, ¿o sí?
7. Ella no lo ha perdido, ¿no es cierto?
8. No renunciaste, ¿o sí?
9. Ellos no vendrán ahora, ¿no?
10. Él no lo haría, ¿o sí?
11. El jeje no los despidió, ¿o sí?
12. El vaso no estaba vacío, ¿o sí?
13. Los caminos no estaban muy resbalosos, ¿no?
14. Linda no se casará con él, ¿no es cierto?

B 1   PRESENTACIÓN

■ Las expresiones *¿no es cierto?*, *¿no es así?*, *¿(o) sí?*, *¿(o) no?* se pueden traducir al inglés usando el auxiliar y el pronombre sujeto (*ver Lección 38, A 1*). Es importante hacer notar que, en general, tanto en inglés como en español, estas expresiones son del signo opuesto al de la oración a la cual acompañan: si la oración es afirmativa, serán negativas y viceversa: **He lives here, doesn't he?** *Él vive aquí, ¿no es cierto?*

· Si en la oración original el auxiliar está en forma afirmativa, se retoma en forma negativa: **You had met her, hadn't you?** *La habías conocido* o *te habías encontrado con ella, ¿no es cierto?* (ver nota en *Lección 38 A 3*).

· Si la oración original contiene un verbo en un tiempo simple, es decir, un tiempo que no requiera auxiliar (como el presente o el pretérito), se emplea el auxiliar **to do** en el tiempo y con la persona gramatical que corresponda:

You know her, don't you?   *Tú la conoces, ¿no es así?*
He retired last year, didn't he?   *Él se jubiló el año pasado, ¿no es cierto?*

to investigate	[tu: investəgeit]	*investigar*
to retire	[tu: ritair]	*jubilarse, retirarse*
strike	[straik]	*huelga, paro*
union	[iu:niən]	*sindicato, gremio; unión*
police	[pəli:s]	*policía*
fluently	[flu:əntli]	*con fluidez, con soltura*
toy	[toi]	*juguete*
horse	[ho:rs]	*caballo*

B 2   APLICACIÓN [◀ CD]

1. Today is Tuesday, isn't it?
2. They are on strike, aren't they?
3. She can do it, can't she?
4. You have met before, haven't you?
5. The unions were against it, weren't they?
6. The police will investigate, won't they?
7. This toy would be too expensive, wouldn't it?
8. You know her, don't you?
9. Her daughter speaks Spanish fluently, doesn't she?
10. He lives abroad, doesn't he?
11. The American horse won the race, didn't it?
12. You retired last year, didn't you?

B 3   OBSERVACIONES

■ **They are on strike, aren't they?** To be on strike, *estar en huelga* o *paro;* to go on strike, *ir (irse) a huelga* o *paro.*

■ **You have met before, haven't you?** Observe el empleo del **present perfect**, que resulta necesario porque **before** no es suficientemente preciso para justificar el pretérito (no señala una fecha). Pero uno puede decir: **you met last year.**

■ **The unions were against it, weren't they?** Union, *sindicato, gremio.* La forma completa es **labor union** en inglés estadounidense y **trade-union**, en británico.

■ **The police will investigate, won't they?** Dado que *la policía* se refiere a un grupo de individuos, puede ser considerado un sustantivo plural.

■ **He lives abroad, doesn't he?** Tenga cuidado con la traducción de la palabra *extranjero.*

un extranjero	**a foreigner**
un país extranjero	**a foreign country**
una lengua extranjera	**a foreign language**
en el extranjero	**abroad**
un extraño, un desconocido	**a stranger**

■ **The American horse won the race, didn't it?** Se escriben con mayúscula las palabras que indican una nacionalidad, aunque se trate sólo de adjetivos como en este caso:

an American car, a Japanese model, *un automóvil estadounidense, un modelo japonés*

■ **You retired last year, didn't you?** *La jubilación* (o *el hecho de jubilarse*) se dice **retirement** [ritairmən]; en cambio, *(pensión de) jubilación* se traduce **pension** [penchən].

B 4   TRADUCCIÓN

1. Hoy es martes, ¿no?
2. Están en huelga (*o* en paro), ¿no es cierto?
3. Ella puede hacerlo, ¿no es así?
4. Ustedes se han encontrado antes, ¿no es cierto?
5. Los sindicatos estuvieron en contra de eso, ¿no?
6. La policía va a investigar, ¿no es así?
7. Este juguete sería demasiado caro, ¿no?
8. Tú la conoces, ¿no es cierto?
9. Su hija habla español con fluidez, ¿no es así?
10. Él vive en el extranjero, ¿no es cierto?
11. El caballo estadounidense ganó la carrera, ¿no?
12. Te jubilaste el año pasado, ¿no es cierto?

C 1 EJERCICIOS

A. Añada a las siguientes oraciones la expresión inglesa que corresponda a decir en español *¿no es así? ¿no es cierto?*

1. It is cold, _____
2. They will come, _____
3. She was surprised, _____
4. He enjoyed it, _____
5. Bob was late, _____
6. He would like it, _____
7. This car is expensive, _____
8. Her father is rich, _____
9. He has retired, _____
10. He knows her, _____

B. Traduzca.

1. Ella se casó con él hace dos años.
2. Él no había sido despedido, ¿o sí?
3. El camino estaba resbaloso, ¿no es cierto?
4. Ellos han estado en huelga por una semana.
5. Él vive en el extranjero, ¿no es cierto?
6. Hoy es martes.

C. Coloque el acento tónico en el lugar correcto. [◀ CD]

1. to complain
2. to refuse
3. to resign
4. to dismiss
5. empty
6. ticket
7. before
8. unions
9. police
10. to investigate
11. expensive
12. abroad
13. to retire

C 2 RESPUESTAS [◀ CD]

A.
1. isn't it?
2. won't they?
3. wasn't she?
4. didn't he?
5. wasn't he?
6. wouldn't he?
7. isn't it?
8. isn't he?
9. hasn't he?
10. doesn't he?

B.
1. She married him two years ago.
2. He hadn't been dismissed, had he?
3. The road was slippery, wasn't it?
4. They have been on strike for a week.
5. He lives abroad, doesn't he?
6. Today is Tuesday.

C.
1. to com**plain**
2. to re**fuse**
3. to re**sign**
4. to dis**miss**
5. **emp**ty
6. **tic**ket
7. **be**fore
8. **un**ions
9. po**lice**
10. to in**ves**tigate
11. ex**pen**sive
12. **ab**road
13. to re**tire**

C 3 LOS NEGOCIOS EN EU

Como toda cultura, la estadounidense tiene sus peculiaridades en cuanto al trato social. Hay ciertas cosas que debe saber quien desee establecer una relación de negocios en ese país. Lo primero que debe hacer es llamar por teléfono para *hacer una cita* (**appointment** [əpointmənt]) y, si es posible, confirmarla después vía fax. En general, la confirmación se considera un trámite casi obligatorio en los asuntos profesionales.

Por supuesto, conviene que el solicitante de la cita sea puntual y vaya *directamente al grano*, **to the point**. Lo más indicado es ser concisos dado que los hombres y mujeres de negocios suelen respetar los horarios establecidos para el inicio y terminación de cualquier cita. Lo más aconsejable es presentar la propuesta de negocios de la manera más clara y concreta posible, previendo las principales objeciones que pudieran plantearse.

■ En general, un socio, **partner** [pa:rtnər] estadounidense intentará dejar absolutamente claros los términos y reglas de un acuerdo de negocios. Algunas cosas podrán ser discutidas pero otras serán, desde el principio, *no negociables* (**non-negotiable** [na:nnigəushəbəl]). Una vez que las partes han llegado a acuerdos firman un *contrato*, **contract** cuyo cumplimiento preciso es obligatorio para todos los involucrados. Si se tiene alguna duda o comentario, conviene formularlo antes de firmar pues una vez estampada la firma no se puede negociar ni hacer ajustes.

■ En cuanto a las empresas estadounidenses más grandes, las automotrices llevan la delantera y se encuentran entre las diez con mayores ingresos globales. También destacan las del ramo de los hidrocarburos. En general, la economía de libre mercado regula la vida económica en los Estados Unidos de Norteamérica y, dado que la globalización es una realidad inocultable, más y más empresas y empresarios buscan aumentar sus operaciones para abarcar mercados internacionales.

D 1 AT THE HOTEL [◀ CD]

Clerk: Good morning, can I help you?
Frank: Yes, we're looking for a hotel near the sea.
Clerk: There is the Bay Hotel which is very reasonable.
Frank: How much is that, please?
Clerk: Twenty dollars with shower and toilet.
Ann: And with breakfast included?
Clerk: That would be twenty seven dollars.
Frank: It's a little expensive.
Clerk: I can get you something cheaper but Mrs. Murphy does the best breakfast in the area.
Ann: No, that's all right. We'll try Mrs. Murphy's breakfast.

D 2 VIDA COTIDIANA

OTRAS OPCIONES PARA HOSPEDARSE

Además de los hoteles formales existen otras posibilidades de hospedaje, como los *albergues juveniles*, **youth hostels** y los *albergues en el campo*, **inns**. En cuanto a los primeros, se trata de un medio austero de alojamiento en el que se comparte la habitación con una, dos o varias personas que duermen en *literas*, **bunk beds** dentro de *sacos de dormir*, **sleeping bags**. Los **inns** no son demasiado comunes pero ofrecen la oportunidad de conocer el paisaje rural y disfrutar de una atmósfera amigable. Por otro lado, cada vez se vuelve más común en EU el **Bed and Breakfast** o **B + B**, *(literalmente "cama y desayuno")*, una opción económica original de Gran Bretaña. En cuanto a las comidas, en algunos hoteles puede elegirse entre el **American Plan**, es decir, de pensión completa pues incluye la habitación, el servicio y los alimentos, o el tradicional **European Plan** que sólo contempla la habitación y los servicios.

D 3   EN EL HOTEL

Empleado: Buenos días, ¿los puedo ayudar?
Frank: Sí, estamos buscando un hotel cerca del mar.
Empleado: Está el Hotel Bahía, que es muy accesible.
Frank: ¿(Puede decirnos) cuánto cuesta, por favor?
Empleado: Veinte dólares con ducha y baño.
Ann: ¿Y con desayuno incluido?
Empleado: Serían veintisiete dólares.
Frank: Es un poco caro.
Empleado: Puedo conseguirles algo más barato pero la señora Murphy hace el mejor desayuno de la zona.
Ann: No, ése está bien. Probaremos el desayuno de la señora Murphy.

D 4 VIDA COTIDIANA

OTRAS OPCIONES PARA HOSPEDARSE (*continuación*)

En los Estados Unidos de Norteamérica los *parques nacionales,* **National Parks** ofrecen la posibilidad de alojarse en sencillas *cabañas* o *chalets,* **lodges** o **cabins** cuya ventaja es su ubicación ideal en los paisajes naturales. También se ha vuelto común el hospedaje en **campers** o **mobile homes,** es decir, casas rodantes que se rentan o que son propiedad de los usuarios. Además, claro está, de la *buena y vieja tienda de acampar,* **the good old tent,** que siempre será la mejor opción si uno encuentra un *campamento,* **campsite** en el que haya lugar para *montarla,* **to pitch it.**

CÁPSULA CULTURAL

¿Qué significa la palabra **downtown**?
(*respuesta en la pág. 127*)

A 1 PRESENTACIÓN

■ La terminación en **-ing** puede corresponder a tres casos distintos:
1) el gerundio: **a smiling boy,** *un niño sonriente* o *que está sonriendo.*
2) la forma progresiva (indica que la acción está realizándose):
He is waiting. *Él está esperando.*
3) el sustantivo verbal: **waiting is always unpleasant,** (*el hecho de*) *esperar siempre es desagradable.*
Con respecto a este último caso cabe puntualizar que, al igual que los sustantivos comunes, los sustantivos verbales pueden:
· ser sujetos o complementos u objetos de un verbo:

Swimming is my hobby. *Nadar es mi pasatiempo favorito.*
I like swimming. *Me gusta nadar* (o *me gusta la natación*).
· ir precedidos por un adjetivo posesivo:

I am surprised at your saying so. *Estoy sorprendido de que digas eso.*
· seguir una preposición (todo verbo que siga una preposición llevará la terminación **-ing**).

to swim	[tu: swim]	*nadar*
to appreciate	[tu: əpri:shieit]	*apreciar, valorar*
to insert	[tu: inse:rt]	*introducir*
surprise	[sərpraiz]	*sorpresa*
postcard	[pəustka:rd]	*tarjeta postal*
unpleasant	[ʌnpleznt]	*desagradable, grosero*
to be used to	[tu: bi: iu:zd tu:]	*estar acostumbrado a algo*
to look forward to	[tu: luk fo:rwərd tu:]	*esperar ansiosamente*
to press	[tu: press]	*apretar*
coin	[koin]	*moneda*
button	[bʌtn]	*botón*
mile	[mail]	*milla (1.6 km)*

A 2 APLICACIÓN [◀ CD]

1. Waiting is always unpleasant.
2. I like swimming.
3. His coming was no surprise.
4. I appreciate his offering to help us.
5. He makes a little money by selling postcards.
6. This is the first thing you must do on arriving.
7. Insert the coin before pressing the button.
8. How do you feel after driving so many miles?
9. I'm not used to working so hard.
10. She looks forward to spending her holidays in Greece.
11. We look forward to seeing you again.

A 3 OBSERVACIONES

■ **His coming was no surprise. Was no surprise** tiene un sentido más fuerte que **was not a surprise,** pues corresponde a *no fue ninguna sorpresa* o *no me sorprendió nada.*

■ **Insert the coin before pressing the button.** Cuando **before** significa *antes de,* funciona como preposición e introduce un verbo con terminación en **-ing.**

· También puede usarse la construcción **before you press the button** en la que **before** es una conjunción (en inglés va seguida de un indicativo).

■ **How do you feel after driving so many miles?** La forma **driving** es suficiente para dar la idea de pretérito. Decir **after having driven** sonaría forzado.

■ **I'm not used to working so hard.** En este caso, **to** es una preposición (y no la marca del verbo en infinitivo), por lo tanto, va seguida de la terminación **-ing** (*ver también ejemplo 10*).

· Para cerciorarse de que **to** esté funcionando como preposición, puede pensarse en ejemplos similares en los que su función sea evidente:

> **She is not used to my car.**
> *Ella no está acostumbrada a mi automóvil.*
> **She is not used to this.**
> *Ella no está acostumbrada a esto.*

En estos casos, la preposición **to** introduce un sustantivo (**car**) o un pronombre (**this**).

A 4 TRADUCCIÓN

1. Esperar siempre es desagradable.
2. Me gusta nadar (*o* la natación).
3. El (hecho de) que viniera no fue ninguna sorpresa.
4. Aprecio su ofrecimiento de ayudarnos.
5. Él gana un poco de dinero vendiendo tarjetas postales.
6. Ésta es la primera cosa que debes hacer al llegar.
7. Introduzca la moneda antes de apretar el botón.
8. ¿Cómo te sientes después de manejar tantas millas?
9. No estoy acostumbrado a trabajar tan duro.
10. Ella espera ansiosamente pasar sus vacaciones en Grecia.
11. Tenemos muchas ganas de verte de nuevo.

B 1   PRESENTACIÓN

· Cuando algunos verbos van seguidos de otro, obligan al segundo verbo a llevar la terminación **-ing**. (*Ver ejemplos 1, 3, 4 etc.*)

Por ej.:   **to enjoy**   *disfrutar*
    to risk   *arriesgar*
    to avoid   *evitar*
    to keep   *continuar*

Lo mismo sucede con algunas expresiones, entre ellas:

    I don't mind *no me importa, no tengo inconveniente*
    I can't help *no puedo evitar(lo), no puedo remediar(lo)*
    it is worth *vale la pena*
    it's no use *no sirve de nada, no tiene caso*

· El significado de algunos verbos cambia dependiendo de si llevan la terminación **-ing** o si van seguidos de un infinitivo (*ver A 2, ejemplo 11*, donde **looking forward** significa *esperar con ansias, desear*).

to sail	[tu: seil]	*navegar*
to disturb	[tu: **diste:rb**]	*molestar, interrumpir*
to smoke	[tu: sməuk]	*fumar*
to travel	[tu: **trævəl**]	*viajar*
a while	[ə hwail]	*un tiempo, un momento o rato*

B 2   APLICACIÓN [◀ CD]

1. Do you enjoy sailing?
2. We mustn't risk being late.
3. We must avoid disturbing them.
4. He keeps saying he was right.
5. I'm sorry I kept you waiting.
6. He doesn't mind losing.
7. Do you mind my smoking?
8. I couldn't help smiling.
9. Is it worth trying?
10. It's no use phoning now.
11. I remember meeting them last year.
12. Do you like traveling?
13. He stopped smoking a while ago.

B 3 OBSERVACIONES

■ **Do you mind my smoking?** En inglés moderno también se acepta la forma **do you mind me smoking?**

■ **Is it worth trying?** Con frecuencia, **worth** se utiliza para indicar un precio: **It is worth 10 dollars.** *Vale 10 dólares.*

■ **I remember meeting them last year.**

- en el sentido de *recordar un hecho pasado*, **to remember** va seguido de la terminación **-ing.**
- cuando significa *acordarse* (de hacer algo en el futuro), **to remember** va seguido de **to:**

I must remember to call him tomorrow.
Debo acordarme de hablarle por teléfono mañana.

■ **Do you like traveling?** Pero también es correcto decir **I would like to travel to California,** *me gustaría viajar a California,* dado que se trata de un deseo sobre el futuro (todavía no realizado).

■ **He stopped smoking a while ago.** Por otro lado, en otro sentido se dice **he stopped to buy cigarrettes,** *él se detuvo a (o con el fin de) comprar cigarrillos.*

■ **He stopped smoking a while ago.** While es *un periodo de tiempo, un momento,* que se usa sobre todo en las siguientes expresiones:

for a while	*por un tiempo, por un momento*
a long while ago	*hace mucho tiempo*
for a short while	*por un corto tiempo, por unos instantes*
a short while ago	*hace poco tiempo*

B 4 TRADUCCIÓN

1. ¿Disfrutas navegar?
2. No debemos arriesgarnos a llegar tarde.
3. Debemos evitar molestarlos.
4. Él sigue diciendo que tenía razón.
5. Lamento haberte hecho esperar.
6. A él no le importa perder.
7. ¿Te importa que fume?
8. No pude evitar sonreír.
9. ¿Vale la pena intentarlo?
10. No vale la pena llamar por teléfono ahora.
11. Recuerdo haberlos conocido el año pasado.
12. ¿Te gusta viajar? (*o* los viajes).
13. Él dejo de fumar hace un tiempo.

C 1 EJERCICIOS

A. Complete con la preposición conveniente.

1. He makes money... selling postcards.
2. This is what you will do... arriving.
3. She's looking forward.. visiting them.
4. They are not used... working so hard.
5. I'm looking forward to hearing... you.
6. I am surprised... your saying that.

B. Añada la expresión inglesa que corresponda a decir en español *¿no es así?*, *¿no es cierto?* (ver Lección 38).

1. She likes swimming.
2. They'll be sorry.
3. You don't mind.
4. He's not used to it.
5. We mustn't do it.
6. He couldn't swim.

C 2 RESPUESTAS

A. 1. by   2. on   3. to   4. to   5. from   6. at

B. 1. doesn't she?   4. is he?
2. won't they?   5. must we?
3. do you?   6. could he?

C 3 ALGUNAS EXPRESIONES CON LA FÓRMULA: PREPOSICIÓN + VERBO EN -ING

· **She is fond *of* riding.** *A ella le gusta mucho montar a caballo.*

· **He is keen *on* skiing.** *Él es un amante del esquí.*

· **You will be responsible *for* the bookings.** *Vas a ser responsable de las reservaciones.*

· **I don't feel *like* going.** *No me siento con ganas de ir.*

· **The blue team looks *like* winning.** *Parece que el equipo azul va a ganar.*

· **He was charged *with* stealing.** *Él fue acusado de robo.*

· **They apologized *for* arriving late.** *Ellos se disculparon por llegar tarde.*

· **We must prevent him *from* doing it.** *Debemos evitar que él lo haga.*

· **They succeeded *in* launching a new model.** *Tuvieron éxito en lanzar un nuevo modelo.*

· **Forgive me *for* being late.** *Perdóname por llegar tarde.*

C 4 LOS DEPORTES

■ El deporte y los valores relacionados con él (coraje, superación personal, aceptación social, *espíritu de equipo*, **team spirit**, etc.) son de gran importancia en el *estilo de vida estadounidense*, **the American way of life**. Por otro lado, la televisión refuerza el impacto de los deportes sobre los jóvenes de todo el país. Dado que el éxito deportivo puede representar un considerable éxito económico, el *profesionalismo* (**professionalism** [prəfeshnəlizəm]) predominante en el país añade un tinte económico a la de por sí interesante opción de practicar un deporte. De este modo, los mejores jugadores de baloncesto o básquetbol, de golf, de béisbol y de fútbol americano no sólo gozan de riqueza y fama; además, son admirados como verdaderas estrellas de los campos de entrenamiento o incluso de la televisión. Los atletas son parte del sistema de vida estadounidense, incluso los no-profesionales.

■ Los deportes más practicados por los jóvenes estadounidenses durante sus años escolares son los *deportes de equipo* (**team games** [ti:m geimz]): **baseball, basketball** y **football.** Es importante destacar que al decir "fútbol", los estadounidenses se refieren al "fútbol americano", que tiene sus orígenes en el rugby británico. Para hablar del fútbol sóccer dirán simplemente **soccer** [sa:kər]. En el fútbol americano, dos equipos de once jugadores cada uno se enfrentan en un terreno rectangular de unos 100 por 50 m. Los jugadores visten *cascos*, **helmets** y *camisas acojinadas*, **padded jerseys.** El objetivo es anotar puntos haciendo pasar el balón (de forma ovalada) por la *línea de meta*, **end zone** del equipo contrario. El **baseball** nació del cricket británico. Se juega con una pelota y un bate en un terreno *con forma de diamante*, **baseball diamond**. Durante el *juego* (**game** [geim]), cada uno de los nueve *jugadores* (**players** [pleiərz]) batea la pelota intentando llegar hasta el fondo del terreno de juego y así busca tiempo de anotar carreras. El béisbol ha rebasado las fronteras estadounidenses y se ha convertido prácticamente en un deporte nacional en Cuba y hasta en Japón...

■ Los campeonatos nacionales de béisbol, de fútbol americano y de baloncesto son seguidos con enorme pasión cada año por la mayor parte de los estadounidenses. Los juegos son vistos tanto en los *estadios* (**stadiums** [steidiəmz]), con capacidad para decenas de miles de espectadores, como a través de la televisión que transmite en directo casi todos los partidos.

D 1   SPORTS [◀ CD]

Linda: Nigel, let me introduce you to my cousin Pete, he's from Boston.
Nigel: Hi, Pete. Doesn't Boston have a great basketball team?
Pete: That's right. But I prefer baseball and football myself.
Nigel: Football? You mean soccer?
Pete: When I say football I mean American Football. For soccer we say just that, "soccer". What do you play?
Nigel: I like watching soccer but I love playing tennis and other traditional sports.
Linda: Nigel is a cricketer. You know cricket, Pete? It's a bit like baseball, only more difficult.

D 2   VIDA COTIDIANA · EL DEPORTE (*continuación*)

El deporte también es concebido como un producto de consumo masivo, capaz de generar enormes ganancias tanto para los propios deportistas, como para los canales televisivos que transmiten los partidos y para los anunciantes que promocionan sus productos a través de la industria deportiva. Las temporadas de los tres deportes principales se superponen, aunque sea sólo en parte: la de béisbol va de abril a octubre; la de fútbol americano, de septiembre a enero y la de baloncesto, de noviembre a abril. De este modo, todo el año se puede ver deporte en la televisión. Esto ha generado una situación familiar común: la de las **football widows,** *"viudas del fútbol"*, es decir, mujeres que carecen de una convivencia en pareja dada la absoluta dedicación de sus esposos a los deportes televisados durante los fines de semana y ratos libres. Sin embargo, por otro lado muchas familias se reúnen para disfrutar en compañía el rito de apoyar a sus equipos favoritos. En torno a botanas y bebidas, los miembros de la familia se acomodan frente al televisor y viven intensamente cada juego.

D 3 LOS DEPORTES

Linda: Nigel, déjame presentarte a mi primo Pete, es de Boston.
Nigel: Hola, Pete. Boston tiene un gran equipo de baloncesto, ¿no es cierto?
Pete: Sí, así es. Pero en lo personal prefiero el béisbol y el fútbol.
Nigel: ¿Fútbol? ¿Quieres decir el soccer?
Pete: Cuando digo fútbol me refiero al fútbol americano. Para referirme al (fútbol) sóccer digo simplemente "sóccer". ¿Tú qué juegas?
Nigel: Me gusta ver el fútbol sóccer pero prefiero jugar tenis y otros deportes tradicionales.
Linda: Nigel juega cricket. ¿Conoces el cricket, Pete? Es parecido al béisbol pero más difícil.

D 4 VIDA COTIDIANA · EL DEPORTE (*continuación*)

Es muy característico de los Estados Unidos de Norteamérica el culto al cuerpo, a la juventud, a la belleza y a la buena salud. Gracias al **jogging** [**dʒaːgiŋ**], *correr a trote,* personas de todas las edades se reúnen, hacen amistad y hasta sacan a pasear al perro, en una actitud cada vez más extendida de esforzarse por estar en forma. Asimismo, es común la práctica de ejercicio en una habitación, por medio de *bicicletas fijas,* **stationary bikes** o videos instructivos en los que afamados artistas o modelos guían al deportista en las rutinas a seguir. Mucha gente también compra aparatos de gimnasio para practicar en casa. En realidad, la consigna de un creciente número de estadounidenses es conservarse sanos, bellos, delgados y jóvenes.

CÁPSULA CULTURAL
¿Qué es un **greenback**?
(*respuesta en la pág. 143*)

A 1 PRESENTACIÓN

- El pretérito se usa para indicar una acción pasada (ya concluida) y que puede ser fechada o precisada en el tiempo al responder la pregunta: *¿cuándo?*

- El pretérito con terminación en **-ing** puede corresponder en español al *copretérito.*

- **I was going to,** *estaba a punto de* (ver *Lección 16, C 3*).

there was	(+ singular)	[ðer wa:z]	*había*
there were	(+ plural)	[ðer we:r]	*había*
I was born	[ai wa:z bo:rn]		*nací*
explosion	[iks**plǝu**shǝn]		*explosión*
both	[bǝuθ]		*ambos, los dos; juntos*
cautiously	[**ko:**shǝsli]		*prudentemente, cautelosamente*
to realize	[tu: **ri:**ǝlaiz]		*darse cuenta de*
each other	[i:ch ɐðǝr]		*uno y otro; el uno al otro*

A 2 APLICACIÓN [🔊 CD]

1. When were you born?
2. I was born in 1965.
3. When did you see him last?
4. I saw him a week ago.
5. Why didn't you tell me yesterday?
6. How long did you work for them?
7. I worked for them six years.
8. I didn't understand because he was speaking too fast.
9. It was raining very hard, so we had to buy an umbrella.
10. I was watching the TV when I heard the explosion.
11. They were both working in their garden when we called on them.
12. When I saw him last, he was driving more cautiously.
13. When did you realize they were going to lose the match?
14. They saw each other last year.
15. We had so much money that we didn't lose it all.

A 3 OBSERVACIONES

■ **When were you born?** *Nacer* es un hecho pasado que puede ser absolutamente ubicado en el tiempo. Por ello, es muy natural usar el tiempo pretérito en oraciones que incluyen este verbo.

■ **When did you see him last?** *Last* equivale aquí a **for the last time,** *por última vez.*

■ **How long did you work for them? I worked for them six years.** El uso del pretérito muestra que se trata de una acción concluida. Si la persona trabajara todavía para la misma empresa, se diría:

>**How long have you been working for them?**
>*¿Cuánto tiempo has estado trabajando para ellos?*
>**I have been working with them for six years.**
>*He estado trabajando con ellos por seis años (ver también B 2, ejemplo 3).*

■ **They were both working in their garden when we called on them.** Nunca se usa artículo antes de **both.** Por ej.:
Los dos niños, **both children** o **both the children.**

■ **They saw each other last year. Each other** es un pronombre recíproco.

■ **We had so much fun...** Cuando se trata de un sustantivo plural, en vez de **so much** se dice **so many.**

A 4 TRADUCCIÓN

1. ¿Cuándo naciste?
2. Nací en 1965.
3. ¿Cuándo lo viste por última vez?
4. Lo vi hace una semana.
5. ¿Por qué no me dijiste ayer?
6. ¿Cuánto tiempo trabajaste para ellos?
7. Trabajé para ellos seis años.
8. No entendí porque él hablaba demasiado rápido.
9. Estaba lloviendo muy fuerte, así que tuvimos que comprar un paraguas.
10. Estaba viendo la televisión cuando oí la explosión.
11. Los dos estaban trabajando en el jardín cuando llegamos a visitarlos.
12. Cuando lo vi por última vez, estaba manejando más prudentemente.
13. ¿En qué momento te diste cuenta de que ellos iban a perder el juego?
14. Ellos se vieron el año pasado.
15. Teníamos tanto dinero que no lo perdimos todo.

B 1 PRESENTACIÓN

■ El antepresente del español, (*he dormido bien*), es un tiempo verbal poco empleado, pues en general se usa el pretérito (*dormí bien*), sobre todo en América Latina; en cambio, el **present perfect** es un tiempo muy usado para indicar el presente.

· Se emplea para todas las acciones comenzadas en el pasado y que continúan en el presente. En este caso, en general lleva la terminación **-ing**.

· También expresa <u>acciones pasadas</u> que <u>no pueden ser precisadas</u> en el tiempo. Además, se refiere a las acciones a partir de sus <u>consecuencias actuales</u>.

Por ej.: *He estado en los Estados Unidos de Norteamérica* = *Conozco los Estados Unidos de Norteamérica.* **I have been to the U.S.**

   Me encontré con ella = *La encontré.* **I have met her.**

   The United States [ði iu**nai**tǝd steitz], *los Estados Unidos de Norteamérica.*

· Tenga cuidado, aunque parezca un sustantivo plural, los estadounidenses lo consideran singular.

   The United States *is* a big country.

   (literalmente sería: Los Estados Unidos de Norteamérica es un país grande).

half an hour   *media hora*

B 2 APLICACIÓN [◀ CD]

1. How long have you been working for them?
2. I have been working here for five years.
3. I have been working here since 1994.
4. She has been studying English at school for four years.
5. Have you been here long?
6. I have been here for five minutes.
7. We have been waiting for half an hour.
8. How long have you known him?
9. I have known him for two years.
10. I have known him since his marriage.
11. They have been waiting since half past five.
12. He's been on the phone since twenty to three.
13. Haven't you been to the United States?
14. No, we haven't, but we have been to England.

B 3   OBSERVACIONES

■ **I have been working here for five years.** For indica una duración (es decir, *transcurrieron cinco años*), mientras que **since** indica un punto de partida (es decir, *la acción comenzó en 1994*). (*ver también ejemplo 3*).

■ **She has been studying English at school for four years.** Compare con: **She studied English at school for four years.** En este último caso, el pretérito indica que la acción ya fue concluida, por lo que se traduce: *Ella estudió inglés en la escuela durante cuatro años.*

■ **Have you been here long? Long** equivale aquí a **for a long time,** *por mucho tiempo.*

■ **I have known him for two years.** To know no suele ponerse en forma progresiva. Sin embargo, nada impide añadirle la terminación **-ing** cuando se trata de un gerundio o, como en el siguiente ejemplo, cuando es un sustantivo verbal (*ver Lección 39, A 1, A 2, A 3*):
    Knowing him as I do... *Conociéndolo como lo conozco...*

■ **Have you been to the United States?** Observe el uso idiomático de **to be** en el sentido de *ir a un país* o *visitarlo.* Este uso sólo es posible cuando se trata del **present perfect.** En tiempo pretérito se diría: **You went to the United States in 1998.**

■ **No, we haven't, but we have been to England.** Observe cómo para responder a la pregunta del ejemplo 13, el interlocutor del ejemplo 14 no se conforma con decir **yes** o **no,** sino que retoma el auxiliar (*ver C 3*).

B 4   TRADUCCIÓN

1. ¿Cuánto tiempo has estado trabajando para ellos?
2. He estado trabajando aquí (por) cinco años.
3. Trabajo aquí desde 1994.
4. Ella ha estado estudiando inglés en la escuela (durante) cuatro años.
5. ¿Llevas mucho tiempo aquí?
6. He estado aquí (durante) cinco minutos.
7. Hemos estado esperando media hora.
8. ¿Cuánto tiempo hace que lo conoces?
9. Lo conozco desde hace dos años.
10. Lo conozco desde su boda (*o* desde que se casó).
11. Ellos han estado esperando desde las cinco y media.
12. Está en el teléfono desde las tres menos veinte.
13. ¿No han estado en los Estados Unidos de Norteamérica? (*o* No han ido a...).
14. No, pero hemos estado en Inglaterra.

C 1 EJERCICIOS

A. Traduzca.
1. He estado en los Estados Unidos de Norteamérica.
2. Fui a los Estados Unidos de Norteamérica en 1988.
3. La he conocido.
4. La conocí el año pasado.
5. He estado estudiando inglés desde hace 6 meses.

B. Complete con **for** o **since**.
1. I have known him... four years.
2. She's been waiting... 3 o'clock.
3. My daughter has been away... a week.
4. It's been raining... two days.
5. They've been working... the boss arrived..

C 2 RESPUESTAS

A.
1. I have been to the United States.
2. I went to the United States in 1988.
3. I have met her.
4. I met her last year.
5. I have been studying English for 6 months.

B. 1. for   2. since   3. for   4. for   5. since

C 3 CONTESTE USANDO *SÍ* O *NO*

■ Por lo general, los estadounidenses no se conforman con responder a una pregunta diciendo *sí* o *no*. En cambio, retoman el auxiliar usado en la pregunta.

Do you know him? — Yes, I do.	*¿Lo conoces? — Sí.*
— No, I don't.	*— No.*
You don't know him, I suppose?	*No lo conoces, ¿me imagino?*
— Yes, I do.	*— Sí (lo conozco).*
Will they come? — Yes, they will.	*¿Ellos vendrán? — Sí (vendrán).*
Don't you like it? — Yes, we do.	*¿No les gusta? — Sí (nos gusta).*
Did you see her?	*¿La vieron?*
— No, we didn't.	*— No (no la vimos).*
Have they seen it?	*¿Ellos lo han visto?*
— No, they haven't.	*— No (no lo han visto).*
Can she do it? — Yes, she can.	*¿Ella puede hacerlo? — Sí (puede hacerlo).*

C 4 LA TELEVISIÓN

■ Prácticamente todos los hogares estadounidenses tienen, al menos, un *aparato de televisión* (**television set** o **TV set** [ti: vi: set]). Y es que la televisión no es un mero medio de entretenimiento, sino que juega un rol económico, social y político de suma importancia. Por ejemplo, los grupos políticos suelen aprovechar la enorme influencia ejercida por las televisoras para convencer a la gente de sus posiciones. Un ejemplo de ello fue la cobertura de la Guerra del Golfo Pérsico: las cadenas televisivas que cubrieron los hechos presentaron las acciones estadounidenses sin ejercer una actitud crítica. En contraste, numerosos reporteros se dedican al periodismo de investigación y frecuentemente dan a conocer revelaciones espectaculares sobre asuntos debatidos.

■ Los anuncios comerciales resultan decisivos para el funcionamiento de la televisión. Por cada hora de transmisión, de 10 a 15 minutos son dedicados a la promoción y difusión de los más variados productos, casi siempre dirigidos al auditorio específico que ve el programa. Una variante de los anuncios comerciales tradicionales es el "**infomercial**", es decir, las presentaciones organizadas para que los anunciantes den a conocer las ventajas de su producto. Suelen ser grabados con público en vivo que aplaude con entusiasmo los "magníficos y veloces" resultados del artículo. Aparatos para hacer ejercicio, cremas reductoras de grasa e instrumentos que facilitan el trabajo en la cocina son algunos de los productos frecuentemente promocionados.

■ Algunos de los programas más gustados son las *telenovelas* (**soap operas** [səup a:prəz]), que se transmiten de lunes a viernes. Su contenido es melodramático y se dirigen a las amas de casa, por lo que durante los anuncios les ofrecen productos de su interés, entre ellos, detergentes, de donde viene la palabra **soap**, *jabón*. Las telenovelas **Dynasty** y **Dallas** gozaron de éxito en varios países latinoamericanos. Otro género muy popular es el de las *comedias de situación* (**sit-com** [sitka:m]) que representan la vida cotidiana de una familia; normalmente incluyen momentos cómicos. Los *programas de entrevistas* (**talk shows** [to:k sheuz]) gozan de gran aceptación. Normalmente basan su éxito en la vivacidad y simpatía del entrevistador, quien debe fomentar la controversia entre los entrevistados. Finalmente, los *noticieros nocturnos* (**evening news** [i:vniŋ nu:z]) se transmiten alrededor de las siete de la noche, cuando la gente está descansando en casa. Resumen principalmente las noticias locales y nacionales y dan un panorama muy general sobre los hechos internacionales.

D 1   AN ACCIDENT [🔊 CD]

Policeman: Have you been here long?

James: We've been here for about five minutes. Why do you ask?

Policeman: So you saw the accident, didn't you?

James: No, we were watching TV when we heard the noise. That was about ten minutes ago. We thought it was an explosion, so we came down immediately...

Jane: There was so much traffic it took a while for the police to arrive.

James: And look at the traffic jam now! Has anyone been hurt?

Policeman: No, luckily the two cars were not driving too fast.

Jane: People should drive more cautiously, especially when it's raining so hard.

D 2 VIDA COTIDIANA

A FEW ROAD SIGNS
ALGUNAS SEÑALES DE TRÁFICO O DE TRÁNSITO

road closed	*camino cerrado*
no U-turn	*prohibido dar vuelta en U (o vuelta de 180°)*
one way	*un solo sentido, sentido único*
slippery when wet	*camino resbaloso cuando está húmedo*
reduce speed	*disminuya la velocidad*
road works ahead	*obras (de vialidad) adelante*
speed limit 40	*velocidad máxima: 40 millas por hora*
bump	*tope; hoyo*
low clearance	*límite de altura*
customer parking only	*estacionamiento (o parqueo) reservado para los clientes*
HWY	*abreviatura de* **highway**, *carretera*

D 3 UN ACCIDENTE

Agente de policía: ¿Llevan mucho tiempo aquí?

James: Hemos estado aquí como cinco minutos. ¿Por qué lo pregunta?

Agente de policía: Entonces vieron el accidente ¿no es cierto?

James: No, estabamos viendo la televisión cuando oímos el ruido. Eso fue hace unos diez minutos. Pensamos que había sido una explosión y bajamos inmediatamente...

Jane: Había tanto tráfico que la policía tardó un rato en llegar.

James: ¡Y mira el tráfico que hay ahora! ¿Alguien resultó herido?

Agente de policía: No, afortunadamente ninguno de los automóviles iba demasiado rápido.

Jane: La gente debería manejar con más cuidado, especialmente cuando está lloviendo tan fuerte.

D 4 VIDA COTIDIANA

A FEW ROAD SIGNS (*CONTINUACIÓN*)
ALGUNAS SEÑALES DE TRÁFICO O DE TRÁNSITO

men at work	*hombres trabajando*
park at angle	*estacionamiento o parqueo en batería, en ángulo*
detour ahead	*desviación*
all traffic merge left	*formar un solo carril por la izquierda*
right lane must exit	*los vehículos del carril derecho deben salir (del camino)*
no parking	*no estacionarse (o parquearse)*

CÁPSULA CULTURAL

¿En qué famosa ciudad estadounidense se encuentra la sede de la Organización de las Naciones Unidas (ONU)?

(*respuesta en la pág. 93*)

Conteste con a, b, c, o d (solamente hay una respuesta correcta para cada pregunta).

31. When I met him, he _____several years.
    a) had worked since
    b) was working
    c) had been working for
    d) was working since

32. He told me he had _____money left.
    a) no
    b) any
    c) few
    d) none

33. She'd have bought it if it _____less expensive.
    a) would be
    b) should have been
    c) had been
    d) should be

34. He asked whether _____here long.
    a) have they been
    b) had they been
    c) they are being
    d) they had been

35. I'd rather _____come.
    a) him not
    b) he does not
    c) he did not
    d) him not to

(ver respuestas correctas en la pág. 344)

36. We didn't actually see him _____ it.
   a) to steal
   b) steal
   c) stole
   d) did steal

37. Have you had it _____?
   a) checks
   b) check
   c) checked
   d) checking

38. This would be too late, _____ it?
   a) doesn't
   b) wouldn't
   c) can
   d) hasn't

39. We look forward to _____ you again.
   a) we see
   b) see
   c) seeing
   d) us seeing

40. There were _____ traffic jams that we decided not to go.
   a) so much
   b) such
   c) many
   d) how many

(ver respuestas correctas en la pág. 344)

TIEMPOS VERBALES
(Andrés Bello y Real Academia)

Tiempos del Modo Indicativo	
Simples	*Ejemplos*
Presente	amo
Pretérito o pretérito perfecto simple	amé
Futuro	amaré
Copretérito o pretérito imperfecto	amaba
Pospretérito o condicional	amaría
Compuestos	*Ejemplos*
Antepresente o pretérito perfecto compuesto	he amado
Antepretérito o pretérito anterior	hube amado
Antefuturo o futuro perfecto	habré amado
Antecopretérito o pretérito pluscuamperfecto	había amado
Antepospretérito o condicional perfecto	habría amado

Tiempos del Modo Subjuntivo	
Simples	*Ejemplos*
Presente	ame
Pretérito o pretérito imperfecto	amara o amase
Futuro	amare
Compuestos	*Ejemplos*
Antepresente o pretérito perfecto	haya amado
Antepretérito o pretérito pluscuamperfecto	hubiera o hubiese amado
Antefuturo o futuro perfecto	hubiere amado

Tiempo del Modo Imperativo	
Simple	*Ejemplo*
Presente	ama (tú)

■ RESPUESTAS A LOS EXÁMENES

10 bis (pp. 96 - 97)
1 a) 2 b) 3 c) 4 b) 5 c)
6 b) 7 b) 8 c) 9 d) 10 b)

20 bis (pp. 178 - 179)
11 c) 12 c) 13 a) 14 c) 15 b)
16 b) 17 a) 18 c) 19 c) 20 c)

30 bis (pp. 260 - 261)
21 d) 22 b) 23 a) 24 b) 25 d)
26 c) 27 d) 28 b) 29 c) 30 c)

40 bis (pp. 342 - 343)
31 c) 32 a) 33 c) 34 d) 35 c)
36 b) 37 c) 38 b) 39 c) 40 b)

■ NÚMERO DE RESPUESTAS CORRECTAS ....

■ RESULTADOS Y EVALUACIÓN
⇨ 36 a 40   Muy bien: excelente aprendizaje.
⇨ 30 a 35   Bien: buenos conocimientos.
⇨ 25 a 29   Bien, aunque falta reforzar algunos aspectos.
⇨ 20 a 24   Regular. Es necesario repasar los puntos en los que se tiene duda.
⇨ 15 a 19   Falta bastante camino por recorrer; repase los puntos débiles.
⇨ 10 a 14   Muchas carencias; estudie y repase los puntos débiles.
⇨ 0 a 9   No se desanime y comience otra vez desde el principio.

ÍNDICE TEMÁTICO

ÍNDICE GRAMATICAL

349

Esta obra se terminó de imprimir y encuadernar en junio
de 2002 en Programas Educativos, S.A. de C.V.
Calz. Chabacano No. 65 México 06850, D.F.

La edición consta de 15 000 ejemplares

Empresa Certificada por el Instituto Mexicano de Normalización
y Certificación A. C. Bajo las Normas ISO-9002:1994/
NMX-CC-004:1995 con el Núm. de Registro RSC-048
e ISO-14001:1996/NMX-SAA-001:1998 IMNC/
con el Núm. de Registro RSAA–003